Masters/Houston · Bewußtseinserweiterung über Körper und Geist

Robert Masters · Jean Houston

Bewußtseinserweiterung über Körper und Geist

Ein praktisches Übungsbuch

Mit einem Vorwort von Moshé Feldenkrais

Kösel-Verlag München

Übersetzung aus dem Amerikanischen: Wolfgang Stifter, Wiesbaden.
Die Originalausgabe erschien unter dem Titel »Listening to the Body« bei Dell Publishing Co., Inc./Delacorte Press, New York.

CIP-Kurztitelaufnahme der Deutschen Bibliothek

Masters, Robert E. W.:
Bewußtseinserweiterung über Körper und Geist: e. prakt. Übungsbuch / Robert Masters; Jean Houston. Mit e. Vorw. von Moshé Feldenkrais. [Übers. aus d. Amerikan.: Wolfgang Stifter]. – München: Kösel, 1983.
Einheitssacht.: Listening to the body ⟨dt.⟩
ISBN 3-466-34070-5
NE: Houston, Jean:

ISBN 3-466-34070-5

Gesamtherstellung: Kösel, Kempten.
Umschlag: Adolf Bachmann, München.

Unserem Freund
Dr. Moshé Feldenkrais,
dem Wegbereiter im
Dschungel des Gehirns.

Inhalt

Vorwort

Dem Leser dieses bedeutsamen und höchst originellen Buchs mag die darin beschriebene Umerziehung wie eine einfache und selbstverständliche Angelegenheit vorkommen. Die klare Darstellungsweise, das allmähliche Fortschreiten von einfachen zu schwierigen Aufgaben werden vielleicht dazu verleiten, den Autoren bereitwillig zuzustimmen, ohne das Besondere ihrer Arbeit zu erkennen. Erst beim zweiten Lesen wird man sich des Wissens der Autoren, des Umfassenden ihres Ansatzes und der Originalität ihres Buchs bewußt.

Umerziehung wird häufig als Verbesserung der ursprünglichen Erziehung aufgefaßt. Die Autoren vermitteln aber etwas weitaus Bedeutenderes. Sie geben Anleitungen dafür, wie man sich selber in verschiedener Hinsicht auf eine Weise erziehen kann, die mit großer Sicherheit etwas vollkommen Neues darstellen dürfte.

In der Tat bringen die Autoren den Leser oder die Leserin von dem Punkt aus, an dem seine oder ihre Erziehung stehenblieb – gemeint ist natürlich die psychophysische, nicht die schulische Erziehung –, einen Schritt weiter. Sie setzen nicht einfach fort, was begonnen wurde, sondern vermitteln eine neue Form der Selbsterziehung. Es handelt sich um eine Form, die in die Lage versetzt, die Entwicklung der eigenen Person zu fördern, und zwar von dem Punkt ab, an dem sie der Härte und den Zufällen des Lebens überlassen wurde. Für viele wird dieses Buch schließlich eine Anleitung für *wirkliche* Erziehung sein.

Ich glaube, daß diese Form von Erziehung zu einer neuen Phase in der persönlichen Entwicklung führt, die sich durch Vielseitigkeit auszeichnet. Möge dem Leser oder der Leserin der Erfolg beschieden sein, den dieses Wagnis bringen kann.

49 Nachmani Street, Tel-Aviv *Moshé Feldenkrais*

Einführung

Die Erziehung sollte uns lehren, unseren Körper und unseren Geist effektiv zu gebrauchen, doch tut sie es nicht. Wir erfahren nichts über die gegenseitige Verknüpfung von Bewegungen, Empfindungen, Gedanken und Gefühlen, oder darüber, wie Geist und Körper gemeinsam bestimmen, was wir sind und was wir tun können. Man lehrt uns noch nicht einmal, mit unserem Körper so umzugehen, daß Schädigungen des Organismus vermieden werden. Noch vermittelt man uns auch nur einen ungefähren Eindruck von den tatsächlich in uns vorhandenen Möglichkeiten, geschweige denn davon, wie wir sie effektiv verwerten können. Indem wir viele unserer Möglichkeiten nicht zum Zuge kommen lassen, entwickeln wir eine unausgeglichene Persönlichkeit (und zweifellos auch eine unausgewogene Funktionsweise des Gehirns). Eine angemessene Bewußtheit des eigenen Körpers und der Wechselbeziehungen zwischen Geist und Körper gehört zum grundlegenden Wissen über sich selbst, und wenn Mängel in dieser Richtung nicht behoben werden, wird die Erziehung immer versagen – und zwar in fundamentaler Weise versagen. Was immer auch von Menschen, die durch eine grundlegende Unwissenheit über sich selber gehandikapt sind, gelernt oder gelehrt wird, kann nicht so gut gelernt oder gelehrt werden, wie es sein könnte. Wir werden wiederholt die Richtigkeit und die Bedeutung der eben gemachten Feststellungen beweisen, aber nur, wenn wir auch Wege zur Beseitigung dieser Mängel aufzeigen können.
Ein kleines Beispiel zur Veranschaulichung: Lies nur bis zum Ende dieses Absatzes, nicht weiter. Wenn du fertig bist, blättere zurück und lies noch einmal den ersten Absatz. Bitte lies ihn mit *Konzentration,* versuche dir sicher zu sein, daß du jedes Wort liest und daß du wirklich verstehst, was gesagt wird.

Mache es bitte *jetzt gleich* und lies erst weiter, wenn du fertig bist.
Wenn du das Experiment gemacht hast, dann versuche dich daran zu erinnern, was geschah, während du dich konzentriertest. Wenn du so reagiert hast wie die meisten Menschen, dann verspannten sich deine Muskeln und hieltest du den Atem an. Lies *diesen* Absatz noch einmal, und zwar *mit Konzentration,* und beobachte dich dabei.
Diejenigen Leser und Leserinnen, die sich selber genau beobachten können, werden sicherlich die Muskelanspannung und die Störung der Atemtätigkeit gemerkt haben, als sie den letzten Absatz noch einmal lasen. Wenn du im Sitzen liest, dann wirst du wahrscheinlich deine Schultern ein ganz klein wenig stärker zusammengezogen haben, aber vermutlich sind auch noch andere Veränderungen bei dir aufgetreten. So neigt man häufig dazu, die Stirn in Falten zu legen oder die Gesichtsmuskeln anzuspannen, und oft werden die Augen weniger beweglich. Diese Veränderungen in den Muskeln, in der Körperhaltung und in der Atmung sind in der Regel unbewußt. Sie sind aber aus vielerlei Gründen wichtig, nicht zuletzt deswegen, weil diese unbewußten Spannungen der ursprünglichen Absicht entgegenwirken und das Bemühen um Konzentration untergraben. Noch schlimmer ist wohl, daß solche schlechten Gewohnheiten im Gebrauch des eigenen Körpers sowohl den Körper als auch den Geist auf die Dauer schädigen. Diese schlechten Gewohnheiten machen deutlich, daß eine stärkere Selbstbewußtheit notwendig ist, denn nur durch eine solche stärkere Bewußtheit lassen sie sich ausmerzen.

Dieses Buch sollst du lesen, mehr noch aber das darin Gesagte anwenden. Es beschreibt ausführlich eine Reihe von Übungen – besser noch: *Erfahrungen –,* die du tun kannst. Auf diese Weise kannst du dich besser kennenlernen, besser verstehen lernen und vor allem besser *gebrauchen* lernen. Gesundheit und Effektivität werden dadurch in vielerlei Hinsicht verbessert.

Da man einer Methode einen Namen geben muß, werden wir von *psychophysischer Umerziehung* sprechen, *psychophysisch* deshalb, weil wir jede falsche Trennung zwischen dem Geistigen und dem Physischen vermeiden wollen – eine Trennung, die keiner menschlichen Handlung eigen ist. Von *Umerziehung* soll deswegen die Rede sein, weil es darum geht, zunächst die unangemessenen Formen dessen, wie wir mit uns umgehen und von denen wir abhängig geworden sind, zu verlernen, und dann die Möglichkeiten wiederzuentdecken, die wir einmal besessen haben bzw. besitzen würden, wenn wir uns ohne Schädigungen entwickelt hätten. Diese Methode erschließt uns nicht nur Fähigkeiten, die bisher latent in uns schlummerten, sondern entwickelt auch Fähigkeiten, die über den Rahmen des gegenwärtig Vorhandenen hinausgehen.

Die Übungen in diesem Buch stammen von Robert Masters und wurden von uns beiden gelehrt und abgeändert. Jean Houston hat vor allen Dingen mit Gruppen gearbeitet und die Methode Tausenden von Personen in den Vereinigten Staaten, in Kanada und in Europa vermittelt. R. M. hat intensiver mit Einzelpersonen gearbeitet und gleichzeitig auch andere in dieser Methode geschult. Beide hatten wir reichlich Gelegenheit, die von uns beschriebenen Auswirkungen zu beobachten. Die Übungen lehnen sich sehr stark an die einzigartige Lehrmethode an, die von Moshe Feldenkrais entworfen wurde, dem wir auch dieses Buch gewidmet haben. Wir haben mehr von seinen Einsichten und Entdeckungen Gebrauch gemacht, als wir im einzelnen angeben können. Die Verantwortung für die Übungen und die gemachten Feststellungen ruht natürlich aber bei den beiden Autoren, die auf der Basis ihrer vieljährigen Forschungsarbeit die psychophysische Methode in zuvor nicht gekannter Weise erweitert haben.

Unsere experimentellen Untersuchungen über das Bewußtsein, die dem Menschen innewohnenden Möglichkeiten, den kreativen Prozeß, die Sinnesvorstellungen, die psychodynamischen Vorgänge und verschiedene andere Aspekte menschlicher Erfahrungen und Funktionsweisen haben natürlich Einfluß auf unser Verständnis der Dinge, auf die Art und Weise, wie wir Probleme angehen, und auf den Inhalt dieses Buches gehabt. So benutzen wir beispielsweise im Rahmen des psychophysischen Ansatzes mehr psychologische Techniken, als andere es bisher getan haben. Auf diese Weise hoffen wir, direkter auf manche Gedanken- und Gefühlsprozesse einwirken zu können und vom Gehirn sowie vom Nervensystem unterschiedlichen Gebrauch zu machen.

Der Anwendungsmöglichkeiten psychophysischer Methoden scheint es so viele zu geben, daß man mit ihnen an faktisch jedem geistig-körperlichen Prozeß arbeiten und ihn somit verbessern kann. In der Tat ist eine der wichtigsten Grundannahmen dieses Buches, daß der Mensch – der einzelne Mensch wie auch die Menschheit im allgemeinen – unendlich formbar ist. Hinzu kommt, daß die willentliche und bewußte Kontrolle vieler Prozesse und Funktionen, die scheinbar unwillkürlich sind, sehr wohl möglich sein dürfte. Es geht nur darum, die richtigen Mittel und Wege zu finden, da der Fähigkeit des Nervensystems, auf die Einheit von Geist und Körper einzuwirken, offenbar kaum Grenzen gesetzt sind. Beweise dafür finden sich bereits in den beobachteten Verschiedenartigkeiten der Milliarden von Menschen, die bisher auf diesem Planeten gelebt haben. Im allgemeinen gilt, daß jede Möglichkeit, die auch nur bei einem einzigen Menschen zum Ausdruck kommt, Teil der *dem Menschen überhaupt* innewohnenden Möglichkeiten ist und von vielen verwirklicht werden kann.

Die Übungen, nach denen du hier arbeiten wirst, führen dich nicht an die äußersten Grenzen deiner Möglichkeiten zur Veränderung, wo immer diese auch liegen mögen. Eine solche Reise in unbekannte Bereiche ist ein Projekt für Forscher mit sehr speziellen Fähigkeiten. Wir geleiten dich vielmehr über erschlossenes Terrain, in dem die Erfahrungen vorhersagbar und – wie wir immer feststellen konnten – erregend und zugleich produktiv sind.

Es gibt keine Übungen oder sportlichen Aktivitäten, die sicherer sind oder ein geringeres Risiko auch nur minimaler

Überanstrengung in sich bergen, als die Übungen in diesem Buch. Wenn dies bei dir nicht zutrifft, dann hast du diese Übungen anders als in der klar beschriebenen Weise ausgeführt. Immer wenn du auch nur eine Übung getan hast, wirst du das Gefühl haben, dich in irgendeiner Hinsicht verbessert zu haben. Außerdem summiert sich der Effekt dieser Übungen, so daß nach einer gewissen Zeit einige bedeutsame positive Veränderungen eintreten werden – Veränderungen, die weitreichender und umfassender sind als alle, die sich erzielen lassen, wenn man nur mit dem Körper oder nur mit dem Geist arbeitet. Eine solche Einseitigkeit findet sich aber in nahezu jeder gegenwärtigen Form von Erziehung.

Wir laden dich also ein, an *Erfahrungen* teilzunehmen, die Offenbarungen und zugleich Abenteuer auf dem Weg der allmählichen Selbstentdeckung sind. Diese Erfahrungen haben nachhaltigen Einfluß und werden, wenn du ihnen die Chance gibst, dein Leben in erhoffter und zugleich ungeahnter Weise bereichern.

Erster Teil: Psychophysische Umerziehung

Die psychophysische Methode

Jeder weiß, daß Geist und Körper in Wechselbeziehung zueinander stehen, sich gegenseitig beeinflussen. So lösen beispielsweise sexuelle Phantasien und Träume komplizierte Körperveränderungen aus. Drogen wiederum wirken sich durch den Körper auf den Geist aus und setzen Gefühle, Gedanken und Vorstellungen frei. Als Ebenezer Scrooges Alltagswelt immer seltsamer zu werden begann, argwöhnte er, daß ein unverdautes Stück Fleisch die Ursache dafür wäre, obwohl die Ursache – zum Glück für ihn – nicht so belangloser Natur war. Sogar schon als Kinder lernen wir oder wissen wir irgendwie, daß wir unseren geistigen Zustand durch Schaukeln, durch schnelles Drehen im Kreis und auf andere Weise verändern können. Viele Kinder wissen auch, daß sie körperliche Schmerzen vertreiben können, indem sie sich intensiv mit einer geistigen oder körperlichen Aktivität beschäftigen.
Im Laufe ihres Lebens erwerben sich die Menschen entweder zufällig oder gezielt Kenntnisse über Wechselbeziehungen zwischen Geist und Körper, die sie verschiedentlich anwenden können. Manche lernen, sich durch »Gedanken an angenehme Dinge« zu entspannen, andere, sich durch »Gedanken an schöne Dinge« von verschiedenen Unpäßlichkeiten zu heilen. Wiederum andere pflegen körperliche Betätigungen – etwa das Laufen, Schwimmen oder Spazierengehen – zur körperlichen wie

auch zur geistigen und emotionalen Auffrischung. In den letzten Jahren haben Millionen von Menschen in den westlichen Ländern festgestellt, daß sie sich durch manche Formen von Meditation sowohl in körperlicher als auch in geistiger Hinsicht verbessern können. Eine kleinere Anzahl von Personen, die mit Biofeedback arbeiten, hat die Erfahrung gemacht, daß sie sogar »unwillkürliche« Prozesse wie den Blutstrom im Körper, die Hauttemperatur, den Herzschlag und die Gehirnwellenaktivität kontrollieren können. Im Biofeedback arbeiten Geist, Körper und Maschine zusammen, um zu bewirken, was man für rein körperliche Veränderungen halten könnte – etwa Veränderungen im Blutstrom, um Kopfschmerzen zu vertreiben – oder was man als vorwiegend geistige Veränderungen ansehen könnte – etwa Veränderungen in der Gehirnwellenaktivität, um innere Ruhe oder kreative Träume zu erzeugen. Nahezu alle Erwachsenen haben schon Bewußtseinsveränderungen mitgemacht, die durch Alkohol, Beruhigungsmittel, Kaffee, Nikotin oder andere, hauptsächlich auf den Körper einwirkende chemische Substanzen hervorgerufen wurden. Daß es so etwas wie Wechselbeziehungen zwischen Geist und Körper gibt, ist für die meisten Leute aufgrund alltäglicher Erfahrungen selbstverständlich.

In den genannten Beispielen werden die körperlichen oder geistigen Veränderungen im allgemeinen bewußt herbeigeführt, und man ist sich über ihre Ursachen vollkommen klar. In diesen Fällen lassen sich die Einwirkungen des Geistes auf den Körper bzw. des Körpers auf den Geist unmittelbar beobachten. Doch abgesehen von solchen Sonderfällen befinden sich Geist und Körper in ständiger Wechselwirkung, wobei sie sich gegenseitig mehr oder weniger tiefgreifend beeinflussen und Veränderungen hervorrufen, deren man sich oft vollkommen unbewußt ist. Es ist sogar so, daß die überwiegende Mehrzahl der Menschen ihren Körper, ihren Geist oder ihr Verhalten mit ihrem Willen nicht ausreichend im Griff haben, um die ernsthaften unbewußten Schädigungen zu vermeiden, die sie sich in vielerlei Hinsicht – geistig und körperlich – antun.

Normalerweise befindet sich ein Mensch, der sich an seine Arbeit macht, in einem Zustand, der mehr Ähnlichkeit mit dem Schlaf besitzt als mit dem aufmerksamen Wachzustand, in dem er sich wähnt. Dies sind allerdings Feststellungen, deren Wahrheitsgehalt einem Menschen anschaulich bewiesen werden muß, denn man kann sie nicht nur mit der Kraft seines Intellekts – auch wenn man ihnen vom Intellekt her zustimmt – verstehen. Für ein wirkliches Verständnis sind *Erfahrungen* notwendig.

Dasselbe Problem ergibt sich, wenn wir dir beispielsweise sagen, daß du deinen Körper mehr oder weniger verzerrt erlebst und sich dann, wenn du nach deinem Bild von deinem Körper handelst, eine Diskrepanz zwischen dem einstellt, was du tun willst und du deiner Meinung nach auch tust, und dem, was du tatsächlich tust – ohne zu wissen, daß du es tust. Dasselbe Problem taucht auch dann auf, wenn wir dir sagen, daß vieles von dem, was du tust, vollkommen unbewußt ist, denn wie kannst du das, was gemeint ist, wirklich verstehen, wenn du nicht in der Lage bist, das bewußt zu machen, was jetzt noch unbewußt ist?

Im Falle dieses Buches gelangen wir also zu einer etwas sonderbaren Schlußfolgerung: Die Person, die es nur beim Lesen versteht, vergeudet wahrscheinlich ihre Zeit. Falls sie es aber *nicht* verstehen kann, wenn sie es nur liest, dann macht dies ihr dringendes Bedürfnis nach den Erfahrungen deutlich, aufgrund derer allein sie es verstehen kann. Hat sie diese Erfahrungen gemacht, so wird sie erst *dann* wissen, daß das, was sie früher behinderte, nicht viel mit ihrem Intellekt oder ihrem Bildungsstand zu tun hat. Sie wird erkennen, daß dieses Hindernis aus einer Lücke im Wissen über sich selber bestand, aus einem Mangel an Bewußtheit der eigenen Geist-Körper-Einheit. In dieser Einheit werden Empfindungen, Gefühle, Gedanken, das Gehirn und das Nervensystem, Muskeln und Knochen, der Geist und der Körper als Aspekte eines Ganzen verstanden, dessen Teile voneinander abhängen und sich gegenseitig beeinflussen.

Da bei dir Veränderungen eintreten werden, wenn du die in diesem Buch beschriebene Methode anwendest, ist es unsere Pflicht, dir auf dem Weg über deine eigenen Erfahrungen klar zu demonstrieren, um welche Veränderungen es sich handeln wird und wie du sie erreichen kannst. Unsere Methode besteht darin, dir zu zeigen, wie die Situation bei dir selber aussieht, mit welchen Mitteln du sie verbessern und wie du anfangen kannst, wenn du dich entschlossen hast, nach unserer Methode zu arbeiten. Danach wirst du auf deine eigene Weise weitermachen.

Beim Lesen bitten wir dich, das Gesagte nicht lediglich aufgrund geistiger Überlegungen zu akzeptieren oder abzulehnen. Da es in diesem Buch um eine psychophysische Methode geht, bietet es dir zahlreiche Gelegenheiten, sowohl deinen Körper als auch deinen Geist – eben deine ganze »Psychophysis« – in außerordentlichem Umfang an deinen Erfahrungen teilhaben zu lassen. Nimm das Gesagte nur auf der Basis deiner *Erfahrungen* an oder lehne es ab! Wir versprechen dir, daß du durch deine Erfahrungen zu einem Verständnis gelangen wirst, das dir sonst auf jeden Fall entgehen wird.

Psychophysische Umerziehung

Die psychophysische Umerziehung arbeitet sowohl mit dem Körper als auch mit dem Geist, um die spezielle und die allgemeine Funktionsfähigkeit zu verbessern und die in dir schlummernden Möglichkeiten zugänglicher zu machen. Diese Methode läßt dich eine Vielzahl verschiedenartiger, ruhiger Bewegungen ausführen, wobei du immer deine Aufmerksamkeit auf die Bewegungen und die sie begleitenden Empfindungen richten sollst. Während du lernst, mit minimaler Anstrengung auf deinen Körper zu achten, wirst du feststellen, daß dein Körper deinem Geist immer zugänglicher wird und damit immer besser funktioniert. Du wirst lernen, daß dein Körper nur dann optimal funktionieren kann, wenn er mit dem Geist beherrscht wird oder, anders ausgedrückt, wenn du dir seiner

bewußt bist, und du wirst entdecken, wie sehr es dir an dieser Bewußtheit früher mangelte.
Manche Übungen arbeiten nicht mit Bewegungen der Muskeln und der Knochen, sondern mit »Bewegungen« der Aufmerksamkeit, d. h. sie verschieben das Zentrum der Aufmerksamkeit, um verschiedene körperliche Veränderungen hervorzubringen. Andere Übungen wiederum lassen dich »Bewegungen« nur in deiner Vorstellung ausführen. Du wirst aber entdecken, daß du nach diesen Übungen tatsächlich deinen Körper besser bewegen kannst, manchmal sogar noch besser, als es mit Hilfe von Bewegungen des Körpers selber möglich gewesen wäre. In allen Fällen arbeitest du gleichzeitig mit Körper und Geist, mit deiner »Psychophysis«, um die gewünschten Resultate zu erreichen.
Durch die psychophysische Umerziehung wird nicht nur der Bewußtheitsgrad erhöht sowie Beweglichkeit und Empfindsamkeit gesteigert. Die kognitiven und emotionalen Funktionen werden ebenfalls verbessert, da umfassende Veränderungen in den motorischen Bereichen der Großhirnrinde, die Veränderungen im Muskelsystem vorausgehen müssen, sich auch auf benachbarte Gehirnbereiche auswirken. »Da nun die Strukturen im Gehirn, in denen Gefühle und Denken vor sich gehen, der motorischen Region der Gehirnrinde sehr nahe sind, und da im Gehirn Erregungen und Impulse dazu neigen, sich auszubreiten und auf benachbarte Gewebe überzugreifen, wird eine drastische Veränderung in der motorischen Region parallele Wirkungen aufs Denken und aufs Fühlen haben« (Moshe Feldenkrais: *Bewußtheit durch Bewegung*, S. 65–66).
Die psychophysische Umerziehung ist eine Umerziehung des Nervensystems. Sie verbessert die Rückmeldemöglichkeiten der Muskeln und Gelenke an das Gehirn und stellt eine effektive Kommunikation zwischen dem Gehirn und den Körperteilen wieder her, die teilweise oder völlig nicht mehr auf willentliche Beeinflussung ansprechen. Mit der Zeit wirst du dir deiner Körperoberfläche und deiner Skelettgelenke

bewußt. Deine Haltung wird sich verbessern und du wirst deinen Körper, der nicht mehr so sehr durch die Schwerkraft belastet wird, als viel leichter empfinden. Übermäßige Anstrengungen, die nahezu alle Tätigkeiten begleiten, werden ausgeschaltet oder auf ein Minimum reduziert. Bislang unbewußte Muskelspannungen werden bewußt, und während wir mit Erfolg Gehirnprozesse verändern, durch die früher die Muskelkontraktionen aufrechterhalten wurden, lassen die Spannungen nach und die Muskeln werden länger. Einhergehend mit diesen Veränderungen in der Muskulatur wird der ganze Körper etwas länger und die Skelettstruktur nimmt eine natürliche Ausrichtung an, wobei der verbesserte Zustand der Skelettgelenke zu besserer Gesundheit und größerer Bewegungsfreiheit führt. Doch werden wir auch hier wiederum auf keine körperlichen Veränderungen treffen, die nicht von entsprechenden geistigen, emotionalen und anderen Veränderungen begleitet werden. Es scheint eine allgemeine Regel zu sein, daß eine verbesserte körperliche Verfassung andere Verbesserungen begünstigt. Durch die Lösung von Muskelverspannungen beispielsweise wird wahrscheinlich auch die generelle Ängstlichkeit abgeschwächt. Manche Gewohnheiten werden ihre Hartnäckigkeit verlieren, so daß man sich von ihnen leichter lösen kann. Entsprechend werden auch so manche Blockierungen und Hemmungen schwächer werden oder einfach verschwinden. Wir haben solche Veränderungen häufig beobachtet, und sie waren durchweg konstruktiver Natur. Nichts, was man geschätzt hatte, ging verloren. Gerade das, was unseren Körper beeinträchtigt oder zerstört, wirkt sich wahrscheinlich auch in anderer Hinsicht destruktiv auf uns aus.

Das Zieldrangsyndrom

Ein nahezu bei jedem vorhandenes Verhaltensmuster, das wir mit unseren Übungen weitgehend abschaffen werden, erhielt von F. Matthias Alexander, Pionier und Meister auf dem

Gebiet psychophysischer Methoden, die Bezeichnung *Zieldrang*. Unter dem Zieldrangverhalten versteht man die Gewohnheit, sich so intensiv auf das zu erreichende Ziel zu konzentrieren, daß man die Mittel dazu ignoriert. Diese Mittel können demnach nicht effizient sein, und sehr häufig sind sie sogar schädlich. Bis zu einem gewissen Grad ähneln wir alle dem Kind, dem der Ball auf die Straße rollt und das so eifrig darauf bedacht ist, den Ball wiederzubekommen, daß es ohne jeden Gedanken an den Verkehr auf die Straße läuft und dabei von einem Auto überfahren wird. Der Zieldrang bewirkt unbewußtes oder nur minimal bewußtes Handeln, so daß die Tatsache, daß es schädlich ist, nicht registriert wird. Wären wir nicht fast alle in unserer sinnlichen Wahrnehmung beeinträchtigt, so führten wir zumindest nicht ständig Handlungen aus, die wir sonst als schmerzhaft empfinden würden. Im folgenden ein Beispiel zur Veranschaulichung:
Wenn du jemanden bittest, einen ziemlich schweren Gegenstand, etwa einen Stuhl, zu heben, dann wirst du bemerken, daß der Betreffende sich sofort auf sein Ziel – die Muskelanstrengung, die er aufwenden wird – fixiert. Noch bevor er sich dem Stuhl überhaupt genähert hat, wird er schon die Muskeln, die er benutzen möchte (Arm-, Rücken-, Nackenmuskeln, usw.) angespannt haben, und zwar gemäß seiner vorgefaßten Meinung über die Anstrengung, die notwendig ist. In einem solchen Fall wird die Anstrengung *immer unnötig groß* sein. Alexander sagt: »Das kinästhetische System hat nicht gelernt, die Anspannung korrekt zu registrieren oder – mit anderen Worten – den Kraftaufwand richtig abzuschätzen, der für bestimmte Handlungen erforderlich ist. *Die Anstrengung, die aufgewendet wird, übersteigt immer die Anstrengung, die notwendig ist* (von uns hervorgehoben). Wir haben es hier mit einem vorzüglichen Beispiel für den Mangel an Harmonie in einem nicht erzogenen Organismus zu tun« (F. M. Alexander: Man's Supreme Inheritance, S. 58–59). Hinzu kommt, daß das Gewicht des Stuhls, so wie es von der betreffenden Person erlebt wird, auch von ihrer vorgefaßten Meinung über die

Anstrengung, die zum Heben des Stuhls notwendig ist und von ihrer tatsächlich aufgebrachten Anstrengung abhängt und nur zum Teil vom tatsächlichen Gewicht des Stuhls. Der Stuhl wird deshalb einer anderen Person mit annähernd gleicher Stärke bedeutend leichter oder bedeutend schwerer vorkommen. Er wird sich für denjenigen am leichtesten anfühlen, der sich ihm ohne vorgefaßte Meinungen und ohne vorherige Anspannung der Muskeln nähert und ihn hebt, indem er ihn ergreift und nur so viel Kraft aufwendet, wie notwendig ist, um den sich bietenden Widerstand zu überwinden. Wenn das kinästhetische System extrem beeinträchtigt ist bzw. die Muskeln ungewöhnlich stark kontrahiert sind, dann wird entsprechend mehr Kraft aufgewendet. Dies kann man im Falle bestimmter Neurotiker beobachten, die sich bei jeder Aufgabe so unverhältnismäßig stark anstrengen, daß es jedem auffällt. In so einem Fall ist der Zustand der Muskulatur, der eine Komponente der Neurose ist, eine unmittelbarere Ursache für übermäßigen Kraftaufwand als irgendwelche emotionalen Faktoren.

Es gibt noch andere Faktoren, die die Leichtigkeit oder die Schwierigkeit einer Aufgabe bestimmen. Einer davon ist die Effizienz in der Stellung und in der Benutzung des Körpers. Alexander spricht hier vom »Einnehmen der Körperstellung mit dem größten mechanischen Vorteil«. Ein anderer Faktor ist sozialer Art. Wenn beispielsweise jemand beobachtet wird, dann verhält er sich unter Umständen ganz anders, als wenn niemand anwesend wäre. Er kann befangen sein, so daß die Anspannung der Muskeln stärker wird und er unbeholfen ist. Er kann aber auch – gerade weil er beobachtet wird – eine Handlung besser ausführen, wenn auch ohne bewußte Anstrengung in dieser Richtung.

Wichtiger aber noch als jeder Einzelfall ist die Tatsache, daß – wie Alexander beobachtete – wir nahezu alle bei praktisch allen Dingen, die wir tun, unnötige Kraft aufwenden. Was wir also in Betracht zu ziehen haben, ist die Vergeudung unserer Energien im Laufe unseres Lebens, die sich in diesem Zeitraum einstellenden Auswirkungen unnötiger Anspannungen auf

unseren Körper, und die resultierenden Schädigungen unseres Körpers und unseres Lebens – Schädigungen, die manchmal schnell, häufiger aber durch langsame Abnutzung erfolgen. Man kann in der Tat häufig abschätzen, wie schwer das Leben für jemanden ist, indem man darauf achtet, wieviel Anstrengung er bei Handlungen verschwendet, die wenig symbolische Bedeutung oder affektiven Inhalt besitzen. Anhand der Beobachtung dieses Zieldrangverhaltens im Falle trivialer Handlungen kann man eine Vorstellung davon gewinnen, wie diese Gewohnheit auf alle Ziele – große oder kleine – übertragen wird und mit welchen Kosten sie für die betreffende Person selber sowie für andere um sie herum verbunden ist.
Wie die meisten Gewohnheiten geht man auch das Zieldrangsyndrom am besten nicht mit energischer Willensanstrengung an und auch nicht mit dem Bemühen, alle seine Äußerungen zu unterdrücken, sondern dadurch, daß man sich angenehme Handlungsweisen zu eigen macht, durch die wir die alten Handlungsweisen aufgeben können, ohne sich jemals direkt mit ihnen konfrontieren zu müssen. Durch viele der psychophysischen Übungen lernt man mit Erfolg, vom Zieldrangverhalten einfach »abzulassen«, statt es zu »überwinden«.

Wenn du diese Übungen machst, so denke daran, daß es niemals etwas gibt, was du erreichen *mußt*. Du befindest dich nicht in einer Wettbewerbssituation, und wir bitten dich, jede Anstrengung zu vermeiden und nur das zu tun, was dir leicht fällt. Besonderen Wert legen wir darauf, daß du intensiv auf die Empfindungen achtest, die die verschiedenen Bewegungen begleiten. Die Neuartigkeit dieser Empfindungen wird dir diese Aufgabe erleichtern, da viele dieser Bewegungen seit der Kindheit oder dem Säuglingsalter nicht mehr ausgeführt wurden und dir deshalb einfach nicht mehr vertraut sind. Nach und nach wirst du dich daran gewöhnen, auf die Bewegungen und die sie begleitenden Empfindungen zu achten, ohne den Gedanken zu haben, ein Ziel erreichen zu müssen. Es sei klargestellt, daß sehr wohl etwas erreicht wird, doch auch nachdem uns eine Übung vertraut geworden ist, werden wir von ihren Ergebnissen häufig überrascht. Du wirst dann allmählich die Gewohnheit entwickeln, ohne Anstrengung auf die Körperbewegungen im Rahmen der verschiedensten Tätigkeiten zu achten, und zwar nicht nur während der Übungen, sondern zu jeder Zeit. Schließlich wirst du entdecken, daß du ohne Schädigung deiner Person oder anderer mehr von deinen Zielen und zudem noch mit größerer Leichtigkeit erreichst. Diese Resultate liegen durchaus im Rahmen des Möglichen, da durch diese Übungen nicht nur ein Teil der Aufmerksamkeit vom Ziel auf die Mittel zur Erreichung des Ziels verlagert wird, sondern auch eine Korrektur oder Verbesserung des Körperbildes erfolgt.

Der physische Körper und der erlebte Körper

Mit dem Begriff *Körperbild* meinen wir hier den Körper, so wie wir ihn *empfinden.* Im Idealfall schließt das Körperbild die gesamte Körperoberfläche und die Skelettgelenke mit ein. Zusätzlich zur kinästhetischen Bewußtheit unseres Körpers umfaßt das Körperbild auch unsere Erscheinung, wie wir uns sehen, wenn wir in den Spiegel oder auf verschiedene Körperteile schauen, und wie uns unserer Meinung nach die anderen sehen – was manchmal grundverschieden von dem sein kann, wie uns die anderen wirklich sehen. Das Körperbild ist ein Aspekt des größeren und umfassenderen *Selbstbildes,* das alles beinhaltet, was wir unserer Meinung nach sind.

Wie du sehen wirst, läßt sich leicht nachweisen, daß das Körperbild nicht notwendigerweise mit dem physischen Körper übereinstimmt, was idealerweise der Fall sein sollte. Manche Körperteile fehlen im Körperbild eines jeden Menschen, andere werden nur sehr undeutlich empfunden, und wiederum andere sind in unserem Bewußtsein in einer Weise repräsentiert, die die objektive Realität des Körpers verzerrt. Da wir immer in Übereinstimmung mit unserem Körperbild handeln, ist es von großer Wichtigkeit, daß wir dieses Körperbild so weit wie möglich dem objektiven Körper angleichen. (Dies trifft generell zu. Es gibt aber Sonderfälle, in denen ein Körperbild, das objektive Defekte oder Einschränkungen ausschließt, eine bessere Funktionsweise ermöglichen kann als ein dem objektiven Körper angepaßtes Körperbild).

Die im Körperbild enthaltenen Lücken, Bereiche der Unbestimmtheit und Verzerrungen werden auf verschiedene Weise erworben. Zu den Faktoren, die eine Ungleichheit zwischen dem objektiven und dem erlebten Körper hervorrufen, zählen Schmerzen, Nichtgebrauch und Mißbrauch des Körpers, sowie geistige und emotionale Schwierigkeiten. Sowohl der objektive Körper als auch das Körperbild werden in unzähliger Hinsicht durch das umfassendere Selbstbild beeinflußt, das ebenfalls seine Lücken und Verzerrungen besitzt.

Teile des Körpers sowie die Verbindungen zwischen ihnen verlieren sich langsam aus dem Körperbild, wenn sie nicht benutzt werden. Sexuelle Ängste und andere sexuelle Probleme können dazu führen, daß die Geschlechtsorgane aus dem Körperbild verschwinden oder nur blaß repräsentiert sind. Wir sind unter Umständen nicht in der Lage, ohne Hinsehen oder Berühren ihre Gegenwart zu spüren. Eine schizophrene Person kann ihre Körperempfindungen so vollständig verlieren, als ob die Nerven abgestumpft wären. Ein Mann, der einen Arm oder ein Bein verloren hat, kann trotzdem weiterhin das Empfinden haben, daß er diesen Arm oder dieses Bein besitzt. In diesem Fall behält das Körperbild etwas bei, was der physische Körper verloren hat. Selbst diejenigen, die sich bei bester Gesundheit und im Vollbesitz ihrer Kräfte wähnen, werden wahrscheinlich nicht in der Lage sein, ihre mittleren Zehen oder ihren Hinterkopf so klar zu spüren wie etwa ihre Lippen oder ihren großen und kleinen Zeh.

Im Falle der Zehen bedeutet der Mangel an klarer Empfindung, daß sie undifferenziert sind, unfähig zu eigenständiger Bewegung. Eine solche Unfähigkeit ist nicht etwas Natürliches. Sie hemmt die Biegsamkeit des Fuß- sowie des Knöchelgelenks und möglicherweise auch die anderer Gelenke, so daß das Gehen beeinträchtigt wird. Viele Frauen haben als Folge davon, daß sie enge, spitze Schuhe tragen, übereinanderliegende Zehen, was schließlich zu ernsthaften Gesundheitsschäden führen kann. Möglichst häufiges Barfußgehen fördert gesündere Füße und einen besseren Gang. Außerdem kann es dazu beitragen, Füße und Zehen im Körperbild deutlicher werden zu lassen.

Entsprechend wird überall dort, wo sich im Körperbild Lücken, Bereiche der Unbestimmtheit und Verzerrungen finden, die Funktionstüchtigkeit in unterschiedlichem Maße beeinträchtigt, und wenn wir lang genug leben, werden früher oder später ernsthafte Probleme auftreten. Umgekehrt aber werden dort, wo klare Bewußtheit herrscht, mit Sicherheit Funktionstüchtigkeit und Gesundheit die Folge sein. Ein angemessenes Körperbewußtsein ist auch eine Hauptgarantie gegen Verletzungen durch Unfälle. Wenn sich Sportler und Tänzer verletzen, dann häufig deswegen, weil es Lücken oder Verzerrungen in ihrem Körperbild gibt und sie sich deshalb Anstrengungen auferlegen, die sie sich, wenn sie richtig empfinden würden, nicht antäten. Dasselbe gilt auch für Verletzungen, die häufig bei alten Menschen auftreten, insbesondere für Fallverletzungen – es sei denn, sie werden durch Schwindel oder Kreislaufschwäche verursacht. Eine größere Bewußtheit des Körpers und ein Körperbild, das stärker dem objektiven Körper entspricht, dürften zahllose tragische Unfälle verhüten.

Psychophysische Übungen lassen die Körperteile bewußt werden, die nicht oder nur schwach gespürt werden. Sie beseitigen auch die Verzerrungen im Körperbild. Wenn wir von unserem Körper vollständigeren Gebrauch machen, haben wir viel mehr Empfindungen und benutzen vermutlich früher gar nicht oder nur wenig benutzte Nervenbahnen. Wenn wir von unserem Körper guten Gebrauch machen, wird er sozusagen wieder im Geiste gegenwärtig, insbesondere dann, wenn wir unsere Aufmerksamkeit auf die Körperteile richten, die wir gerade benutzen, und auf die begleitenden Empfindungen nicht nur in diesen Körperteilen selber, sondern auch in anderen, weniger offenkundig beteiligten Körperteilen. Der kinästhetische Sinn wird korrigiert, wenn wir mit Hilfe der Bewegungen die verschiedenen Teile des Körpers wiederholt in einen Zustand bringen, der der optimalen Funktionsweise sehr viel mehr gerecht wird. Die Empfindungen, die durch eine gute Funktionsweise herbeigeführt werden, sind angenehm, diejenigen hingegen, die die Folge einer schlechten Funktionsweise sind – wenn sie überhaupt wahrgenommen werden –, unangenehm. Der kinästhetische Sinn und das Nervensystem im allgemeinen ziehen solche angenehmeren Zustände vor. Sie machen sie, wenn sie genügend häufig empfunden werden, zur Norm, und werden auch gegen Abweichungen von dieser Norm protestieren, da solche richtig als unangenehm empfunden werden.

Bewußtheit

Man sollte zwischen Bewußtsein und Bewußtheit folgende nützliche Unterscheidungen treffen: »Bewußtheit ist Bewußtsein und das Erkennen dessen, was im Bewußtsein vor sich geht, oder dessen, was in uns vor sich geht, während wir bei Bewußtsein sind« (Feldenkrais: Bewußtheit durch Bewegung, S. 78). Dir ist zwar bewußt (im Sinne von Bewußtsein), daß du gerade dieses Buch liest, aber höchstwahrscheinlich bist du dir nicht aller Bewegungen bewußt (im Sinne von Bewußtheit), die du in jedem Augenblick beim Lesen machst, oder gar, welche Stellung dein Körper hat. Weißt du beispielsweise – ohne nachzuprüfen –, ob die Teile deines Körpers symmetrisch zueinander sind oder ob manche Körperteile in eine, andere in eine andere Richtung gedreht sind? Ist deine linke Schulter höher oder niedriger als deine rechte Schulter, oder sind sie beide gleich hoch? Welche Teile deines Körpers bewegst du, wenn du atmest? Man könnte noch viele Fragen dieser Art stellen. Der Grad deiner Bewußtheit läßt sich daran ablesen, wie weit du in der Lage bist, diese Fragen zu beantworten. Angemessene Bewußtheit würde bedeuten, daß wir wissen, was wir tun, wenn wir handeln – wenn wir beispielsweise gehen oder stillstehen, uns hinsetzen oder uns aufsetzen. Mangelt es uns an solcher Bewußtheit, werden wir sicherlich viele ineffiziente und schädliche Handlungen ausführen, was ja auch zu erwarten ist, wenn wir nicht wissen, was wir tun. Es ist schon schlimm genug, daß die meisten von uns nicht wissen, was sie tun, aber hinzu kommt, daß wir noch nicht einmal nicht wissen, was wir *nicht* tun. So sehr sind wir uns fremd geworden!

Daß einer etwas tut, beweist noch lange nicht, daß er auch nur oberflächlich wüßte, was er tut oder wie er es tut. Versucht er, sich seines Tuns bewußt zu werden, d. h. ihm in jeder Einzelheit aufmerksam zu folgen, so wird er bald merken, daß sogar die einfachsten und gewöhnlichsten Handlungen – wie z. B. das Aufstehen von einem Stuhl – ihm ein Rätsel sind und daß er keine Ahnung hat, wie er's zustande bringt: sind es die Bauch- oder die Rückenmuskeln, die er zusammenzieht, spannt er zuerst die Beine oder beugt er zuerst den Oberkörper vor, was tun die Augen dabei und was der Kopf? Er kann sich leicht überzeugen, daß er nicht weiß, was er tut; er kann sich so weit überzeugen, bis er überhaupt nicht mehr aufstehen kann. Dann bleibt ihm nichts übrig, als zu der ihm gewohnten Methode zurückzukehren, nämlich sich zu befehlen aufzustehen und es den Spezialisten in ihm zu überlassen, die Handlung so auszuführen, wie es ihnen beliebt, und das heißt: wie er es gewöhnlich tut. (Feldenkrais: Bewußtheit durch Bewegung, S. 74).

Es liegt nicht einfach daran, daß man unaufmerksam ist. Vieles von dem, was zum Aufstehen von einem Stuhl gehört, wird uns entgehen, unabhängig davon, wie sehr wir auch auf diese Handlung achten. Solange der Körper unzulänglich ist, solange der kinästhetische Sinn verzerrt ist, solange es uns an einer kultivierten Bewußtheit mangelt, können wir – selbst bei dieser einfachen Handlung – nicht wissen, was wir tun. Dieses Problem wurde schon vor langem erkannt. Buddha beispielsweise nannte die Bewußtheit, von der wir sprechen, »Besonnenheit«. Das oben Gesagte wird dir vielleicht eine besondere Hilfe beim Verständnis der folgenden Textstelle aus dem *Sutta-pitaka* (dem »Korb der Lehrreden«) sein:

Nachdenklich, ihr Mönche, soll ein Mönch leben, besonnen. Das ist unsere Mahnung an euch. Und wie, ihr Mönche, ist ein Mönch nachdenklich?
Da weilt, ihr Mönche, ein Mönch beim Körper in genauer Betrachtung des Körpers, eifrig, besonnen, einsichtig, nachdem er das Elend weltlicher Gier überwunden hat. Er weilt bei den Empfindungen in genauer Betrachtung der Empfindungen, eifrig, besonnen, einsichtig, nachdem er das Elend weltlicher Gier überwunden hat. Er weilt beim Denken in genauer Betrachtung des Denkens, eifrig, besonnen, einsichtig, nachdem er das Elend weltlicher Gier überwunden hat. Er weilt bei den Zuständen in genauer Betrachtung der Zustände, eifrig, besonnen, einsichtig, nachdem er das Elend weltlicher Gier überwunden hat. So, ihr Mönche, ist ein Mönch nachdenklich.
Und wie, ihr Mönche, ist ein Mönch besonnen?
Da ist, ihr Mönche, ein Mönch beim Vorgehen, beim Zurückgehen in seinem Tun besonnen. Beim Hinsehen, beim Wegsehen ist er in seinem Tun besonnen. Beim Beugen und Strecken ist er in seinem Tun besonnen. Beim Tragen des Unter- und Obergewandes, der Almosenschale ist er in seinem Tun besonnen. Beim Essen und Trinken, beim Kauen und Schlucken ist er in seinem Tun besonnen. Beim Entleeren von Kot und Urin ist er in seinem Tun besonnen. Beim Gehen, Stehen und Sitzen, beim Schlafen und Wachen, beim Sprechen und Schweigen ist er in seinem Tun besonnen. So, ihr Mönche, ist ein Mönch besonnen.
Nachdenklich, ihr Mönche, soll ein Mönch leben, besonnen. Das ist unsere Mahnung an euch.
(Buddha. Auswahl aus dem Palikanon, S. 163–164. Übers. Paul Dahlke).

Der Mönch (wir könnten sagen: der bewußte Mensch) wird also dazu angehalten, auf alle seine Empfindungen zu achten, auf seine Gefühle, seine Wünsche und die Art, wie er seinen Geist, seine Gedanken und Wahrnehmungen benutzt – kurz, auf die Gesamtheit seiner Erfahrungen in jedem Augenblick. »Nachdenklich, ihr Mönche, soll ein Mönch leben, besonnen …«
Durch eine solche »Besonnenheit« ist sich der bewußte Mensch nicht nur sicher, daß er weiß, was er tut, sondern er wird auch von der Unterlegenheit gegenüber den eigenen unbewußten Prozessen befreit. Nur indem er sich von den Zwängen freimacht, die aus ihm selber kommen, kann er

hoffen, das buddhistische Ziel des Nicht-Gebunden-seins an die Welt zu erreichen.
Die vollkommene Bewußtheit ist ein Idealzustand, den wahrscheinlich niemand verwirklichen dürfte. Eine verfeinerte Bewußtheit, die sich der Besonnenheit des buddhistischen Mönchs annähert, läßt sich aber durchaus erreichen. Sie erfordert auch nicht, daß zuvor »das Elend weltlicher Gier überwunden« sein muß. In der Tat, wenn ein ständiges diszipliniertes Bemühen von seiten des Willens und der Aufmerksamkeit erforderlich wäre, würde sich dieses in beinahe unüberwindbarer Weise einer angemessenen Bewußtheit und einem guten Gebrauch des Körpers in den Weg stellen. Es gibt geistige Disziplinen, die solche strenge Maßnahmen fordern, so daß ihre Ziele nur diejenigen erreichen können, die sich vollkommen der Aufgabe hingeben. Dies bedeutet aber nur, daß ihre Methoden fehlerhaft sind, und nicht, daß totale Hingabe der einzige Weg zur Erreichung des Ziels ist.
Durch die psychophysischen Übungen wird sich mit der Zeit – so unglaubwürdig es manchem auch erscheinen mag – ein Grad der Bewußtheit entwickeln, der dem in dem alten buddhistischen Text beschriebenen Grad nahekommt. *Eine solche Bewußtheit wird zum natürlichen Zustand und zeichnet sich deshalb durch Mühelosigkeit aus.* Die Aufmerksamkeit wird auf den Körper durch neuartige und angenehme Empfindungen gezogen, die durch die verschiedenartigen Bewegungen stimuliert werden, und diese Bewegungen selber werden ohne oder nur mit minimaler Anstrengung ausgeführt. *Die Bewußtheit wird zu einer Gewohnheit kultiviert.* Sie bildet sich, wie sich andere Gewohnheiten bilden, nur daß man nicht selber erst ausprobieren muß. Hat man sie einmal erreicht, geht sie nicht ohne weiteres verloren, aber es würde auch niemand den Wunsch verspüren, sie zu verlieren. Sie drängt sich nicht auf, sondern ist kaum merklich, und kann durch konzentrierte Aufmerksamkeit erweitert werden – egal, ob zum Zweck der Selbstbeobachtung und Selbstkorrektur oder nur zum Vergnügen. Eine genügende körperliche Bewußtheit führt auch dazu,

daß man sich stärker seiner geistigen und emotionalen Prozesse bewußt ist und daß auf diese Weise die Selbstregulierung gefördert wird. Um aber ein größeres Ausmaß an Kontrolle zu erreichen, muß man auch gezielt an diesen Prozessen arbeiten. An einer anderen Stelle in diesem Text ist von der Bewußtheit von »Entstehung und Zerstörung« im Körper die Rede. Auf uns übertragen bedeutet das, daß der bewußte Mensch oft in der Lage sein dürfte, seine Bedürfnisse zu spüren und Schwierigkeiten zu erkennen, fast noch während diese im Entstehen begriffen sind. Er kann sich beispielsweise auch der Organisation seiner Muskeln bewußt werden, die vom Gehirn beeinflußt werden, während er denkt oder sich verschiedene Handlungen vorstellt. Eine solche verfeinerte Bewußtheit wird in der Regel aber erst nach viel Arbeit erreicht.

Eine entwickelte Bewußtheit, wie sie in diesem Buch empfohlen wird, weitet sich auch zu einer verstärkten Bewußtheit der anderen und der Umwelt im allgemeinen aus. Der bewußte Mensch empfindet nicht nur mehr und wahrhaftiger, sondern er funktioniert auch in geistiger sowie in physischer Hinsicht effektiver und weniger unbeholfen. Er wird »dumme« Fehler vermeiden oder auf ein Minimum reduzieren, denn das, was man »Dummheit« nennt, ist sehr häufig ein Mangel an Bewußtheit, nicht an Intellekt.

Der Gebrauch seiner selbst

Die Teile und die Funktionen des Selbst sind im menschlichen Geist-Körper-System noch enger miteinander verbunden, als wir uns auf der Basis unserer unentwickelten Bewußtheit unser selbst jemals vorstellen können. Bis jetzt hat noch niemand auch nur annähernd die ganze Komplexität und den vollen Umfang der Möglichkeiten des Menschen erfaßt. Wir müssen noch viel darüber lernen, wie wir funktionieren, und zu unseren größten Errungenschaften werden wir zweifellos erst dann gelangen, wenn wir dieses Wissen haben. Soweit wir es beurteilen können, haben selbst die größten Menschen bisher nur einen winzigen Bruchteil der dem Menschen innewohnenden Möglichkeiten verwirklicht. Das Geniale bestand oft – mit den Worten von Sartre – in einem »Ausweg, den jemand unter besonders verzweifelten Bedingungen nimmt«, also in einer extremen Überentwicklung einiger weniger Fähigkeiten bei gleichzeitiger extremer Unterentwicklung anderer.
Wie wir funktionieren, wird dadurch bestimmt, wie wir unseren ganzen Organismus zu jedem Zeitpunkt und in jeder Situation gebrauchen. Je nachdem, ob wir ihn einerseits nur teilweise benutzen oder mißbrauchen, oder ob wir ihn andererseits vollständiger und effizienter gebrauchen, werden wir in einem weiteren Sinn versagen oder Erfolg haben – in dem Sinn nämlich, wie weit wir es schaffen, die in uns wohnenden Möglichkeiten zu erschließen.
Viele, die sich mit dieser Angelegenheit befaßten, haben den Schluß gezogen, daß wir nur 5 bis 10 Prozent unseres körperlichen und geistigen Potentials benutzen. Für unser Überleben ist es dringend notwendig, daß wir Wege finden, wie wir mehr von unserem Potential nutzen können. Dann besteht auch noch das Problem, wie wir es nutzen – natürlich nur im

Zusammenhang mit den Möglichkeiten, zu denen wir Zugang haben. Unser Ziel muß es sein, sowohl mehr von uns zu nutzen als auch uns besser zu nutzen.

Der Begriff Nutzung oder »Gebrauch« in diesem Zusammenhang wurde von Alexander entwickelt, dessen Prinzip besagt, daß der *Gebrauch die Funktionsweise beeinflußt.* Das mag uns unmittelbar einleuchten, doch wenn wir diesen Begriff »Gebrauch« in seiner ganzen Komplexität begreifen, fangen wir an zu verstehen, wie tiefgründig dieses Prinzip ist. Wie wir schon beobachtet haben, gibt es viele mögliche Hindernisse, die sich einem angemessenen Gebrauch unser selbst in den Weg stellen: unser Mangel an Bewußtheit, die Lücken in unserem Körperbild und die Verzerrungen in unseren Empfindungen. Wenn wir nicht richtig von uns Gebrauch machen können und wenn die Art und Weise, wie wir uns gebrauchen, unsere Funktionsweise bestimmt, dann wird ein fehlerhafter Gebrauch automatisch eine fehlerhafte Funktionsweise bewirken. Wenn Alexander recht hat – und davon sind wir überzeugt –, dann besteht der einzige Ausweg aus diesem Dilemma darin, uns angemessen gebrauchen zu lernen. Mehrere Beispiele sollen zum besseren Verständnis dessen dienen, wie wichtig der Gebrauch unserer selbst ist:

Ein keineswegs untypischer Fall ist der, daß ein Junge die Körperhaltung seines Vaters imitiert – ob bewußt oder unbewußt, spielt dabei nur eine geringe Rolle. Er lernt, beim Stehen seine Schultern hoch- und zurückzuziehen, was wiederum sein Rückgrat krümmt, seine Atmung beeinträchtigt und die freie Beweglichkeit seines Beckens, seiner Hüftgelenke und seiner Knie hemmt. Dies wirkt sich störend auf Gehen und Laufen sowie auch auf verschiedene andere Aspekte seiner Funktionstüchtigkeit aus. Möglicherweise hat der Vater mehrere Jahrzehnte gebraucht, bis er zu so einem Mißbrauch seiner selbst gelangt ist, doch durch Nachahmung übernimmt der Sohn dieses destruktive Muster sehr schnell. Er wird möglicherweise einiges davon sein Leben lang beibehalten, und dies wird sich entscheidend auf die Formung seiner Persönlichkeit, seines Denkens, seines Empfindens, seiner Reaktionen auf andere Menschen und auf die Reaktionen, die er bei ihnen auslöst, auswirken. Zusammen mit der Art und Weise, wie sein Vater sich gebraucht, kann er mit der Zeit auch dessen sexuelle Probleme usw. übernehmen.

Es kommt häufig vor, daß man Männer findet, die in vielerlei Hinsicht sehr ihren Vätern ähneln, insbesondere in ihren auffallenden Defekten. (Wie diejenigen wissen, die Schauspieler ausbilden, imitieren die Menschen allgemein viel eher die Defekte anderer als deren Stärken. Junge Schauspieler und Schauspielerinnen, die von erfolgreichen Profis lernen möchten, imitieren fast immer deren offenkundige Manierismen und andere Fehler, erkennen aber nicht die Feinheiten, die ihre Vorbilder so erfolgreich machten).

Der Junge in unserem Beispiel wird wahrscheinlich noch viele andere Personen imitieren und so bei sich eine eklektische Gebrauchsweise entwickeln, zumindest so lange, bis sein eigenes Muster des Gebrauchs seiner selbst zu starr geworden ist, um eine weitere Imitation zu ermöglichen. Zusätzlich zur Imitation steuert der Junge eigene Dinge zum Gebrauch seiner selbst bei. So mag seine Mutter ihn häufig anschreien, und er reagiert darauf damit, daß er sich duckt, wobei er seine bereits fehlerhaft gebrauchten Schultern verbiegt und seinen Kopf etwas zur Seite wirft. Dies verursacht eine andere Art von Krümmung seines Rückgrats, verschiebt seinen Brustkorb und zieht seine Brustmuskeln zusammen. Mit der Zeit werden nicht nur diese Veränderungen dauerhaft, sondern in verschiedenen Streßsituationen reagiert er auch noch mit Übertreibungen dieses ursprünglichen Musters. Er lernt auch, seinen Atem anzuhalten und neue Muskeln anzuspannen, was wiederum seine Ängstlichkeit erhöht und ihn generell in Streßsituationen funktionsunfähiger macht. Am Ende wird er an Arteriosklerose sterben, die ihm von Vater und Mutter, die ihn über alles liebten und »nur das Beste« für ihn wollten, sozusagen »vermacht« wurde. Auf der anderen Seite kann dieser Mensch, kreativ und intelligent, eine große Karriere gemacht haben, finanziell sehr viel weiter als die meisten gediehen sein und so in den Augen anderer als »erfolgreicher Mensch« gestorben sein. Was er hätte sein können, wenn er es – mit fremder Hilfe – geschafft hätte, den fehlerhaften Gebrauch seiner selbst abzuschaffen, wissen wir natürlich nicht. Er wäre aber sicherlich gesünder und autonomer geworden, und wahrscheinlich hätte er auch länger gelebt. Ohne eine so feste Grundlage in seiner Muskulatur dürfte seine Neurose nicht so schwerwiegender Natur geworden sein. Auf der höheren Schule wäre er vielleicht der Sportler gewesen, der er so gern sein wollte, aber aufgrund seiner beeinträchtigten Beweglichkeit und Koordinationsfähigkeit sowie seiner schlechten Atemgewohnheiten, durch die er so leicht ermüdete, nicht sein konnte. Dann hätte sein Versagen im Sport auch nicht sein Ichbild und dadurch auch nicht seine sozialen Beziehungen geschädigt. Er hätte sich vielleicht einmal glücklich verheiratet statt mehrere Male unglücklich. Die chronischen Anspannungen und die gewohnheitsmäßigen Überreaktionen auf emotionalen Streß hätten nicht seinen vorzeitigen Tod verursacht. Damit haben wir nur einen ersten, oberflächlichen Eindruck von der Bedeutung des Prinzips des Gebrauchs und der Art und Weise, wie es das Leben dieses Menschen beeinflußte.

Seine Gebrauchsweise hätte jederzeit korrigiert werden und damit sein Leben einen anderen Lauf nehmen können. Sein Mißbrauch seiner selbst wurde aber niemals erkannt, geschweige denn berichtigt. Seine Gesundheit galt als im allgemeinen normal, obwohl man später von ihm sagte, daß er ernsthafte emotionale Probleme hätte. Zu dem Zeitpunkt, als seine Arteriosklerose nicht schon weit forgeschritten war, hätte vielleicht durch eine Korrektur des Gebrauchs seiner selbst sein Leben verlängert und seine Gesundheit erheblich gebessert werden können. Die emotionalen Auswirkungen verschiedener Probleme in seinem Leben hätten natürlich nicht spurlos beseitigt werden können, doch durch ein Aufbrechen seiner gewohnheitsmäßigen Geist-Körper-Reaktionen und Verhaltensmuster wäre es ihm vielleicht möglich gewesen, neue und

erfolgreiche Beziehungen einzugehen und damit die Folgen seiner alten Fehlschläge auf ein Minimum zu reduzieren.
Dr. Wilfried Barlow, der medizinische Leiter des Alexander-Instituts in London, faßt im folgenden kurz den tatsächlichen Fall eines Mannes zusammen, dessen Leben in nahezu nicht mehr rückgängig zu machender Weise durch lang anhaltenden Mißbrauch seiner selbst ruiniert ist:

Dr. James P., ein Thoraxspezialist, wird seit einiger Zeit von zunehmender Depression mit anhaltenden Schmerzen im Nacken geplagt. Er findet Erleichterung im großzügigen Konsum von Alkohol und in den Dankesbezeigungen seiner Patienten. Er ist ein gelehrter Mann, der alles über Depression und psychosomatische Nackenschmerzen weiß. Sein eigener Nacken schmerzt jedoch noch immer, und das macht ihn fertig.
Vor ungefähr zwanzig Jahren, als er ein schüchterner Medizinstudent war, hatte er sich ein wichtigtuerisches Gebaren angewöhnt, das darin bestand, daß er seinen Nacken gerade machte, sein Kinn hinunter bis zur Kehle zog und gelegentlich aufstieß, und zwar produzierte er jenes vornehme Aufstoßen, das in den Aristokraten-Clubs eine verbreitete Ausdrucksweise ist und dem ein geringfügiges Schlucken von Luft vorausgeht, um die notwendige »Munition« bereitzustellen.
Einige Jahre später verfeinerte er die Haltung seines Kopfes, indem er ihn wie mißbilligend nach einer Körperseite hin verdrehte und den Brustkasten nach vorne aufblähte. Einige Jahre später machte er diese Bewegung auch, wenn er allein war oder ruhig dasaß. Das Aufstoßen war zu einer Gewohnheit geworden, und zwischen dem Aufstoßen versteifte er seine Kehle und blockierte seinen Atem.
Dr. P. hatte bereits seine psychiatrischen Kollegen zu Rate gezogen und widerstrebend sein Arbeitspensum beträchtlich reduziert, weil es ihm unmöglich war, sich zu konzentrieren. Es bestand für ihn nicht die entfernteste Möglichkeit, seine Nackenschmerzen loszuwerden, bevor sein eigentümlicher Muskelgebrauch nicht aufgeklärt worden war. (Wilfred Barlow: Alexander-Technik, S. 12–13)

Das »Ausschalten« und das Korrigieren »fremdartigen Gebrauchs der Muskeln« kann viele Veränderungen bei einem Menschen bewirken. Dr. Moshe Feldenkrais erwägt im folgenden den hypothetischen Fall einer Person, die von Heiserkeit ihrer Stimme geplagt wird (genau dieses Problem veranlaßte auch Alexander, an sich zu arbeiten, und führte so zur Entwicklung seiner Technik):

Angenommen, ein Schauspieler, Sprecher oder Lehrer leidet an Heiserkeit und möchte, um sie loszuwerden, sein Sprechen zum Besseren ändern: Er wird zunächst einmal herauszufinden versuchen, wo in seiner Atmung und in seiner Kehle er unnütze Kraft aufwendet, überflüssige Anstrengungen macht. Wenn er gelernt haben wird, diese zu reduzieren und mit größerer Leichtigkeit zu sprechen, wird er zu seiner Überraschung feststellen, daß bis dahin auch seine Zungen- und Gesichtsmuskeln unnütze Arbeit geleistet hatten, die er gar nicht gemerkt hatte und die zu seiner Heiserkeit beigetragen hat.
Leichtigkeit also, die einer auf einem Gebiet erzielt, ermöglicht es ihm, verwandte, zugehörige Gebiete feiner und genauer zu beobachten.
Fährt er fort, das neu Erreichte zu üben, und kann er nun seine Zungen- und Kiefermuskeln mühelos gebrauchen, so mag er entdekken, daß er zum Sprechen bisher vor allem die Kehle und den Rachen, aber nicht den vorderen Teil seines Mundes verwendet hat. Infolgedessen benötigt er einen größeren Luftdruck, um seine Stimme durch die Mundhöhle zu drücken, und das wiederum bedeutet, daß er zum Atmen mehr Kraft hatte aufwenden müssen. Lernt er, auch den vorderen Teil des Mundes zu gebrauchen, so wird ihm das Sprechen noch viel leichter sein – und er wird entdecken, daß er jetzt auch seine Brustmuskulatur und das Zwerchfell besser gebraucht.
Als nächstes überrascht ihn nun die Entdeckung, daß die Behinderung oder Störung der Brustmuskulatur, des Zwerchfells und des vorderen Mundteils von einer ständigen Spannung der Nackenmuskulatur herrührten, die ihm Kopf und Kinn vorwärtsschob und dadurch seine Atmungs- und Sprechorgane gleichsam verzerrte oder deformierte. Von da aus wird er Zusammenhänge entdecken mit seiner Haltung im Stehen und mit seiner Art, sich zu bewegen. Das alles läuft darauf hinaus, daß an richtigem Sprechen der ganze Mensch beteiligt ist. Aber alle diese überraschenden Entdeckungen, die Besserungen, die sie bewirkt haben, die Leichtigkeit der Handlungen, die ihre Folge war: sie alle sind nur ein Teil, fast nur ein Anfang. Seine Stimme, bisher auf eine einzige Oktave beschränkt, wird plötzlich an Umfang gewonnen haben und um einiges höher und tiefer reichen. Er wird an seiner Stimme eine neue Qualität entdecken und finden, daß er singen kann. Und das wiederum eröffnet Möglichkeiten auf anderen Gebieten und führt zur Entdeckung von Fähigkeiten, die zu haben er sich bisher nicht einmal hatte träumen lassen.
(Moshe Feldenkrais: Bewußtheit durch Bewegung, S. 124–125).

Der Gebrauch seiner selbst ist eine komplexe Ansammlung von anderen übernommener und selbst entwickelter Funktionsweisen, die zur Gewohnheit geworden sind. Einiges davon wird sehr frühzeitig im Leben erworben, anderes kommt im Laufe des weiteren Lebens hinzu. Manche Gebrauchsweisen werden abgelegt, manche werden modifiziert, manche werden stärker betont und andere weichen in den Hintergrund zurück. Jeder weiß über den Gebrauch seiner selbst bis zu einem gewissen Grad Bescheid, doch nur wenige sind sich der verwickelten Zusammenhänge dabei bewußt.

Nichts ist unnützer, als wenn man jemandem sagt, er solle von sich selber besseren Gebrauch machen. Das tun wir, wenn wir beispielsweise jemandem sagen: »Stehe gerade«. Die betreffende Person mag zwar auf diese Anweisung hin sich anders hinstellen, doch ihre Haltung wird weiterhin ihre vielen fehlerhaften Gebrauchsweisen beinhalten. Der einzige Weg, wie man den Gebrauch ändern kann, besteht darin, die betreffende Person wiederholt richtigen Gebrauch erleben zu lassen, und zwar so oft, bis das Nervensystem beschließt, daß dieser richtige Gebrauch vorzuziehen ist.

Der Hauptschwerpunkt dieses Buches ruht auf dem Gebrauch des Körpers, der natürlich sowohl körperliche als auch geistige Elemente einschließt. Gerade auf dieser Ebene deiner persönlichen Realität kannst du durch eigenständiges Arbeiten die größten Verbesserungen erzielen. Wir ignorieren oder unterschätzen nicht die Psychodynamik, die Teil eines jeden gesamten Umerziehungs- und Therapieprogramms sein muß. In diesem Buch heben wir aber hervor, was du am besten für dich allein tun kannst, und du kannst eine ganze Menge für dich tun, ohne in Bereiche zu gehen, in denen du Anleitung von einem Lehrer oder einem Therapeuten haben solltest.

Den Gebrauch bestimmende Faktoren

Unsere sehr lange Evolution hat uns nicht auf die Bedingungen des modernen Zivilisationslebens vorbereitet. Im allgemeinen gilt, daß wir, je mehr wir von einem natürlichen Zustand abweichen, um so wahrscheinlicher unseren psychophysischen Organismus der vielfältigen Aktivitäten berauben, die er benötigt, um entwicklungsbedingte Unausgewogenheiten, Verkrüppelungen und selbstdestruktive Gebrauchsmuster zu vermeiden. Der Mensch in einem ursprünglichen Lebenszustand ist vielen zerstörerischen natürlichen Kräften ausgesetzt, und wenn wir realistisch sind, beneiden wir ihn nicht um seine Lebensweise. Dennoch mißbraucht er sich selber nicht so sehr oder verhält sich so wider seine Natur wie der zivilisierte Mensch.

Der Mensch in einem ursprünglichen Lebenszustand kann nur wenig tun, um sich gegen die Naturgewalten zu schützen, die ihn in vielerlei Hinsicht bedrohen und sein Leben in den meisten Fällen rauh und kurz gestalten. Der zivilisierte Mensch hingegen ist in der Lage, viele Nachteile der Zivilisation auszugleichen. Er könnte viele Krankheiten, unter denen er jetzt leidet, verhüten, indem er auf eine ausgewogenere Entwicklung und einen besseren Gebrauch seiner selbst achtet. Die psychophysische Umerziehung könnte wesentlich dazu beitragen, Menschen hervorzubringen, die sehr viel weniger selbstdestruktiv sind als nahezu alle von uns im Augenblick. Wenn wir aber nur einige wenige von den Dingen betrachten, die wir falsch machen, dann dürfte die Bedeutung eines guten Gebrauchs seiner selbst sowohl für die Verhütung als auch für die Änderung unserer Leiden unmittelbar klar werden.

In mancher wichtigen Hinsicht besitzen Kinder im allgemeinen mehr Wissen über sich selbst und mehr Bewußtheit als Erwachsene. Das Kind steht in besserem Kontakt mit seinem Körper – mit seinen Bewegungen, seinen Empfindungen, seinen Bedürfnissen und seinen Wünschen. Es ist freier in seinen Bewegungen und im Ausdruck seiner Gedanken und Gefühle. Seine nicht abgestumpften Sinne reagieren auf eine Welt, die farbenprächtiger und lebendiger ist, und durch diese wahrgenommene Realität wird es wiederum belebt. Wenn es nicht gerade intensiv mit etwas beschäftigt ist oder ganz in seinen Phantasien aufgeht, ist sich das Kind selbst geringfügiger

Schmerzen und angenehmer Empfindungen bewußt. Der Erwachsene nimmt vieles von dem, was das Kind ganz stark empfindet, überhaupt nicht oder nur schwach wahr. Im Vergleich zum Kind hemmt der Erwachsene (und auch schon das ältere Kind) seine Reaktionen und den Ausdruck seiner Gefühle. Dies mag zwar wünschenswert erscheinen, ist es aber nicht, wenn – wie es der typische Fall ist – die Hemmung automatisch geworden ist und Ungezwungenheit des Ausdrucks sowie Spontaneität verlorengegangen sind. Ziemlich früh im Leben verschiebt sich die Ausrichtung des Kindes weg von seinem Körper und zugleich auf die Außenwelt zu. Geistige Prozesse werden jetzt beinahe so empfunden, als ob es keine begleitenden Veränderungen im Körper gäbe. Eine zunehmende Ausrichtung auf die Außenwelt soll zwar schon sein, aber sie braucht nicht – und darf nicht – auf Kosten einer geschwächten und verzerrten Bewußtheit der eigenen psychophysischen Realität erreicht werden.

Wie schon viele bemerkt haben, wird die Entfremdung des Kindes von seinem Körper bestärkt, sobald es in die Schule kommt und jeden Tag stundenlang an die Schulbank gefesselt ist. Dabei lernt es, eine Wirklichkeit zu konstruieren, die größtenteils durch Worte geformt wird – eine Wirklichkeit, die zunehmend abstrakt und immer weniger konkret wird. Werden keine hindernden Maßnahmen ergriffen, so wird der abstrakte Begriff zum Feind der Wahrnehmung. Hat das Kind einmal ein Ding benannt, so meint es, alles darüber zu wissen, und erforscht es nicht weiter mit seinen Sinnen, die dadurch abgestumpft werden. Diese psychogene Beeinträchtigung fördert die Verzerrung der Sinne, insbesondere die des kinästhetischen Sinns, die vom Mißbrauch des Körpers resultiert.

Aber auch schon bevor das Kind in die Schule kommt, leidet es an Fähigkeitsverlusten, die – wenn man nichts dagegen unternimmt – die Verwirklichung seiner latenten Möglichkeiten verhindern werden. So wurde beispielsweise in einer Untersuchung festgestellt, daß Kinder im Alter von zwei Jahren »offenkundig einen Grad an physischer Koordination besaßen, der gegen Ende des dritten Lebensjahres bemerkenswert zurückgegangen war; am Ende des vierten Lebensjahres waren an die Stelle dieser Koordination fest eingeprägte Gewohnheiten der Körperhaltung getreten, und zwar starr festgelegte Haltungen bestimmter Körperteile«.* Von diesem Zeitpunkt an, aber insbesondere nach der Kindheit, werden immer weniger neue Bewegungen versucht, die Koordinationsfähigkeit geht immer weiter zurück, und die Verwirklichung der der Einheit aus Körper und Geist innewohnenden Möglichkeiten wird in vielerlei anderer Hinsicht behindert. Es ist deshalb eine im Rahmen der Erziehung notwendige Aufgabe, bereits am Anfang die Arbeit an den Bewegungsmöglichkeiten des Kindes einzuführen, d. h. praktische Übungen im Bereich solcher körperlichen Bewegungen, die möglich sind. Das Kind wird sonst Hemmungen entwickeln, die es daran hindern, an viele Bewegungen, zu denen es fähig ist, auch nur zu denken. Solche Hemmungen werden eine wichtige Rolle bei der Beeinträchtigung des Körperbildes spielen und den Bereich der Aktivitäten, denen sich das Kind widmen könnte, einschränken. Zweifellos wird dadurch auch eine Hemmung des Fühlens und Denkens gefördert werden.

Schon geraume Zeit vor Eintritt in die Schule hat das Kind unter Umständen angefangen, unter Muskelverspannungen zu leiden, die es nicht lösen kann. Diese Verspannungen haben viele Ursachen, etwa körperliche Schmerzen und Verletzungen, geistige und emotionale Probleme, sowie fehlgeleitete Bemühungen der Erwachsenen, die Entwicklung des Kindes durch falsch verstandene Übungen und durch Ermutigung oder Erzwingung vorzeitigen Sitzens, Stehens und Gehens zu beschleunigen. Die Muskelverspannungen werden, wenn sie bestehen bleiben, die Bewegungsweise des Kindes, seine Körperhaltung und mit der Zeit auch das Empfinden seines Körpers beeinflussen. Die Körperhaltung wird auch dann

* Der interessierte Leser sei auf den vollständigen Artikel von Alma Frank mit dem Titel »A Study in Infant Development«, erschienen in der Zeitschrift »Child Development«, Jahrgang 9, 1938, verwiesen.

schlechter, wenn Kinder Erwachsene und andere Kinder nachahmen. Nur durch eine solche Verschlechterung kommt das Kind dazu, etwa stundenlang in sich zusammengesunken vor dem Fernseher oder auf der Schulbank zu sitzen. Für einen organisch gut entwickelten Körper, dessen man sich voll bewußt ist, wäre eine solche Haltung zu schmerzvoll. Die Tatsache, daß keine Schmerzen empfunden werden, macht nur allzu deutlich, daß dem Muskel- und Skelettsystem sowie dem Empfindungsapparat Schaden angetan worden ist.

Trotz dieser frühzeitigen Veränderungen zum Schlechten bleibt das Kind im Verhältnis zum Jugendlichen oder Erwachsenen frei und beweglich und ist sich auch weiterhin seines Körpers stärker bewußt. Da es in engem Kontakt zu seinem Körper steht, weiß es auch, wenn etwas nicht in Ordnung ist, und tut seine Gefühle kund. Sehr viele dieser Notsignale werden aber übersehen, falsch interpretiert, ihre Äußerung wird aktiv zu unterbinden versucht oder gar bestraft. Auf diese Weise lernt das Kind weitere Hemmungen, zunächst die Hemmung des Ausdrucks seiner Gefühle, und später der Gefühle selber. Wenn es lernt, bestimmte Muskelverspannungen zu ignorieren und später das Bewußtsein solcher Verspannungen zu hemmen, dann werden nach und nach die Mechanismen, durch die der Körper dem Gehirn signalisiert, was die Muskeln tun, ernsthaft geschädigt. Ein fehlerhafter Gebrauch des Körpers sollte klar gespürt werden, damit der Körper anfangen kann, sich selber zu korrigieren, doch bei anhaltendem und gewohnheitsmäßigem Mißbrauch kommt es dazu, daß die fehlerhaften Handlungen als »richtig«, die richtigen als »falsch« empfunden werden. Der kinästhetische Sinn wird verzerrt und die Körperbewußtheit läßt nach, so daß Körper und Körperbild immer weiter auseinanderklaffen. Durch einen schlechten Gebrauch des Körpers bei gleichzeitig bestehenden Verzerrungen der Empfindungen und unbewußten chronischen Muskelkontraktionen wird die Körpersymmetrie nach und nach deformiert und das Skelett verschoben. Das Resultat ist mit einiger Sicherheit eine falsche Atmung, die die Vitalität und Wider-

standskraft untergräbt und verschiedene Funktionen beeinträchtigt. Dies wiederum führt zu emotionalen und psychischen Problemen, Lernstörungen usw. Wir sprechen hier nicht von außergewöhnlichen Fällen, sondern vom typischen Fall, der natürlich sehr unterschiedlich ausgeprägt sein kann.
Nach den Angaben von Wilfried Barlow zeigen bereits im Alter von elf Jahren

»70% aller Jungen und Mädchen ausgeprägte Muskel- und Haltungsschäden. Die meisten dieser Schäden äußern sich in einer vorübergehenden eingeschränkten Leistungsfähigkeit und in Lernbehinderungen. In emotional belastenden Situationen treten sie deutlich hervor. Sie kündigen eine unruhige Jugendzeit an, in der aus Mängeln der Kindheit ausgereifte Haltungsschäden werden. Im Alter von achtzehn Jahren sind nur 5% der untersuchten Stichprobe ohne Haltungsschäden, 15% haben leichte, 65% recht schwere und 15% sehr schwere Schäden. Diese Zahlen beruhen auf meinen eigenen veröffentlichten Untersuchungen über Jungen und Mädchen aus höheren Schulen und über Studenten und Studentinnen der Leibeserziehung, der Musik und der Schauspielkunst, von denen man eigentlich einen besseren körperlichen Zustand als von der übrigen Bevölkerung erwarten dürfte. Es ist fast sicher, daß Sie, der Leser dieses Buches, ziemlich ausgeprägte Haltungsschäden haben, die Ihnen selbst nicht bewußt sind, die Ihre Ärzte, Lehrer oder Eltern nicht bemerkt, über die Sie sich keine Gedanken gemacht, oder die Sie als unvermeidlichen Teil Ihrer selbst akzeptiert haben.«

Barlow spricht hier von englischen Kindern, doch hat er an einer weltweiten Untersuchung von Programmen zur Körperschulung teilgenommen und festgestellt, daß beispielsweise auch in den Vereinigten Staaten, in Australien und in der Sowjetunion die Probleme die gleichen sind. Der Grund dafür liegt darin, daß die konventionelle Körpererziehung überall nicht dazu beiträgt, »ihren Schülern das notwendige Wissen zu vermitteln oder in ihnen den Wunsch zu wecken, mit fortschreitendem Alter eine gesundheitsfördernde Aktivität beizubehalten«. Er fügt hinzu:

Inzwischen sprechen unumstößliche Beweise für das Alexander-Prinzip. Wir sind Zeugen einer allgemeinen Verschlechterung des Körpergebrauchs, der schon im frühen Alter beginnt und zu dessen Verhinderung die heutigen pädagogischen Verfahren wenig tun. Die meisten Menschen haben einen guten Körpergebrauch verloren. Der Gebrauch des Körpers ist zwar nicht bei allen, doch bei den meisten Aktivitäten und auch im ruhenden Zustand schlecht. Doch niemand kümmert sich darum, weil die Schäden nicht bemerkt werden, bevor sie wirklich gravierend geworden sind. (Barlow: Alexander-Technik, S. 193)

Unsere eigenen Beobachtungen an Kindern und jungen Leuten in den Vereinigten Staaten und anderen Ländern bestätigen Barlows traurige Ergebnisse voll und ganz. Wir haben auch festgestellt, daß sogar Schädigungen, die dem geschulten Beobachter ins Auge springen, von Ärzten, Sanitätsschwestern in Schulen, Lehrern für Leibeserziehung und anderen, die helfend eingreifen könnten, übersehen werden. Nur wenn die Funktionstüchtigkeit vollkommen zusammenbricht oder einige vertraute pathologische Veränderungen gegeben sind, erkennen diese Autoritäten auf dem Gebiet der Gesundheit, daß die Situation dringend einer Änderung bedarf. *Was fehlerhaft ist, muß fehlerhafter sein als die Norm,* damit es wahrgenommen wird. Doch die Norm selber ist bereits in höchstem Grade fehlerhaft – so fehlerhaft, daß man bei 80 Prozent von Jugendlichen im Alter von 18 Jahren schwere Schäden feststellen muß.

Wenn wir das bereits Gesagte in Betracht ziehen, dann werden uns vielleicht einige neue Einsichten über die Ursachen vieler sogenannter Alterssymptome kommen. Viele solcher Symptome sind einfach Symptome für »schlechten Gebrauch«, und ein Beweis für diese Behauptung ist die Tatsache, daß sogar bei recht alten Leuten viele »Alterssymptome« in ihrem Schweregrad zurückgehen oder ganz verschwinden, wenn man ihnen einen richtigen Gebrauch ihrer selbst beibringt. Würde es sich um echte Alterssymptome handeln, dann ließen sie sich mit keinen Mitteln, die gegenwärtig zur Verfügung stehen, rückgängig machen.

Man kann seinen Körper in verschiedener Weise effizient und für die Gesundheit förderlich gebrauchen. Man kann ihn aber auch in einer Weise gebrauchen, die ineffizient ist, unverhältnismäßig viel Körperkraft und Energie kostet, oder sonst der Gesundheit und dem Wohlbefinden im allgemeinen schadet. Wie wir unseren Organismus benutzen, wirkt sich tiefgreifender und genereller als jeder andere einzelne Faktor aus (ausgenommen vielleicht ein entsetzlicher Unglücksfall). Der richtige Gebrauch unserer selbst, dem grundlegende Bedeutung beigemessen werden sollte, ist aber etwas, was all denen, die für unsere Erziehung und unsere Gesundheit verantwortlich sind, wenig oder gar nicht bekannt ist. Wir wollen jetzt einmal betrachten, was uns die Autoritäten auf diesem Gebiet stattdessen anbieten, ob es einen richtigen oder einen fehlerhaften Gebrauch unserer selbst fördert, ob es uns hilft oder schadet, und wieviel wirkliches Verständnis der Zusammenhänge zwischen Körper und Geist den vorherrschenden Programmen für Körpertraining und Fitness zugrundeliegt.

Herkömmliche Methoden

Es gibt eine »neue Körpererziehung« mit Grundanschauungen und Methoden, die den alten überlegen sind, und wir begrüßen diese Verbesserungen. Gleichzeitig hoffen wir, daß diese neue Bewegung mehr vom Verständnis und von den Methoden einbeziehen wird, die in diesem Buch, in den Arbeiten von Alexander und in den noch bedeutsameren Arbeiten von Feldenkrais beschrieben sind. Dann würden die notwendigen Reformen auf diesem Gebiet noch früher erreicht werden und noch umfassender sein.

Wenn aber der Durchschnittsmensch seinen Körper verbessern will – den er bei solchen Überlegungen von seinem Geist trennt –, ist er immer noch Büchern, Zeitschriftenartikeln und Lehrern ausgeliefert, die ihm »Übungsprogramme« von begrenztem Wert und nahezu unendlicher Langeweile anbieten. Als ausgewählte Beispiele sollen die offiziellen Fitnessprogramme dienen, die von einem Fachausschuß des amerikanischen Präsidenten und von der königlichen kanadischen Luftwaffe herausgegeben werden. Diese Programme bestehen aus mechanisch und geistlos wiederholten Bewegungen mit dem Ziel, die Muskeln zu stärken und zu dehnen, sowie Atmung und Kreislauf zu verbessern. Wenn jemand lange genug durchhält, wird er etwas an Körperkraft, Ausdauer und Geschmeidigkeit profitieren. Die Übungen kräftigen alles – einschließlich der Mängel; sie tragen aber kaum zur Verbesserung des Körpergebrauchs oder zur Korrektur des schlechten Körperbildes oder der fehlerhaften Empfindungsmechanismen bei, die grundlegend an so vielen unserer Probleme sowohl geistiger wie auch körperlicher Art beteiligt sind. Dr. Wilfried Barlow hat an Studenten und Studentinnen die Auswirkungen untersucht, wenn man ein Jahr lang getreu nach typischen »Dehnungs- und Kräftigungsübungen« sowie physiotherapeutischen Programmen arbeitet. Sein Ergebnis u. a.: verstärkte Haltungsschäden am Ende des Jahres.

Laufen und Joggen, Gewichtheben, Seilspringen, Schwimmen, isometrische sowie isotonische Übungen und Sport im allgemeinen tragen ebenfalls nur wenig oder gar nichts zu einem verbesserten Gebrauch unseres Körpers bei. Sie sind in verschiedener Hinsicht schädlich, obwohl man von den meisten auch etwas profitiert und sie für die Mehrzahl der Leute immer noch besser als gar nichts sind. Vor allem besonders eifrige Läufer und Gewichtheber können sich große emotionale Befriedigung sowie erheblichen körperlichen Gewinn verschaffen. Häufig fügen sie sich aber auch Verletzungen zu, was sie wahrscheinlich nicht täten, wenn Geist und Körper besser integriert wären und sie ein besseres Empfindungsvermögen hätten.

Sport und Leichtathletik sind nicht der beste Weg, um zu Gesundheit oder verbesserter körperlicher Funktionstüchtigkeit zu gelangen. Diejenigen, die Spaß daran haben, sollen auch weiterhin – was immer es ihnen auch gibt – Sport und Leichtathletik betreiben, doch sollten sie sich auch einiger Nachteile bewußt sein, beispielsweise:

Es gibt kaum eine Form von Leichtathlektik, in der nicht alle Muskeln eingesetzt werden, doch wenn wir die entsprechenden Tätigkeiten genauer betrachten, sehen wir, daß manche Körperteile genügend beansprucht werden, um einen beträchtlichen Grad an Weiterentwicklung zu produzieren, andere hingegen nur schwach benutzt werden. Manche Körperteile müssen außerordentlich genau kontrolliert werden, um die entsprechenden Bewegungen auszuführen, andere wiederum nur wenig oder gar nicht. In jeder Spiel- oder Sportart werden manche Muskelgruppen oder Körperregionen mehr betätigt und entwickelt als andere, und dies führt mit der Zeit zu körperlicher Mißgestaltung, wenn nicht durch andere Teile des Übungsprogramms ein Ausgleich erfolgt. Die Ungleichheit in der Verteilung der Anstrengung führt zu unausgewogener Entwicklung und Kontrolle. Das Ergebnis ist, daß unsere Sportler Beispiele miserabler Körper abgeben (Herbert Shelton: Exercise! S. 37).

Die aus dem Betreiben von Leichtathletik resultierende unausgewogene Entwicklung kann nur durch entsprechende Übungen korrigiert werden. Das aber kann der Durchschnittsmensch nicht allein machen. Er benötigt dazu einen geschulten Lehrer, der ihm Anleitung gibt. Die meisten Leute, die – mit oder ohne Lehrer – körperliche Übungen machen, erreichen nicht das, was sie erhoffen. So halten es viele mit einem hervortretenden Bauch für zweckmäßig, Aufsetzübungen zu machen. Doch da dieses Hervortreten durch eine Kontraktion der Rückenmuskeln und durch eine schlechte Haltung verursacht wird, erzielen sie lediglich starke Muskeln in einem immer noch hervortretenden Bauch.

Sportler (und Tänzer) deformieren fast ausnahmslos – manchmal in erschreckendem Ausmaß – ihren Körper, weil sie sich seiner nur teilweise bewußt sind. Da sie nichts von der gegenseitigen Abhängigkeit zwischen ihren Muskeln und deren Antagonisten verstehen, da sie nicht die Muskeln benutzen, die für die Anstrengung, die sie machen wollen, am besten geeignet sind, nehmen sie ihre Kraft von da, wo sie sie zuerst finden. Dadurch, daß sie sich selber auf Leistung trimmen, tun sie sich automatisch Gewalt an. Doch sich auf Leistung trimmen, sich selber zu übertreffen, gehört häufig zu den Spielregeln. Ein Sportler mag zwar das Ziel haben, seinen Konkurrenten zu schlagen, doch kann er, wenn er auf das Gewinnen aus ist, es nur selten vermeiden, sich selber zu »schlagen«, d.h. sich zu »bestrafen«

(Thérèse Bertherat und Carol Bernstein: The Body Has Its Reasons, S. 59–60).

Dem Sportler mangelt es an einem ausreichend gründlichen und anwendbaren Wissen über die Körpermechanismen und deren Gebrauch. Seine Empfindungsmechanismen sind ebenfalls – wie nahezu bei jedem Menschen – verzerrt. Wenn daher seine Sportart gewaltsames Handeln erfordert, läuft er besonders Gefahr, sich zu verletzen, und zwar sich selber zu verletzen. (Wir sprechen hier von Unfallverletzungen; andere Schädigungen sind mit der betreffenden Sportart an sich verbunden).

Manche Sportler haben massiv entwickelte Oberkörper, aber vergleichsweise unterentwickelte Beine. Andere, etwa viele Tänzer und Tänzerinnen, haben im Vergleich zu ihrem Unterkörper so schlecht entwickelte Oberkörper, daß man den Eindruck hat, sie hätten sich zu anatomischen Mißgeburten gemacht. Zwei Tätigkeiten, von denen man häufig meint, sie wären besonders nützlich, sind Schwimmen und Radfahren. Wie aber Bertherat bemerkt, hat Schwimmen in der Regel den Effekt, daß die bereits überentwickelten Rückenmuskeln noch weiter entwickelt werden und folglich daraus eine Unterentwicklung der vorderen Körperpartie resultiert. Diese Kombination wirkt einem guten Gebrauch des Körpers entgegen und ist in vielerlei spezieller Hinsicht wie auch im allgemeinen schädlich. Professionelle Schwimmer leiden oft an einer solchen Überentwicklung der Rückenmuskeln und einer solchen Kontraktion dieser Muskeln, daß das Skelett in sich verschoben ist. In bezug auf das Radfahren schreibt Bertherat, daß es üblicherweise »zu einer Verspannung der Genick- und der tiefer gelegenen Rückenmuskeln führt; andererseits kann ein Verlust an Spannung in den Bauchmuskeln und ein Zusammendrücken des Magens ... zu ernsthaften Verdauungsbeschwerden beitragen (die bei professionellen Radsportlern sehr häufig sind)« (Bertherat und Bernstein: The Body Has Its Reasons, S. 58–59). Nach Shelton, der die schädlichen Auswirkungen vieler Sportarten zusammengestellt hat, neigen Radsportler auch dazu, die Schultern nach vorne zu ziehen, die Brust zu verkrampfen und die Streckmuskeln der Hüfte übermäßig auszubilden. Besonders schädlich, sagt er, wirken sich einseitige Sportarten aus, etwa das Kugelstoßen. Wenn man zusätzlich zum Kugelstoßen auch noch Diskus-, Speer- und Hammerwerfen übt, sind die Ergebnisse noch verheerender:

»... Die Person, die sich einige Jahre auf das Kugelstoßen spezialisiert hat, wird feststellen müssen, daß sie deformiert ist. Der am deutlichsten hervortretende Fehler in der Anatomie [wenn die betreffende Person rechtshändig ist] ist eine Krümmung des Rückgrats konvex zur Rechten. Ihr rechter Arm ist größer und länger als der linke, und oft sind auch die Beine unterschiedlich«. Springen, Hürdenlauf und insbesondere Stabhochspringen entwickeln ebenfalls eine Körperseite stärker als die andere (Shelton: Exercise! S. 42–43).

Wie viele Leute, die eine Sportart ergreifen, erhalten Informationen über die Deformierungen, die sich wahrscheinlich einstellen werden? Wie vielen werden heilende Übungsprogramme angeboten? Die Einwände gegen diese körperlichen Asymmetrien und Unausgewogenheiten erfolgen keineswegs aus rein ästhetischen Gründen, denn sie wirken sich nicht nur auf den Gebrauch des Körpers aus, der wiederum die Funktionstüchtigkeit beeinflußt, sondern sie können schließlich auch zu schweren Schädigungen führen, zu Rückenleiden, Rheumatismus usw.

Wenn eine sportliche Betätigung nicht im späteren Leben fortgeführt wird, trägt sie in der überwiegenden Mehrzahl der Fälle nicht nennenswert zur Gesundheit oder zur Langlebigkeit bei. Viele Arten von regelmäßigen Körperübungen werden einige Alterssymptome hinauszögern und das Leben verlängern, insbesondere wenn sie Herz und Kreislauf stärken. Sie werden aber auch, wie wir festgestellt haben, bereits vorhandene Schäden verstärken. Am schlimmsten ist wohl, daß sie die Motivation des betreffenden Menschen untergraben, auf sich zu achten. Es gibt nicht viele, die diszipliniert genug sind, um ein Leben lang ein Übungsprogramm beizubehalten, an dem

sie keinen Spaß haben. Die psychophysische Umerziehung unterscheidet sich von diesen Methoden darin, daß sie eine Form des guten Gebrauchs seiner selbst herausbildet, die sich selber aufrechterhält. Mit den Übungen in diesem Buch müßtest du in der Lage sein, allein weiterzuarbeiten. Aber auch wenn du es nicht tust, dürftest du die erreichten Verbesserungen beibehalten, wird deine Gesundheit und deine Funktionsfähigkeit im allgemeinen auffallend profitieren, und wirst du auch wahrscheinlich besser und länger leben können.
Dr. Wilfried Barlow hat die Lebensschicksale der in England wirkenden Lehrer und Lehrerinnen der Alexander-Methode verfolgt. Sie alle waren gründlich im guten Gebrauch ihrer selbst trainiert. Barlow kann mit einer Statistik aufwarten, die unseres Wissens einmalig ist und die besser als alles andere die Bedeutung dessen veranschaulicht, was wir besprochen haben:

In dem Zeitraum von 75 Jahren, nachdem Alexander im Alter von 30 Jahren zu arbeiten begonnen hatte, sind in Großbritannien mehr als 100 Lehrer und Lehrerinnen seiner Methode ausgebildet worden. Von diesen sind in dieser Zeit nur vier gestorben, darunter Alexander selber im Alter von 87 Jahren und seine erste Assistentin, Ethel Webb, 94jährig. Bei allen sind keine Herzerkrankungen aufgetreten, keine Krebserkrankungen, keine Schlaganfälle, keine rheumatische Gelenksentzündung, keine Bandscheibenschäden, keine Geschwüre, keine neurologischen Krankheiten, keine ernsthaften geistigen Störungen, nur gelegentlich etwas sonderbares Verhalten. Natürlich gab es einige Unfälle, jedoch mit guter Wiederherstellung der Funktionsfähigkeit; Unfallneigung bestand nicht. Alles in allem ein Maß an dauerhafter Gesundheit und Zufriedenheit, das die meisten Leute nur im frühesten Lebensalter erreichen! (Barlow: Alexander-Technik, S. 10).

Über die Formbarkeit des Menschen

Die potentielle Körpergröße eines Menschen wird durch die Länge seines Skeletts eingeschränkt. Die tatsächliche Körpergröße der meisten Leute entspricht aber nur selten dem, was von den Knochen her möglich wäre. Der Körper ist aufgrund verschiedener, durch Muskelverspannungen und schlechte Haltung bedingter Deformierungen des Skeletts – insbesondere einer Krümmung des Rückgrats – kleiner, als er sein könnte. Der typische Körper eines Erwachsenen wird bis zu 5 cm größer, wenn die Muskeln von unnötiger Anspannung befreit werden und das Skelett wieder seine normale Ausdehnung annehmen kann.

Muskelkontraktionen verkürzen nicht nur den Körper, sondern verschieben auch die Teile des Skeletts in verschiedener, höchst individueller Weise. Die Gelenke sind oft auf einer Seite zusammengedrückt und auf der anderen auseinandergezogen. Am Ende kann das Knorpel zwischen den Gelenken abgenutzt sein, so daß die Knochen aneinanderreiben und geschädigt werden. Manche Muskelanspannungen sind natürlich normal und auch notwendig. Ohne sie würde der Körper in sich zusammenfallen, was ein Skelett auch tut, wenn es keine Stütze hat. Als allgemeine Regel gilt, daß sich ein gesunder Mensch dieser Muskelspannungen nicht bewußt sein soll, wohl aber der abnormalen und unnötigen Spannungen. Wer möchte sich beispielsweise ständig der Muskelspannungen in seinem Genick bewußt sein, die für die Stützung des Kopfs notwendig sind? Oder derjenigen, die nötig sind, damit der Unterkiefer nicht schlaff herunterhängt? Wo müssen die Beine im Stehen eine Anstrengung machen, was sich leicht feststellen läßt, wenn man die Unterschiede in den Waden beim Stehen, Sitzen und Liegen vergleicht. Überflüssige Anspannungen aber sollte man sofort bei ihrem Auftauchen spüren, damit man sie beseitigen kann.

Die Muskeln bestimmen die Form des Körpers. Diese ist also nicht festgelegt, sondern veränderbar. Françoise Mézières, eine französische »Revolutionärin« auf dem Gebiet der Physiotherapie, beschreibt sich selber als Bildhauerin, die am lebenden Körper arbeitet. Sie meint – und beweist auch in der Praxis –, daß selbst vererbte »morphologische Typen« und erworbene Deformierungen korrigierbar seien (außer wenn sie die Folge von Brüchen und Verstümmelungen sind). Ihren Schülern und Schülerinnen sagt sie:

Die einzig normale Morphologie ist die, die dem für die klassische griechische Kunst charakteristischen Verhältnis der Proportionen der Körperteile zueinander entspricht. Diese Kunst war insofern einzigartig, als sie den Menschen so darstellte, wie er *sein sollte,* d. h. wie er sein könnte, wenn man seinen wahren Möglichkeiten Wirklichkeit verleihen würde... (Man soll) keine Behandlung akzeptieren, die nicht auf diese vollkommene Form ausgerichtet ist, denn weder das Ausmaß der Deformierung eines Menschen noch sein Alter hindern ihn daran, sich dieser Form merklich angleichen zu können (Bertherat und Bernstein: The Body Has Its Reasons, S. 78–79).

Der Körper des älteren Menschen bildet keine Ausnahme und kann sogar noch formbarer sein als der des jungen.

Die außerordentliche Formbarkeit des menschlichen Körpers ist viele Male, u. a. von denjenigen, die die Alexander-Technik und Feldenkrais' System der funktionalen Integration praktizieren, sowie von uns selber bestätigt worden. Eben aufgrund dieser Formbarkeit kann der Körper aber auch durch schlechten Gebrauch, durch emotionalen und anderen Streß sowie durch das Ichbild so stark verformt werden.

Feldenkrais schreibt:

Viele unserer körperlichen sowie geistigen Mängel brauchen deshalb nicht als heilungsbedürftige Krankheiten und auch nicht als unglückselige Charaktermerkmale betrachtet zu werden, denn sie sind weder das eine noch das andere. Sie sind vielmehr das erworbene Ergebnis eines gelernten fehlerhaften Handelns. Der Körper führt nur das aus, was das Nervensystem ihn tun läßt. Er formt sich während des Wachstums selber über eine längere Zeit und in einem stärkeren Ausmaß als bei jedem anderen Tier. Handlungen, die Jahre hindurch unzählige Male wiederholt werden, etwa alle unsere gewohnheitsmäßigen Handlungen, formen sogar die Knochen, ganz zu schweigen von der Hülle der Muskulatur. Die Mängel, die in unserem Körper lange Zeit nach unserer Geburt auftauchen, sind hauptsächlich das Ergebnis von Handlungen, die wir ihm auferlegt haben. Fehlerhaftes Stehen und Gehen führt zu Plattfüßen, und eben dieses fehlerhafte Stehen und Gehen muß korrigiert werden, nicht die Füße. Das Ausmaß, in dem sich der Körperbau unserem Gebrauch und unseren Anforderungen anpassen kann, scheint grenzenlos zu sein. Indem wir lernen, uns besser zu kontrollieren, die Füße, die Augen oder welches Organ auch immer besser zu gebrauchen, passen sich diese an und werden entsprechend Gestalt und Funktion verändern. Die Umwandlungen, die bewirkt werden können, und die Schnelligkeit, mit der sie erfolgen, grenzen manchmal an das Unglaubliche (Moshe Feldenkrais: Body and Mature Behavior, S. 152).

Nach Feldenkrais kann eine Umerziehung den »gesamten Körperbau umändern«.

Die meisten größeren Veränderungen in der Form und den Funktionen des Körpers sind das Resultat gewohnheitsmäßiger Handlungen, die »Jahre hindurch unzählige Male« wiederholt werden. Wir haben aber auch Muskelanspannungen als Reaktion auf emotionalen Streß beobachtet, die so extrem waren, daß sie die Erscheinungsform des Körpers fast sofort deformierten, ja sogar zu Verschiebungen des Skeletts führten. Wird beispielsweise eine Schulter hochgezogen und seitlich verdreht, bewirkt dies Veränderungen im Nacken, im Brustkorb usw. Solche emotionalen Traumen können einen bedingten Reflex auf ähnliche, aber geringfügige Streßreize in der Zukunft bilden, so daß die Deformierung – wenn nicht heilende Maßnahmen angewendet werden – bald von Dauer wird.

Entsprechend können aber auch körperliche Deformierungen, selbst wenn sie schon jahrelang bestanden haben, sehr schnell von einem geübten Praktiker beseitigt werden, der mit seinen Händen am Körper arbeitet. Feldenkrais beispielsweise hat unzählige Male seine Fähigkeit bewiesen, stark bucklige Rücken und gekrümmte Wirbelsäulen gerade zu richten sowie zahlreiche andere, zum Teil nahezu ein Leben lang bestehende Deformierungen zu beheben. Er erzielt dieses Resultat in 20 bis 30 Minuten, und für den Zuschauer entsteht fast der

Eindruck, daß ein Wunder geschehen wäre. Die Behandlung ernsthafter Schädigungen muß mehrere Male wiederholt werden, um dauerhafte Veränderungen sicherzustellen. Die Zahl der Behandlungen richtet sich nach dem Alter, der Dauer des Bestehens einer Schädigung, ihrem Grad und anderen Faktoren. Manchmal reicht nur ein einziger Behandlungstermin aus, um einen schon seit Jahren bewegungsunfähigen Körperteil zu mobilisieren und gebrauchsfähig zu machen. Wenn man nach unseren eigenen Erfahrungen eine zeitlang an einem Körper richtig gearbeitet hat, beginnt man zu spüren, daß er außerordentlich formbar geworden ist und daß das Nervensystem nun bereit ist, Veränderungen zu akzeptieren. Dann widersetzen sich die Muskeln nicht mehr und man kann sozusagen Teile des Skeletts neu ordnen, den Körper neu formen. Man bekommt dann direkt das Gefühl, daß der Körper, an dem man arbeitet, wie Lehm oder Kitt geworden sei. Wie schon Feldenkrais im obigen Zitat sagt: »Die Umwandlungen, die bewirkt werden können, und die Schnelligkeit, mit der sie erfolgen, grenzen manchmal an das Unglaubliche.« Wie sind solche Veränderungen möglich?

Die Organisation der Muskeln und willkürlichen Bewegungen setzt Veränderungen in den motorischen Bereichen der Großhirnrinde voraus. Wenn in einem großen Teil der Motorrinde eine Hemmung besteht, kann man nicht willentlich gesteuerte Handlungen ausführen. Ist die Hemmung auf einen kleineren Teil beschränkt, kann man die entsprechenden Körperteile nicht bewegen.

Hindert man beispielsweise ein gebrochenes Handgelenk mit einer Schiene oder einer anderen Vorrichtung am Bewegen, dann kann es zu einer Hemmung in der Motorrinde kommen, die ebenfalls Bewegungen des Handgelenks verhindert. Zu einem späteren Zeitpunkt, wenn das gebrochene Handgelenk geheilt ist und sich wieder bewegen könnte, besteht die Hemmung in der Motorrinde unter Umständen immer noch. Nur wenn diese Hemmung irgendwie beseitigt wird, kann die betreffende Person ihr Handgelenk wieder bewegen.

Es gibt viele Methoden, mit denen man die gewünschte Enthemmung erzielen kann. Eine Physiotherapeutin kann, obwohl sie das Problem häufig nicht genau kennt, dennoch Erfolg haben, indem sie das Handgelenk massiert und bewegt, »Heiß-« und »Kaltempfindungen« hervorruft, elektrische Stimulation vornimmt usw., während sie gleichzeitig den Patienten ständig ermahnt, sein Handgelenk zu bewegen. Ein Geist- oder Glaubensheiler kann eine nahezu sofortige Enthemmung bewirken, indem er einen starken emotionalen Appell an den Patienten richtet oder einfach weil der Patient großes Vertrauen in seine Fähigkeiten hat. Die Hypnose kann zum Erfolg führen, wenn der Patient eine erhöhte Suggestibilität besitzt und man durch verschiedene Suggestionen auf ihn einwirkt. Viele »Wunderheilungen« lassen sich als erfolgreiche Appelle an das Gehirn verstehen, die Funktionsweise des Körpers zu ändern. Rätselhaft bleibt aber, warum nur manche Menschen auf die verschiedenen Methoden ansprechen.

Sehr rasche und große Veränderungen in einem menschlichen Körper werden offenkundig durch eine außergewöhnliche Veränderung im Gehirn hervorgerufen, die sich ihrerseits auf den Körper auswirkt. Auf diese Weise können gelähmte Gliedmaßen wieder bewegt werden, man kann plötzlich um vieles besser sehen, wieder normal sprechen usw. Es gibt Krebsheilungen, die auftreten, wenn die betreffende Person plötzlich mit einer lebensbedrohlichen Situation, etwa mit einem Autozusammenstoß, konfrontiert wird. In Lourdes und anderen Heilungsstätten können Leute, die schon seit Jahren verkrüppelt sind oder unter schweren Schmerzen leiden, plötzlich wieder aufrecht stehen und haben keine Schmerzen mehr. Das sind keine übertriebenen Erzählungen, sondern gut belegte Beispiele für dramatische körperliche Veränderungen, von denen wir annehmen müssen, daß sie durch vorhergehende Veränderungen im Gehirn ausgelöst worden sind. Wahrscheinlich könnte man jedes Körperorgan wesentlich verändern, wenn sich nur die richtige Gehirnaktivität in Gang bringen ließe. Es hat den Anschein, als ob nur wirklich angeborene

Beschaffenheiten des Körpers oder durch Unfall bzw. chirurgische Eingriffe bedingte Verstümmelungen nicht auf diese Weise beeinflußt werden könnten.
Den leichtesten Zugang zu den Muskeln hat man wohl über die Motorrinde, vermutlich weil ein hoher Grad an Bewußtheit des Muskel- und Skelettsystems beim Menschen natürlich ist, wieviel davon er im Laufe seines Lebens auch verlieren mag. Diejenigen Organe und Prozesse, derer er sich von Natur aus nicht so bewußt ist, lassen sich schwieriger beeinflussen, insbesondere auf eine mehr oder weniger dauerhafte Weise verändern. Es ist aber nicht unmöglich. In bestätigten Experimenten konnte man mit Hilfe von Hypnose weibliche Brüste erheblich vergrößern. In Anbetracht einer solchen Tatsache, scheint es absolut möglich zu sein, innere Organe und andere Körperteile zu vergrößern oder zu verkleinern. Wir wissen auch sicher von Yoga, dem autogenen Training, dem Biofeedback und vielen anderen Quellen, daß man willentliche Kontrolle über »unwillkürliche« Prozesse gewinnen kann. Wir werden später darüber sprechen, wie man bestimmte Wechselwirkungen zwischen Geist und Körper als Selbstheilungsmaßnahmen oder einfach zum Zweck einer effektiveren Lebensweise benutzen kann.
Das einheitliche Körper-Geist-System ist also formbar nicht nur in seiner äußeren Erscheinung, sondern auch in vielen, wenn nicht allen seinen Funktionen. Die möglichen Veränderungen können groß oder klein sein und den geistigen sowie den körperlichen Bereich betreffen, so daß ein Mensch sehr wohl sein ganzes Sein selber regulieren und verbessern kann.
Die psychophysische Umerziehung ist u. a. eine Erziehungsform, die das Nervensystem sichtbar empfänglicher und zugänglicher für Veränderungen macht. Die psychophysischen Übungen sind zum Teil effektive Botschaften an das Gehirn, die zu Körperveränderungen anregen, die das Gehirn auf den angemessenen Reiz hin bewirken kann und auch bewirken wird.

Geist, Gehirn und Körper

Wir können so wenig wie jeder andere das »Geist-Gehirn«-Problem lösen. Sind Geist und Gehirn zwei getrennte Syteme, oder bilden sie zusammen ein einziges System? Läßt sich der »Geist« durch das Gehirn erklären? Da es keine endgültige Schlußfolgerung gibt, scheint es für praktische Zwecke nützlicher zu sein, Geist und Gehirn als getrennte Elemente zu behandeln, die halb unabhängig voneinander sind, in jedem bewußten (und vielleicht auch unbewußten) Augenblick aber miteinander in Wechselwirkung stehen.

In seinem bemerkenswerten Buch *The Mystery of the Brain* hat Wilder Penfield das Fazit aus seiner lebenslangen Tätigkeit als Neurochirurg und Gehirnforscher gezogen. Er ist der Ansicht, daß der Geist in der Tat ein eigenständiges System oder Element mit seiner eigenen Energie zu sein scheint. So hat Hippokrates schon zu einer Zeit, als man noch allgemein annahm, das Zentrum des Bewußtseins läge im Herzen, die These aufgestellt, daß »das Gehirn Bote und Deuter des Bewußtseins« sei. Penfield vertritt eine moderne Version. Er sagt: »Der höchste Mechanismus des Gehirns hat die Funktion eines ›Boten‹ zwischen dem Bewußtsein und anderen Gehirnmechanismen« (Wilder Penfield: The Mystery of the Mind, S. 46). Dies entspricht einer Auffassung, die seit einiger Zeit auch die unsrige ist.

Wir (die Autoren) stellen uns das Gehirn als einen Biocomputer vor, der vom Geist kontrolliert werden kann, obwohl dies häufig nicht der Fall ist. Das meiste von dem, was man oft für das »Unbewußte« und seine Prozesse hält, wäre demnach der Gehirncomputer in Aktion. Diese Aktivität basiert zum einen auf eingebauten evolutionären, zum anderen auf erfahrungsbedingten Programmierungen. Die Programmierung durch Erfahrung spielt beim Menschen eine wichtigere Rolle als bei niedrigen Tieren, da ein größerer Teil des menschlichen Gehirns bei der Geburt noch nicht »vorprogrammiert« ist und so der Programmierung durch unsere Erfahrungen im weiteren Leben offensteht. Im Gegensatz zum Gehirn kann man das geistige Element weder lokalisieren noch messen (bzw. hat es noch nicht getan). Wie die Elektrizität erschließt es sich nur durch seine Äußerungen.

Der Gehirncomputer – damit meinen wir das Gehirn ohne seinen höchsten Mechanismus – steuert den Körper nach seinen eigenen Programmen, ausgenommen dann, wenn er vom Geist kontrolliert wird. Dies würde erklären, warum – wie Gurdjieff, Alexander, Feldenkrais und andere es ausdrückten – das gewöhnliche menschliche Bewußtsein mehr Ähnlichkeit mit dem Schlaf als mit wirklicher Wachheit oder Bewußtheit hat. Aus diesem Grund funktioniert der Mensch in der Regel mehr automatisch als autonom, obwohl er die Möglichkeit besitzt, frei zu sein. Je höher der Grad an Bewußtheit ist, desto mehr hat der Geist das Gehirn unter Kontrolle. Diese Bewußtheit ist aber nie vollständig, denn selbst wenn der Geist tatsächlich das Gehirn steuert, werden doch viele innerlichen Prozesse weiterhin vom Computer organisiert oder dirigiert, da er vermutlich regulierende und organisierende Kontrolle über den gesamten Körper besitzt. Trifft dies zu, dann können wir über den Computer Zugang zu unserem ganzen Körper gewinnen und diesen steuern, wenn wir nämlich lernen, den Computer mit dem Geist zu programmieren.

Die außergewöhnlichen Funktionsweisen von hypnotisierten Personen und Yogis beispielsweise sprechen für die Überzeugung, daß der Körper in nahezu jeder beliebigen Hinsicht verändert werden kann, wenn man nur das Gehirn dazu bekommt, die Suggestionen oder Instruktionen, die man ihm gibt, zu akzeptieren. Der Körper scheint dann lediglich ausführende Funktion zu besitzen. Er setzt alles in Aktion um, was vom Gehirn organisiert oder gelenkt wird.

In der Hypnose, der Psychoanalyse und anderen Methoden

bemüht man sich, mit dem Unbewußten in Kommunikation zu treten, da man beobachtet hat, daß es »etwas« in uns gibt, mit dem wir eine ganze Menge Dinge erreichen können, die wir mit unserem Bewußtsein nicht erreichen können (nicht ohne eine lange und strenge Schulung in psychophysischen oder »das Bewußtsein kontrollierenden« Disziplinen). Das Unbewußte hat Zugang zu bzw. besteht aus symbolischen Prozessen, die sich uns nur erschließen, wenn wir das Unbewußte bewußt machen. Es hat Zugang zu Erinnerungen, die das Bewußtsein nur mit seiner Hilfe aktivieren kann. Es kann willentlich nicht gesteuerte Körperprozesse kontrollieren, uns gesund oder krank machen, geistige Prozesse beschleunigen oder verlangsamen und damit anscheinend das Zeitempfinden verzerren, schmerzhafte und angenehme Empfindungen regulieren und eine ganze Reihe anderer erstaunlicher Dinge zuwegebringen, die wir kaum verstehen. Das Unbewußte enthält offenbar Persönlichkeiten, von denen manche intelligenter, weiser und erfahrener sind als unsere bewußte Persönlichkeit.

Die Vorstellung von einem Unbewußten ist aber für die Erklärung dieser Phänomene wirklich unnötig, solange wir dem Gehirn zugestehen, daß es direkten Zugang zum Körper und zu vielen latenten Fähigkeiten besitzt, die dem Bewußtsein normalerweise unzugänglich sind. Diese Fähigkeiten können natürlich durch Drogen oder durch chemische Veränderungen, die vom Gehirn selber herrühren, aktiviert werden. So könnte man in der Hypnose ein Mittel zu teilweisen Umgehung des Geistes sehen, um den Biocomputer Gehirn direkt anzusprechen, oder als einen Weg, der Fähigkeit des Geistes zur Kontrolle des Gehirns zu verstärken. In den letzten Jahren hat man aber zahlreiche Beweise dafür erbracht, daß eine effektive Kontrolle über den Körper und seine Funktionen hergestellt werden kann, ohne eine hypnotische Trance herbeizuführen oder Drogen zu Hilfe zu nehmen.

Das Bewußtsein scheint mehr und mehr weitaus größere Möglichkeiten zu besitzen, als man früher allgemein annahm. Das bedeutet nicht, daß veränderte Bewußtseinszustände für die Erzeugung körperlicher Veränderungen nicht von Wert sind. Es gibt überwältigende Beweise dafür, daß tiefgreifende Veränderungen im Körper auftreten können, wenn das Bewußtsein verändert, insbesondere wenn es tiefgehend verändert ist. Doch scheint es einen anderen, weniger erforschten Weg zu geben: nämlich den Körper zu trainieren, auf Anweisungen des Bewußtseins zu reagieren. Von diesen zwei Wegen scheint der zweite der zuverlässigere und wünschenswertere zu sein, da eine bewußte Kontrolle die Bewußtheit und den Geist stärkt. Die Verwendung bewußtseinsverändernder Techniken wurde hingegen häufig kritisiert, da diese den Gehirnbiocomputer zu stärken scheinen.

Körper und Erfahrung

Der lebende Körper befindet sich in einem ständigen Veränderungsprozeß. Jede Erfahrung wirkt sich irgendwie auf den Körper aus und führt zu elektrischen, chemischen, endokrinen, muskulären und vielen anderen Formen von Veränderungen. Je komplexer der Körper und sein Nervensystem, desto größer die Zahl der möglichen Veränderungen. Wir Menschen sind uns des kontinuierlichen Veränderungsprozesses unseres Körpers mehr oder weniger unbewußt. Selbst bei einem hohen Grad an Bewußtheit gibt es immer noch Prozesse, die uns nicht bewußt werden. Im allgemeinen sind wir uns gröberer Veränderungen bewußt und feinerer Veränderungen nicht bewußt. Bewegungen, Empfindungen, Gedanken und Gefühle bringen alle Körperveränderungen verschiedenen Grades und verschiedener Intensität in Gang. Man kann beobachten, daß viele Tiere auf Empfindungen, Gefühle und zweifellos auch Gedanken in verschiedener Hinsicht deutlich sichtbar reagieren. (Die Auffassung, daß Tiere nicht denken, verliert rasch an Glaubwürdigkeit. Eine solche Auffassung ist nichts anderes als eine allgemeine menschliche Eingebildetheit und ein besonderer »wissenschaftlicher« Dünkel.) Genau wie die Menschen dukken sich Hunde, wenn sie barsch angefahren oder beschimpft werden und sogar schon, wenn man negativ gegen sie eingestellt ist, und mit der Zeit, wenn man sie häufig genug schlecht behandelt, wirkt sich dies auf den Gebrauch ihres Körpers aus. Wie bei den Menschen können sich bei ihnen so viele Muskelverspannungen bilden, daß das Skelett in sich verschoben wird, die Gelenke können versteifen, die Bewegungen – einschließlich des Atmens – können beeinträchtigt sein, sie können dumm und chronisch ängstlich werden, und an ihren Augen und ihrem Gesichtsausdruck kann jeder ihr Leid ablesen. Natürlich gehen mit solchen äußeren Veränderungen viele innerlichen Veränderungen einher. Der ganze Organismus ist beteiligt.

Wenn wir uns erschrecken, sind die Muskeln angespannt, Atmung und Herzschlag sind verändert, die Fähigkeit zu klarem Denken ist beeinträchtigt und das endokrine System funktioniert nicht richtig. Wenn wir häufig oder chronisch verängstigt, ängstlich oder sonst emotional gestört sind, sind die begleitenden körperlichen Veränderungen ebenfalls chronisch. Mit der Zeit wird ein solcher Zustand wahrscheinlich andere schwerwiegende körperliche (und geistige) Symptome hervorrufen, die uns sogar töten können. Innere Ruhe und Zufriedenheit hingegen sind ein Schutz, zwar kein vollkommener, aber doch ein weitgehender.

Wir haben in dieses Buch Übungen aufgenommen, die dir deutlich zeigen werden, daß du mit Hilfe von Gefühlen, Vorstellungen und Worten rasche und weitreichende Körperveränderungen herbeiführen kannst. Wenn eine Übung solche Veränderungen produziert, dann können dies Erfahrungen im allgemeinen. Es ist wichtig, daß man diese Wechselbeziehungen zwischen Geist, Gehirn und Körper versteht und die Möglichkeit erkennt, sie zu einer besseren Lebensgestaltung zu nutzen.

Wenn man über eine Handlung nachdenkt, oder sie sich vorstellt, so bereiten sich die Muskeln unmittelbar auf ihre Ausführung vor. Wenn du beispielsweise nur daran denkst, eine Faust zu machen, dann beginnen sich die Muskeln nachweisbar anzuspannen, als ob du tatsächlich eine Faust machtest. Die Reaktion des Körpers ist um so stärker, je mehr die vorgestellte Handlung mit Emotionen besetzt ist. Gedanken an Nahrungsmittel lösen Speichelfluß aus, insbesondere wenn man sich Geschmack, Aroma, Konsistenz und Aussehen eines Nahrungsmittels vorstellt. Lebhafte sexuelle Phantasien werden schnell ein Anschwellen der Geschlechtsorgane bewirken. Wenn aber zwischen dem Gehirncomputer und dem Geist ein genügend großer Konflikt besteht, dann können unter Umständen auch die stärkste sexuelle Stimulation und das heftigste Begehren nichts gegen die Hemmungen ausrichten, die wirksame Gegentendenzen im Körper gebildet haben und dadurch die körperliche Bereitschaft zum Sexualakt verhindern. In beiden Fällen lösen die Phantasien und die dadurch erzeugten Gefühle Veränderungen im Körper aus, die die Muskeln, die Drüsen, die Blutzirkulation und vieles mehr betreffen. Die Übungen in diesem Buch demonstrieren auch, daß das Gehirn Anweisungen an den Körper in einer Sprache erteilt, die das ungeschulte Bewußtsein nicht versteht, und den Körper in einer Weise verändert, die nur jemand, der diese Sprache versteht, vorhersagen kann. Durch die Übungen wirst du fähig sein, direkt »zum Gehirn zu sprechen«, und du wirst Resultate erzielen, die du dir mit deinem Bewußtsein nicht vorstellen konntest.

Methoden und Techniken

Man weiß schon seit uralten Zeiten, daß sowohl Vorstellungen als auch Worte benutzt werden können, um den Zustand des eigenen Körpers oder des Körpers einer anderen Person zu ändern. Die Menschen lernten schon vor langem, mit Hilfe von Geräuschen, Berührungen und Bewegungen Veränderungen in ihrem Körper hervorzurufen. Auf diese Weise teilten sie ihrem Gehirn ihre Wünsche mit, auch wenn sie vielleicht glaubten, sie würden etwas anderes tun. Viele verschiedene Methoden können zu den gleichen Ergebnissen führen – man denke etwa an die verschiedenen Maßnahmen zur Heilung. Dasjenige, was heilt, ist das Gehirn. Die verschiedenen Methoden sind nur Formen der Kommunikation mit dem Gehirn, und der Erfolg einer Methode kann davon abhängen, was man im Bewußtsein glaubt, wie das Gehirn früher programmiert worden ist, wie stark die dabei entstehenden Gefühle sind usw. Manche Methoden dienen vielleicht dazu, den Geist »auszuklammern« und zu verhindern, daß seine Ansichten störend wirksam werden; andere wiederum verhelfen dem Geist zu größerer Kontrolle über den Körper. Im folgenden wollen wir lediglich über die Verwendung von Vorstellungen und Worten zur Herbeiführung von Körperveränderungen sprechen. Wir werden uns auch auf Methoden beschränken, die gegenwärtig in verschiedenen Therapie- und Umerziehungsformen in Gebrauch sind.

In Europa sind schon viele Tausende wegen der unterschiedlichsten körperlichen und geistigen Probleme mit dem sogenannten autogenen Training behandelt worden, einer Disziplin, die sowohl in der Hypnose als auch im Yoga und anderen psychophysischen Methoden des Ostens wurzelt. Beim autogenen Training übt man täglich, seinem Körper verschiedene verbale Befehle oder Anweisungen zu geben, bis er so weit trainiert ist, daß er auf nahezu jeden Befehl, den man ihm gibt, reagiert. So wird man beispielsweise zu Anfang seinem rechten Arm und seiner rechten Hand die Anweisung geben, sich schwer und warm anzufühlen. Nach ein paar Übungsstunden, in denen diese Anweisungen wiederholt werden, fängt der Arm tatsächlich an, sich schwer und warm anzufühlen. Danach werden weitere Teile des Körpers in ähnlicher Weise trainiert, und schließlich kann man sogar normalerweise unwillkürliche Prozesse wie den Herzschlag oder die Blutzirkulation mit verbalen Instruktionen regulieren. Manchmal werden visuelle und andere Vorstellungen benutzt, um körperliche, emotionale und geistige Veränderungen zu erzielen, doch liegt im autogenen Training der Schwerpunkt auf der verbalen Kontrolle. Die praktischen Einschränkungen dieser Methode zur Selbstregulierung sind noch nicht ermittelt worden, doch gibt es Hinweise darauf, daß nahezu jede mögliche Veränderung herbeigeführt werden kann, wenn man nur die Anweisungen richtig formuliert.

In der von Alexander entwickelten Technik wird ebenfalls verbale Kontrolle über Körperreaktionen hergestellt. Ein Lehrer, der mit seinen Händen arbeitet, führt die Empfindungen und die Organisation des Körpers herbei, während der Schüler die von ihm wahrgenommenen Empfindungen in verbale Befehle überträgt. So legt der Lehrer etwa seine Hände auf den Nacken des Schülers und bringt ihn vom Sitzen zum Stehen, wobei er den Hals lockert und lang macht, während er gleichzeitig den Kopf ausrichtet. Der Schüler verbalisiert die begleitenden Empfindungen mit den Worten »Hals locker und lang, Kopf nach vorne und nach oben« oder dergleichen. Mit der Zeit reagieren Hals und Kopf auf die verbalen Befehle allein. Auf diese Weise kann der Schüler an sich arbeiten, bis der »gute Gebrauch« zu einer Gewohnheit geworden ist.

In der »reinen« Alexander-Technik werden nur klare verbale Instruktionen angewendet, die der Schüler gemeinsam mit seinem Lehrer wiederholt sorgfältig mit bestimmten Empfindungen koppelt. Vorstellungen werden als potentielle Fehlerquelle angesehen und deshalb vermieden. Das heißt aber nicht, daß Vorstellungen für die Auslösung von Körperveränderungen unbrauchbar sind, im Gegenteil, sie können sogar von einer untrainierten Person als äußerst wirksames Instrument zur Auslösung solcher Veränderungen eingesetzt werden. In seinem Buch »The Mind of a Mnemonist« beschreibt der russische Psychologe A. R. Luria den Fall eines Patienten, dessen natürliche Empfindsamkeit auf visuelle und andere Vorstellungen außerordentlich gut entwickelt war. Der Mann konnte beispielsweise die Temperatur seiner Hände ändern, indem er sich lediglich vorstellte, er hätte eine Hand in eiskaltem Wasser liegen und würde die andere Hand nahe an eine Flamme halten. Lurias Patient brachte viele andere

Kunststückchen dieser Art zuwege. Normalerweise sind dazu nur Yogis und Meister in ähnlichen Disziplinen nach einem langen und mühsamen Übungsweg in der Lage.
Mit Hilfe von Hypnose haben Milton H. Erickson und andere – auch wir – nicht nur die zahlreichen Körperveränderungen demonstriert, die auf Vorstellungen und Worte hin erfolgen, sondern auch, daß Vorstellungen dazu benutzt werden können, die Lernprozesse des Körpers um ein Vielfaches zu beschleunigen. Eine der Fähigkeiten des Gehirns besteht darin, Prozesse so zu beschleunigen, daß Vorstellungen, die objektiv nur kurze Zeit dauern, subjektiv als sehr viel länger erlebt werden. So kann beispielsweise jemand, der zuvor einen zwei Stunden langen Film gesehen hat, in hypnotischer Trance den ganzen Film in nur einer Minute oder sogar noch kürzerer Zeit sehen. Diese objektive Minute wird subjektiv als die zwei Stunden erlebt, die man ursprünglich zum Sehen des Films benötigte. Dabei entsteht auch nicht der Eindruck, daß der vorgestellte Film schneller abläuft. Dieses Phänomen der »Zeitverzerrung« ist in seiner Anwendbarkeit nicht auf Material beschränkt, das zuvor erlebt wurde und dann – wie im Falle des Films – lediglich reproduziert wird. Man kann es beispielsweise auch beim Klavierüben, Golfspielen oder was auch immer benutzen. Am Ende einer objektiven Minute, die subjektiv als eine Stunde Klavierüben erlebt wurde, läßt sich der erzielte Fortschritt nicht von einem Fortschritt unterscheiden, den man durch tatsächliches Üben von der Dauer einer Stunde erreicht hat. Manchmal ist der Fortschritt sogar größer, wenn man auf diese Weise übt. Diese Methode ist wiederholt demonstriert worden und die Ergebnisse scheinen zum Teil auf der Tatsache zu beruhen, daß sich quasi auf einer Mikroebene der Körper immer organisiert und in einer gewissen Hinsicht jede Handlung, die man sich vorstellt, in die Tat umsetzt.
In einer Reihe von Untersuchungen ideokinetischer Phänomene demonstrierte die verstorbene Lulu Sweigard, daß der Körper sogar spontan eine Vorstellung imitiert, die von außen in ihm geweckt wird. So benutzte sie das bekannte Bild von

Alice im Wunderland, die einen sehr langen Hals macht, um ihren Schülern bewußt zu machen, daß sie auf diese Zeichnung unbewußt mit einer Verlängerung ihres Halses reagierten. Andere Beispiele von imitierenden Körperreaktionen auf von außen geweckte Vorstellungen wurden ebenfalls demonstriert. Sie werfen die Frage auf, wie weit eine solche Imitation das Leben von einigen Menschen oder von uns allen bestimmt.

In der Feldenkrais-Methode, die sich »Bewußtheit durch Bewegung« nennt, werden kinästhetische Vorstellungen mit Bewegungsempfindungen verknüpft. Mit Hilfe dieser Vorstellungen werden dann rasch und mühelos Lernprozesse von einer Seite des Körpers auf die andere übertragen. So werden beispielsweise viele Bewegungen mit der linken Schulter ausgeführt. Die Schulter wird zunehmend freier und der Schüler konzentriert sich dabei auf die Bewegungen und die begleitenden Empfindungen. Kann sich dann der Schüler die Bewegungen und Empfindungen kinästhetisch klar vorstellen, vergegenwärtigt er sich, daß er die gleichen Bewegungen mit der rechten Schulter ausführt. Er gelangt dann in vergleichsweise kurzer Zeit – gewöhnlich in ein paar Minuten – zu dem gleichen oder sogar einem noch größeren Gefühl der Lockerheit im rechten Schultergelenk, das er mit etwa 45 Minuten langen Bewegungen in der linken Schulter erreicht hat.

Mehrere der von uns erwähnten Techniken legen besonderen Wert darauf, daß zwischen der Vorstellung oder dem verbalen Befehl und der verknüpften Körperreaktion eine so präzise und klar definierte Verbindung wie nur möglich aufrechterhalten wird. Die Methoden von Alexander und von Feldenkrais vermitteln ihren Schülern eine beträchtliche Erfahrung im Koppeln von Worten oder Vorstellungen an die passenden Bewegungen und Empfindungen. Andere Methoden wie das autogene Training verlassen sich darauf, daß das Unbewußte oder eine Art körperlicher Intelligenz die Fähigkeit besitzt, auf verbale Instruktionen »richtig« zu reagieren. Durch ständige Wiederholung wird dann der Körper auf verbale Anweisungen immer ansprechbarer. Die Hypnose nimmt ebenfalls das Unbe-

wußte der hypnotisierten Person zu Hilfe, um die Suggestionen des Hypnotiseurs in den Körper zu übertragen. Andere Techniken arbeiten mit Vorstellungen, die mehr oder weniger eindeutig symbolischer Natur sind. Manchmal läßt sich aber nur schwer auseinanderhalten, ob jemand echte Symbole benutzt oder repräsentierende Vorstellungen, die die entsprechenden Körperreaktionen auslösen.
Mehrere Ärzte – der Bekannteste von ihnen dürfte wohl der Röntgenologe Carl Simonton sein – haben nach ihren Angaben einigen Erfolg bei der Behandlung bösartiger Tumoren mit einer Kombination aus Hypnose oder Entspannung, Vorstellungen und – im Fall von Simonton – Bestrahlungstherapie erzielt. Mit Hilfe von Psychotherapie und psychologischer Beratung lassen sich ebenfalls bestimmte geistige und emotionale Einstellungen, die bei Krebspatienten in der Regel schon vor der Entdeckung des Krebses vorhanden sind, modifizieren. Manche der dabei benutzten Vorstellungen sind repräsentierender Art: der Patient vergegenwärtigt sich bildhaft dreimal am Tag den Krebs und den Kampf seiner weißen Blutkörperchen gegen ihn. Die Vorstellungen können aber auch symbolischer Natur sein: Der Patient soll sich beispielsweise irgendein Tier vergegenwärtigen, das den Krebs darstellt, und dann ein anderes, stärkeres Tier, das das symbolische Krebstier angreift und zu zerstören versucht. Wir wissen persönlich von einem Fall, bei dem eine Gruppe von Psychiatern und anderen Ärzten einem Patienten LSD verabreichte und dieser sich stundenlang auf die Vorstellung konzentrierte, daß sein Tumor immer kleiner wurde und schließlich ganz verschwand. Danach machte man die Entdeckung, daß der Tumor tatsächlich verschwunden war. Wir haben in mehreren Fällen mit Hilfe von Hypnose und Vorstellungen Brusttumoren behandelt, die nach ein paar Behandlungsstunden vollkommen zurückgegangen waren. Es konnte nicht in Erfahrung gebracht werden, ob diese Tumoren bösartig waren oder nicht, da man den Patientinnen die hierfür notwendige, schmerzhafte Biopsie erspart hatte. Harmlosere Dinge wie Warzen und Hautaus-

schläge können mit Hilfe von hypnotischer Suggestion leicht zum Entstehen und zum Verschwinden gebracht werden; manche Personen haben Brandblasen auf ihrer Haut erzeugt, indem sie sich intensiv auf die Vorstellung konzentrierten, daß sie eine Hand nahe an eine Flamme hielten. In allen diesen Fällen sind es die Vorstellungen selber, die diese Veränderung im Körper auslösen. Die Hypnose hilft, die Vorstellungen zu intensivieren, doch jemand, der über eine außerordentlich gut entwickelte Imagination verfügt, kann die gleichen Veränderungen ohne Hypnose herbeiführen.

Das Gehirn ist in der Lage, geringe oder recht umfangreiche Veränderungen im Körper sofort oder über einen längeren Zeitraum zu produzieren. Eigentlich tut es dies ständig – bewußt oder unbewußt – auf Erfahrungen hin, die von innerhalb oder außerhalb des Körpers herrühren. Zu diesen Veränderungen in Gang bringenden Erfahrungen zählen unsere Gefühle, Worte und Vorstellungen. Wenn wir diese dazu benutzen können, um mit unserem Gehirn direkt in Kommunikation zu treten, dann wird der Geist den Körper wirklich kontrollieren können. Andernfalls wird der Körper lediglich vom Gehirncomputer mit seinen angeborenen und im Laufe des Lebens erworbenen Programmen gesteuert. Die so notwendige Wechselbeziehung zwischen dem Geist und dem Gehirncomputer bleibt dann außerhalb unserer Reichweite und unserer Kontrolle.

Erlebe dich, wie du bist

Alle Methoden zur Entfaltung der Möglichkeiten im Menschen versuchen uns zu lehren, uns besser zu erkennen und zu verstehen. Die meisten von ihnen fordern aber eine Art blindes und bedingungsloses Vertrauen, so sehr sie es auch abstreiten mögen, und sie vermitteln uns Formen des Denkens und Fühlens, in denen sich unvermeidlich die Methoden und Ziele des dahinterstehenden Theoriesystems widerspiegeln. Die psychophysische Umerziehung versucht, dich mit dem vertraut zu machen, was du eigentlich bist, und dich über bestimmte Tatsachen über dich zu informieren, sowie über Wege, wie du sie verbessern kannst, wenn du willst. Der Nachweis dieser Tatsachen erfolgt auf dem Weg über das eigene Erleben, so daß du dir deiner Situation und Veränderungen in dieser Situation direkt bewußt wirst. Unsere Form der Umerziehung vermeidet soweit wie möglich Überredung oder Suggestion; du brauchst nichts blind zu glauben. Es ist aber schlicht unmöglich, etwas in »reiner« Form – ohne auch nur im geringsten Überredung oder Suggestion anzuwenden – zu lehren oder zu demonstrieren. Wir können lediglich versuchen, solche störenden Dinge auf ein Minimum zu reduzieren, so daß die Erfahrungen, die du machst, soweit wie möglich deine eigenen sind. Das Hauptziel der psychophysischen Methode ist nicht bessere Gesundheit, ein besserer Gebrauch deiner selbst oder ein längeres Leben – obwohl dies alles natürlich wichtig ist –, sondern *Freiheit.*

In diesem Kapitel werden wir eingehender als bisher an Beispielen veranschaulichen, wie du dich selber behinderst, wie du nicht zuläßt, daß sich deine Möglichkeiten verwirklichen, daß du wirklich frei bist. Die Übungen in den darauffolgenden Kapiteln werden dir einige deiner nicht entwickelten Möglichkeiten erschließen. Sie werden dir den Weg zu weiteren

Entdeckungen weisen und in dir die Impulse setzen, die dich anregen, allein weiterzumachen.

Zu Beginn denke einmal nach, was du tätest, wenn du statt zu sitzen oder zu liegen und zu lesen im Zimmer herumgehen würdest. Stell dir vor, du würdest mehrere Male im Zimmer auf- und abgehen. Versuche darauf zu achten, was du beim Gehen tust. Lege das Buch beiseite und tue es jetzt.
Hast du dir die Dinge, die wir dir gesagt haben, vorgestellt, so kehre im Geist wieder zu deiner jetzigen Position – zum Sitzen oder zum Liegen – zurück. Rekonstruiere das, was du getan hast, als du im Geiste im Zimmer auf- und abgingst. Nimm dir dafür Zeit.
Nun überlege einmal: Was hast du getan, als du aufstandest? Mit welchem Fuß hast du den ersten Schritt getan, als du zu gehen anfingst? Hast du dich nach links oder nach rechts herumgedreht, oder hast du dich vielleicht einmal links, ein andermal rechts herumgedreht? Egal, was du getan hast, du wirst das getan haben, was du normalerweise beim Auf- und Abgehen tust.
Was machtest du mit deinem linken Arm, als du deinen linken Fuß und dein linkes Bein nach vorne setztest? Welcher Teil deines Fußes berührte beim Gehen den Fußboden zuerst, und welcher Teil verließ den Fußboden als letzter?
Es dürfte wohl nicht schwierig sein, sich eine Tätigkeit vorzustellen, die so vertraut ist wie das Gehen, und darauf zu achten, was du dir vorstellst. Sollte es aber dennoch so sein, dann erhebe dich wirklich und gehe einige Male im Zimmer herum, achte dabei genau auf deine Bewegungen und Empfindungen, und kehre dann wieder in deine ursprüngliche Position zurück. Tu es bitte, bevor du weiterliest.
Hast du deine Ausgangsposition wieder eingenommen, versuche dich daran zu erinnern, was du tatest, als du vom Stuhl (von deiner Couch, usw.) aufstandest. Nahmst du dazu einen oder beide Arme zu Hilfe, wie gebrauchtest du sie, und gebrauchtest du zuerst den einen und dann den anderen oder den einen mehr

als den anderen? Stütztest du dich mit einem Fuß stärker vom Fußboden ab und wenn ja, mit welchem? Was empfandest du beim Gehen in den Fußknöcheln, den Knien, den Hüftgelenken, den Schultergelenken? Wie groß waren deine Bewegungen in den Gelenken? Wie frei haben deine Arme geschwungen? Hast du diesmal bemerkt, welcher Arm mit welchem Fuß nach vorne geht? Hast du dir gemerkt, nach welcher Richtung du dich umdrehtest und was du dabei mit deinen Händen und Armen, deinen Schultern, deinem Nacken und deinem Kopf, deinen Augen machtest? Warst du dir bewußt, wie du atmetest, ob dein Atem frei war oder ob du ihn anhieltst, als du versuchtest, dich auf deine Bewegungen zu konzentrieren? Warst du dir bis jetzt deines Atmens bewußt, während du diese Fragen zu beantworten versuchtest! Hattest du, als du deine Bewegungen beim Gehen beobachtetest, den Eindruck, daß du so gingst wie gewöhnlich, oder fingst du dich an zu fragen, ob du manche Dinge anders machst?
Bist du dir jetzt dessen bewußt (ohne es besonders nachzuprüfen), ob deine Füße und deine Arme auf die Oberflächen, auf denen sie ruhen, gleichen oder unterschiedlichen Druck ausüben? Bist du dir, ohne nachzuprüfen, bewußt, wo deine Wirbelsäule – einschließlich deines Nackens – gekrümmt ist, wie sie gekrümmt ist und ob sie überhaupt gekrümmt ist? Wir könnten dir hundert weitere Fragen stellen, von denen du nur einige wenige beantworten könntest, wenn es dir – wie den meisten Menschen – an Bewußtheit mangelt.
Du hast gerade dreierlei Anstrengungen gemacht. Die erste bestand darin, dir eine Tätigkeit vorzustellen und sich dann zu erinnnern, was du dir vorgestellt hast. In diesem Fall sind deine Vorstellungskraft und dein Gedächtnis nicht besser als dein normales Bewußtsein von dem, was du beim Gehen tust. Zweitens wurdest du gebeten, wirklich im Zimmer herumzugehen, intensiv auf dich zu achten und dann festzustellen, was du beobachtet hast. Dazu mußtest du ebenfalls dein Gedächtnis zu Hilfe nehmen. Drittens wurdest du über deine Bewußtheit im Augenblick ausgefragt, so daß du dein Gedächtnis nicht in

Anspruch zu nehmen brauchtest. Alle drei Anstrengungen sollten dir recht leicht fallen, doch gibt es Gründe dafür, daß dem nicht so ist. Über diese Gründe sollst du jetzt mehr erfahren.

Zu diesem Zweck stehe bitte eine zeitlang so, wie du es normalerweise tust, mit seitlich herabhängenden Armen. Mache dir bewußt, ob deine Knie durchgedrückt oder ganz leicht gebeugt sind, und frage dich, ob du normalerweise mit durchgedrückten oder etwas gebeugten Knien stehst. In einem gut organisierten Körper sind die Knie nicht durchgedrückt.

Achte jetzt darauf, wie deine Hände herabhängen und ob beide Handrücken nach vorne oder zur Seite zeigen. Tun sie letzteres, dann hat etwas die natürliche Lage der Schultergelenke verändert. Zweifellos sind deine Rückenmuskeln verspannt. Bei vielen Menschen zeigen im Stehen die Handinnenflächen gegen die Hüften und die Handrücken zur Seite. Dies ist für eine militärische Haltung erforderlich, zu der auch eine nach vorne gedrückte Brust und nach hinten gedrückte Schultern gehören. Auf diese Weise wird das Rückgrat gekrümmt und das Becken nach vorne geschoben. Die englische Armee ist schon einmal darauf hingewiesen worden, daß eine solche Haltung mit der Zeit Atmungs- sowie Herz- und Kreislaufstörungen, Arthritis und andere Probleme verursachen kann.

Bei manchen Leuten, u. a. bei einigen regredierten Schizophrenen, sind die Schultergelenke so stark deformiert, daß die Handinnenflächen beim Stehen wahrhaftig zur Seite oder sogar nach vorne zeigen. Zeigen deine Handrücken nach vorne, also dahin, wohin sie zeigen sollen, dann versuche deine Hände so zu halten, daß deine Handinnenflächen zu den Hüften und die Handrücken nach außen zeigen. Spüre, was in den Schultern vorgeht und wie bald diese Haltung unbequem wird. Halte deine Hände mit den Innenflächen nach außen und achte darauf, wie jetzt die Schultern statt zu weit nach hinten zu weit nach vorne geschoben werden müssen. Leute mit einer gewohnheitsmäßigen Haltung wie dieser spüren aber nicht die Anspannung, die in den Schultergelenken chronisch vorhanden ist. Die Anspannung ist da und fordert ihren Tribut, doch der Empfindungsapparat ist verzerrt geworden und registriert sie nicht, so daß die Schmerzsignale nicht mehr durchkommen. Der Körper leidet in ähnlicher Weise, wenn wir die Knie durchdrücken und unzählige andere Dinge tun, die mehr oder weniger schädlich für uns sind. Doch ist unser Verlust an Bewußtheit und die Entfremdung von unserem Körper so extrem, daß wir uns ständig schaden, ohne es zu wissen. Wenn wir uns genügend weh tun und auf diese Weise etwas anrichten, was nicht ignoriert werden kann, *dann erst* sprechen wir von einer Krankheit oder tun es als Alterssymptom ab.

Manchmal ist es möglich, das zu entdecken, was der Körper fühlt, aber nicht mehr dem Bewußtsein mitteilen kann, indem man bestimmte sichtbare Tendenzen übertreibt. Wenn beispielsweise der linke Arm gewohnheitsmäßig tiefer herunterhängt als der rechte und dadurch die linke Schulter herunterzieht, dann kann man, wenn man den Arm noch tiefer herunterhängen läßt, Schmerzen fühlen, die normalerweise blockiert sind.

Laß deinen linken Arm und deine linke Schulter unabhängig davon, ob sie niedriger ist als die rechte, nach links heruntersinken. Du solltest dann spüren, daß die rechte Schulter nach oben geschoben wird und deine rechte Hüfte nach außen tritt. Dein Körpergewicht verlagert sich auf den linken Fuß. Das Rückgrat biegt sich nach links, wobei es den Brustkorb auf dieser Seite zusammenpreßt, auf der anderen Seite erweitert. Wenn du in einen Spiegel siehst, wirst du bemerken, daß der Hals auf der linken Seite länger ist – unabhängig davon, ob diese Haltung für dich normal ist oder ob du sie nur gerade einnimmst. Deine Atmung auf dieser Seite ist etwas beeinträchtigt, deine Bewegungsfreiheit eingeschränkt.

Beobachte noch einmal, wie deine Arme herabhängen, wenn du normal stehst, und versuche festzustellen, ob eine Hand tiefer hängt als die andere. Wenn dies – wie bei sehr vielen Leuten – der Fall ist, dann frage dich, ob du es vorher schon gewußt hast, oder ob du es jetzt zum ersten Mal merkst. Stelle dich, wenn möglich, vor einen Spiegel – am besten ohne Kleidung – und beobachte deinen Körper. Manche Leute können ihre Deformierungen noch nicht einmal im Spiegel erkennen, so sehr sie auch anderen auffallen mögen. Oft muß der Körper photographiert und dann gemessen werden, ehe man die Fakten mit vollem Bewußtsein akzeptieren kann. Strecke deine Arme in Schulterhöhe nach vorne aus. Sollten deine Hände auch gestreckt sein, laß sie stattdessen an den Handgelenken baumeln. Eine Streckung der Hände dient keinem Zweck und wird in einem gut organisierten Körper auch nicht unbeabsichtigt erfolgen. Versuche zu spüren, welche Hand und welcher Arm schwerer sind. Nahezu jeder wird, wenn er richtig empfindet, feststellen, daß sich eine Hand und ein Arm schwerer anfühlen. Frage dich jetzt, welches deiner beiden Handgelenke flexibler ist. Beuge und strecke deine Handgelenke und stelle fest, ob dein Eindruck tatsächlich richtig war. Wenn du richtig empfindest, wirst du bemerken, daß das Handgelenk des Armes, der sich schwerer anfühlt, weniger flexibel ist. Die relativ größere Anspannung in diesem Arm macht das Handgelenk steif und erzeugt das Gefühl der Schwere.

Nimm deine Arme für einen Augenblick hinunter und hebe sie dann wieder nach vorne. Laß die Hände baumeln, ohne die Handgelenke zu strecken. Versuche, das Gewicht deiner herunterbaumelnden Hände zu spüren. Strecke jetzt die Hände und vergleiche das Gewicht, das du empfindest, mit dem von vorhin. Balle deine Hände zu Fäusten und vergleiche die Gewichtsempfindung jetzt mit den beiden anderen. Spüre das Gewicht deiner Hände und Arme mit geballten Fäusten, mit gestreckten Händen und mit herunterbaumelnden Händen bei schlaffem Handgelenk. Deine Arme sollten sich am leichtesten anfühlen, wenn die Hände herunterbaumeln, schwerer, wenn die Hände gestreckt sind, und noch schwerer, wenn sie zu Fäusten geballt sind. Mit anderen Worten: Je mehr Anspannung du in deinen Armen erzeugst, um so schwerer fühlen sie sich an. Wiederhole dies ein paar Male und versuche, die

Unterschiede deutlich zu empfinden. Wenn es dir jetzt noch nicht gelingt, dann später, wenn sich deine Bewußtheit gesteigert hat.

Wir wollen uns nun näher mit den Defekten im Körperbild und mit den Verzerrungen des kinästhetischen Sinns befassen. Viele der dabei verwendeten »Tests« entsprechen denjenigen, die am Anfang des »Bewußtheit durch Bewegung«-Programms von Feldenkrais stehen.

Lege dich auf den Rücken, lege deine Hände seitlich neben deine Hüften und konzentriere dich eine Weile auf deinen Körper. Betrachte seine Oberfläche, achte auf seine Lage und auf alles, was dir in den Sinn kommt. Schließe nun deine Augen und versuche zu spüren, wieviel von der Oberfläche deines Körpers in deinem Bewußtsein gegenwärtig ist. Achte darauf, ob du dir einiger Teile recht klar, anderer schwächer bewußt bist, und sieh zu, ob du auch die Körperteile identifizieren kannst, derer du dir minimal oder überhaupt nicht bewußt bist. Mit der Zeit wirst du die Oberfläche deines Körpers viel deutlicher spüren als jetzt und du wirst dir auch deines Skeletts sowie deiner Skelettgelenke bewußt werden. Die meisten Menschen nehmen an, daß sie die Oberfläche ihres Körpers spüren und auch alle Teile der Körperoberfläche etwa gleich deutlich spüren. Es gibt aber nur sehr wenige, die diese Annahme prüfen.

Versuche nun zu spüren, wie dein Körper den Fußboden berührt. Liegt der ganze Körper auf dem Fußboden flach auf oder liegen nur einige Teile flach auf, während andere angehoben sind? Manche Körperteile berühren den Fußboden nie. Viele andere sollten ihn berühren, tun es aber aufgrund zu großer Anspannung in den Muskeln nicht. Versuche zu spüren, wieviel Zwischenraum zwischen dem Fußboden und deinem Kreuz oder dem Bereich um die Lendenwirbelsäule ist. Taste dann mit deiner Hand diesen Zwischenraum ab und stelle fest, ob er so ist, wie du ihn gespürt hast. Wenn du deine Hand zwischen den Fußboden und deiner Lendenwirbelsäule schieben kannst, dann befindet sich die Wirbelsäule aufgrund zu

starker Muskelanspannung in einer gekrümmten Haltung. Sind die angespannten Muskeln entspannt, dann liegt dieser Teil der Wirbelsäule flach auf dem Fußboden auf. Versuche zu spüren, wieviel Zwischenraum zwischen dem Fußboden und deinen Nackenwirbeln ist. Wie viele Fingerbreit mag dieser Zwischenraum wohl betragen? Prüfe nun den Zwischenraum mit deinen Fingern und stelle fest, ob er so ist, wie du ihn gespürt hast.
Versuche nun zu spüren, ob es einen Zwischenraum zwischen dem Fußboden und deinen Kniekehlen gibt. Setze dich dann einen Augenblick auf und versuche wiederum – mit geschlossenen Augen – diesen Zwischenraum zu spüren. Prüfe ihn dann mit deinen Händen. Lege dich wieder hin und versuche zu spüren, ob es einen Zwischenraum zwischen dem Fußboden und deinen Handgelenken gibt. Liegen deine Schultern flach auf dem Fußboden auf? Wenn nicht, wie seit stehen sie vom Fußboden ab? Presse deine Schultern gegen den Fußboden und beobachte, was mit deinen Handgelenken geschieht. Lege dann die Handgelenke flach auf den Fußboden auf und stelle fest, ob sich dadurch die Schultern nach oben bewegen.
Mache nun eine kleine Pause und beobachte dabei deinen Atem sowie die Lage deines Körpers. Entspricht sie der Lage, die du beim Hinlegen einnahmst, oder spürt sich irgendetwas anders an?
Liege weiter auf dem Rücken und halte die Augen geschlossen. Versuche nun, die Höhe deiner Stirn zu spüren. Deine Arme sollen dabei seitlich von dir mit den Handinnenflächen nach unten liegen. Versuche nicht, deinen Intellekt einzusetzen, um die Höhe deiner Stirn zu berechnen, und versuche auch nicht, sie zu erraten, sondern zu *spüren.* Hebe dann deinen rechten Arm und deine rechte Hand ausgestreckt auf die Höhe, auf der sich deinem Empfinden nach deine Stirn befindet. Öffne die Augen, schau, wie hoch deine Hand ist, und vergleiche ihre Höhe mit der Höhe deiner Stirn. Lege Hand und Arm wieder zurück auf den Boden. Schließe die Augen und versuche noch einmal, deine Stirn zu spüren. Hebe diesmal nur deine Hand und deinen am Ellenbogen angewinkelten Vorderarm auf die

Höhe, auf der sich deinem Empfinden nach deine Stirn befindet. Öffne die Augen und vergleiche wiederum die Höhe deiner Hand mit der Höhe deiner Stirn. Befindet sich deine Hand auf der gleichen Höhe wie beim ersten Mal? Wenn nicht, was bedeutet das? Hast du deine Stirn bei den beiden Gelegenheiten als unterschiedlich hoch empfunden? Oder empfindest du die Höhe deiner Hand unterschiedlich, je nachdem ob der Arm angewinkelt oder gestreckt ist? Wieso soll etwas schwierig daran sein, die Höhe seiner Stirn zu spüren und sie mit seiner Hand anzuzeigen?
Gibt man diesen Test einer Gruppe von Leuten, so wird die Mehrheit die Hand sehr viel höher als die Stirn heben, manchmal zwei- oder dreimal so hoch, manchmal sogar noch viel höher. Andere wiederum heben die Hand nur ein paar Zentimeter vom Boden. In der Regel wird es auch einen erheblichen Unterschied geben, wenn die Höhe mit dem ganzen Arm oder nur mit dem Vorderarm angezeigt wird.
Nimmt man diese Ergebnisse für bare Münze, dann empfinden die meisten Leute ihren Kopf viel größer als er wirklich ist. Einige empfinden ihn als sehr klein, etwa wie eine große Orange oder eine Grapefruit. Was folgt daraus für die Bewegung, für die Belastung der Muskeln, um den Kopf zu stützen? Die meisten Leute sehen ihren Kopf viele Male jeden Tag im Spiegelbild. Wie kann der Unterschied zwischen der Wirklichkeit und dem Empfinden so groß sein? Wir könnten hinzufügen, daß sich die gleichen extremen Verzerrungen des Empfindens auch dann zeigen werden, wenn wir eine Gruppe von Sportlern, Tänzern, Schauspielern und anderen Personen, von denen man erwartet, daß sie sich weit überdurchschnittlich ihres Körpers und ihrer Bewegungen bewußt sind, auf diese Weise testet.
Unseres Wissens hat noch niemand versucht, die Auswirkungen dieses speziellen Phänomens auf das Verhalten und auf den Gebrauch seiner selbst zu erforschen, doch wäre es die Mühe wert. Der menschliche Kopf ist in jedem Fall schwer. Sein Gewicht beträgt meistens zwischen 10 und 12 Kilogramm. Wir

sind uns gewöhnlich dieses großen Gewichts oder der Muskelanstrengungen, die zur Stützung des Kopfs im Stehen oder Sitzen notwendig sind, nicht bewußt. Viele Leute empfinden das Innere ihres Kopfs in der Tat als leeren Raum. Ein Kopf aber, der als viel größer empfunden wird, als er tatsächlich ist, wird sicherlich teilweise zu schwerfälligen Bewegungen beitragen und zu den Muskelverspannungen, unter denen so viele Leute im Nacken, in der oberen Rückenpartie und in den Schultern leiden.

Versuche jetzt – wiederum mit geschlossenen Augen – so klar wie möglich die Entfernung zwischen deinen beiden Mundwinkeln zu spüren. Gib dann mit deinen beiden Zeigefingern die von dir empfundene Entfernung an. Öffne deine Augen und vergleiche die Entfernung zwischen den beiden Zeigefingern mit der tatsächlichen Breite deines Mundes. In der Regel ist das Empfinden hier weniger stark verzerrt als im Fall der meisten anderen Körperteile, doch kann die Verzerrung immer noch beträchtlich sein. Lippen und Mund werden besser gespürt als die meisten anderen Körperteile, weil sie so häufig benutzt werden – zum Essen, Sprechen und Küssen. Sie sind auch mit zahlreichen Sinneszellen ausgestattet.

Lege dich wieder hin, laß die Arme seitlich mit den Handinnenflächen nach unten ruhen, und spüre diesmal die Breite deines Kopfes. Stütze dich dabei wiederum nur auf dein Empfinden und nicht auf das Gedächtnis oder irgendwelche Berechnungen. Gib mit deinen Händen die von dir empfundene Breite deines Kopfes an. Öffne die Augen und vergleiche die Entfernung zwischen deinen beiden Händen mit der tatsächlichen Breite deines Kopfes. In diesem Fall wird die Verzerrung normalerweise stärker ausgeprägt sein als im Fall der Mundbreite, doch weniger stark als wenn man versucht, die Höhe seiner Stirn zu schätzen. Während du dich mit diesen Dingen befaßt, achte darauf, ob du frei atmest oder ob du dazu neigst, den Atem anzuhalten. Vesuche dich daran zu erinnern, ob du deinen Atem anhieltest, als du die Breite deines Kopfes spürtest, und denke einmal darüber nach, ob du regelmäßig deinen Atem anhältst, wenn du dich in neuen Situationen befindest oder ein Problem zu lösen versuchst.

Stehe auf und gehe eine Zeitlang im Zimmer herum. Achte auf die Bewegungen, die du beim Gehen machst. Lenke deine Aufmerksamkeit darauf, wie stark Knie und Ellenbogen gebeugt sind und wie sich jeder Arm in Verbindung mit dem Fuß, den du beim Gehen nach vorne setzt, bewegt. Beobachte dich weiter und denke darüber nach, ob du Arme und Beine in gewohnter Weise bewegst oder ob sich durch die Selbstbeobachtung dein Verhalten ändert. Erinnere dich daran, was du beobachtest, als du dies zum ersten Mal gemacht hast, und vergleiche die Ergebnisse von damals mit denen von jetzt.

Lege dich jetzt wieder hin. Schließe deine Augen und spüre deinen Körper. Achte darauf, ob er jetzt irgendwie anders liegt, ob der Rücken flacher auf dem Fußboden aufliegt als zuvor und ob vielleicht irgendwelche andere Veränderungen eingetreten sind, nur weil du dich jetzt ungewohnt lange auf deinen Körper konzentriert hast.

Konzentriere dich auf deine Füße. Wir stark – wenn überhaupt – sind Füße und Zehen von deinem Körper weggedreht? Ist der Winkel auf beiden Seiten gleich, oder ist die Außenseite eines Fußes näher am Boden? Hast du das Gefühl, daß deine Beine ebenfalls seitlich ausgedreht sind, weil etwas in den Hüftgelenken passiert? Achte auf die Empfindungen und Bewegungen im Hüftgelenk, während du mit der Außenseite eines Fußes näher an den Boden gehst. Bei manchen Leuten zeigen die Zehen gerade nach oben, ohne daß ihre Füße nach außen gedreht sind. Sie sind sich der Anstrengung nicht bewußt, die erforderlich ist, um die Beine in dieser angespannten Position zu halten. Halte deine Füße so, daß die Zehen nach oben zeigen – *ohne* dabei den Atem anzuhalten. Halte sie eine Weile in dieser Position und vergleiche die Empfindungen jetzt mit denen, wenn du deine Beine normal liegen läßt.

Schließe deine Augen und versuche, Form und Gewicht deiner Augäpfel zu spüren. Blicke dann, ohne die Augen zu öffnen,

einige Male hin und her, und zwar von links nach rechts. Stell dir dabei vor, du würdest einen Ping-Pong-Ball beobachten, der auf einem immer länger werdenden Tisch hin- und herspringt. Stell dir eine Zeitlang vor, du würdest ein Tennisspiel beobachten. Achte darauf, ob du, während von links nach rechts guckst, deinen Mund bewegst und ob du normal atmest. Halte einen Augenblick inne und stelle fest, ob du jetzt Umriß und Gewicht deiner Augäpfel deutlicher spüren kannst.
Einige dieser einfachen Tests sollten dich davon überzeugt haben, daß bei dir eine größere Bewußtheit notwendig ist und auch daß du die reale Möglichkeit hast, deine körperliche Bewußtheit zu steigern und mehr über dich zu erfahren. Ehe wir dieses Kapitel abschließen, möchten wir dir zeigen, wie schnell und leicht das Muskelsystem und die Bewegungen im allgemeinen verbessert werden können, wenn man sich direkt an das Gehirn wendet. Die Veränderungen werden wahrscheinlich nicht von Dauer oder besonders weitgehend sein, doch mit der Zeit können sie es werden.

Stehe jetzt auf und achte darauf, daß du während der ganzen kurzen Folge von Bewegungen, die wir dir nun beschreiben, deine Füße nicht bewegst. Nur dann wirst du fühlen und objektiv erkennen können, was du geleistet hast.
Lege deine Arme an deine Hüften und drehe deinen Körper so weit du ohne Anstrengung kannst nach rechts. Bleibe einen Augenblick in dieser Position.Stelle fest, wie weit du dich gedreht hast, indem du die Position mit deinen Augen auf der Wand markierst. Achte nun darauf, während du mit deinen Augen weiter nach rechts gehst, daß sich die Muskeln entspannen, so daß du noch etwas weiter nach rechts sehen kannst als noch vor einem Augenblick. Drehe deinen Körper wieder zurück nach links, bis du wieder – wie zu Anfang – mit dem Gesicht nach vorne stehst.
Als nächstes strecke beide Arme seitlich auf Schulterhöhe aus. Drehe dich wiederum so weit du kannst nach rechts. Laß dabei deine Augen frei nach rechts bewegen. Blicke wiederum auf die

Wand. Du solltest jetzt feststellen, daß du dich nun etwas weiter gedreht hast als du noch vor einem Augenblick konntest. Drehe dich nach links in deine Ausgangsposition. Lege deine Hände an deine Hüften, so wie du es für die ersten Bewegung getan hast. Drehe wieder deinen Körper und deine Augen nach rechts. Du solltest jetzt feststellen, daß du zumindest so weit drehen kannst wie vorhin mit gestreckten Armen, und beträchtlich weiter als noch vor einigen Augenblicken, als du die Hände wie jetzt an den Hüften hattest.

Wieviel Geschmeidigkeit hast du mit diesen ganz wenigen Bewegungen in so kurzer Zeit gewonnen? Ein paar mehr einfache Bewegungen würden dich noch erheblich geschmeidiger machen. Die Besserungen, die du erlebt hast, waren nur möglich, weil die Muskeln in ihrer Anspannung etwas nachgegeben haben und dadurch der Wirbelsäule mehr Freiheit geben. Die herkömmliche Methode, die Beweglichkeit zu steigern, besteht darin, die Muskeln allmählich zu dehnen, so daß sie länger werden. Offenkundig sind in so kurzer Zeit und mit so wenigen Bewegungen die Muskeln nicht gedehnt worden, um die erlebten Veränderungen hervorzurufen. Vielmehr hat das Gehirn aufgehört, die Muskeln zusammenzuziehen, so daß sie sofort länger werden konnten.

Nun noch eine weitere Demonstration, die barfuß ausgeführt werden muß:

Gehe eine Zeitlang auf und ab und vergleiche die Bewegungen in den Beinen. Achte darauf, wie der rechte Fuß den Boden berührt, dann der linke. Bleibe stehen und achte darauf, wie du stehst. Stelle dich dann nahe an eine Wand oder an irgendeinen Gegenstand, an dem du dich einige Minuten zur Aufrechterhaltung deines Gleichgewichts abstützen kannst. Lege deine rechte Hand gegen die Wand oder halte dich an dem besagten Gegenstand fest.

Schleife deinen linken Fuß am Fußboden entlang, nach vorne und hinten, und versuche, den Boden mit der gesamten Fußsohle oder mit einem so großen Teil wie möglich zu spüren. Mache diese und jede der folgenden Bewegungen mindestens

15mal, besser noch 25mal. Mache eine Pause, wann immer du sie brauchst.
Schleife nun nur mit den Zehen deines linken Fußes wie zuvor am Fußboden entlang. Mache dasselbe mit den Zehen und dem Fußballen. Dann nur mit der Ferse, bis zu 25mal.
Halte einen Augenblick inne. Bewege die Zehenspitzen nach vorne und nach hinten. Danach ziehe mit den Zehenspitzen auf dem Fußboden Kreise, zunächst in Uhrzeigerrichtung, dann gegen die Uhrzeigerrichtung.
Ziehe mit deiner Ferse auf dem Boden Kreise, eine Zeit lang in, dann gegen Uhrzeigerrichtung. Mache dann dasselbe mit der ganzen Fußsohle.
Stelle deinen linken Fuß auf die äußere Kante oder drehe ihn so weit in diese Richtung, wie du ohne Mühe kannst. Schleife mit dem Fuß auf der Außenkante nach vorne und nach hinten am Boden entlang. Drehe dann den Fuß in Richtung Innenkante und ziehe ihn so nach vorne und nach hinten am Boden entlang. Fahre nun wieder mit der ganzen Fußsohle am Boden entlang, nach vorne und nach hinten, und konzentriere dich dabei auf das, was du empfindest. Achte auf die Empfindungen in der Ferse, entlang der Fußsohle, dem Fußballen und den Zehen. Was kannst du mit den Empfindungen in deinem Fuß über die Beschaffenheit des Bodens aussagen? Achte dann wieder auf die Empfindungen in deinem Fuß. Und jetzt halte inne.
Denke jetzt daran, wie du stehst. Liegt der linke Fuß besser auf dem Boden auf, was darauf hinweist, daß die Anspannung der Muskeln nachgelassen hat? Gehe etwas auf und ab und beobachte dich dabei – wie der linke Fuß nach unten fällt, wie der rechte, wie sich die Knie und die Hüftgelenke bewegen. Gehst du auf der linken Seite leichter? Neigen deine Augen dazu, etwas nach links zu sehen?
Lege dich auf den Fußboden und spüre deinen Körper. Stelle fest, ob sich die linke Körperseite länger anfühlt, und ob sie vollständiger auf dem Boden liegt als die rechte. Versuche dies mit geschlossenen Augen zu spüren und zu bestimmen, ob die linke Seite wirklich länger ist. Öffne deine Augen und achte

darauf, ob du etwas nach links blickst. Die Augen tendieren immer dazu, nach der Seite zu sehen, wo eine Besserung erzielt worden ist. Versuche festzustellen, ob du dir deiner linken Körperseite besser bewußt bist – du ein besseres Körperbild bekommen hast.

Diese zwei Beispiele vermitteln nur einen vagen Eindruck von dem, was du erreichen kannst. Dein Körper kann sich schnell und leicht verändern. Dies gilt für ältere Menschen ebenso wie für andere Altersgruppen. Ebensowenig sollte dein gegenwärtiger körperlicher Zustand – wenn er nicht gerade katastrophal ist – dich an deinen Fortschritten hindern.

Wie sollen die Übungen ausgeführt werden?

Der Rest dieses Buches besteht zum größten Teil aus Übungen, die wir ausgesucht haben, um die vielfältigen Erfahrungen und Veränderungen, die die psychophysische Umerziehung möglich macht, am Beispiel zu veranschaulichen. Wir können in einem Buch nicht alle Möglichkeiten aufführen, doch immerhin genug, damit du recht beachtliche Fortschritte im Gebrauch deiner selbst und in deiner Funktionstüchtigkeit machen kannst. Selbst wenn du nur eine Übung ein einziges Mal machst, wirst du profitieren. Wenn du aber ein Jahr lang weiterarbeitest und die Übungen mehrere Male pro Woche oder noch häufiger machst, wirst du dich in bemerkenswertem Maße umerziehen können. Es werden sich viele positive Veränderungen einstellen – würden wir sie dir jetzt alle aufzählen, dann wirst du es wahrscheinlich nicht glauben. Eine Verbesserung ist immer möglich, auch wenn du bis an dein Lebensende arbeitest – ein Ende, das in diesem Fall eher später als früher eintreten dürfte. Du besitzt in Wirklichkeit so viele Möglichkeiten, daß du sicherlich ein Leben lang brauchen wirst, um sie alle zu entfalten.

Zunächst einmal wollen wir dir ein paar Ratschläge geben, wie du dir die Ausführung der Übungen so leicht wie möglich machen kannst. Dabei sagen wir dir lieber ein paar Dinge, die auf der Hand liegen, als daß wir einen Punkt auslassen, den du wissen solltest, aber vielleicht nicht bedenkst. Als erstes suche dir für die Übungen eine möglichst bequeme Umgebung aus. Du solltest reichlich Platz am Fußboden haben, so daß du deine Arme seitlich ausstrecken kannst, ohne befürchten zu müssen, gegen einen Gegenstand zu stoßen. Im allgemeinen bewirkt jede Ablenkung der Aufmerksamkeit von den Übungen weg eine Schmälerung der Ergebnisse, die sonst erreicht werden können. Ergreife daher alle nur möglichen Maßnahmen, um sicherzustellen, daß du während der Übungen nicht unterbrochen wirst. Wenn du ein Telefon hast, ziehe es aus der Leitung, stelle es leise oder tue sonst etwas, um zu verhindern, daß es dich stört. Versuche auch nicht, die Übungen dann zu machen, wenn du gerade jemanden erwartest oder andere Unterbrechungen wahrscheinlich sind. Die Situation ist nicht vergleichbar mit der, wenn du herkömmliche Körperübungen machst. Das geistlose Wiederholen von Bewegungen ist eine Sache; die Konzentration der Aufmerksamkeit zur Kultivierung eines höheren Bewußtheitsgrades ist etwas ganz anderes.

Es ist natürlich wünschenswert, daß du die Übungen in einem Raum machst, in dem du dich wohl fühlst. Wenn das Wetter es zuläßt, sollten die Fenster geöffnet werden – es sei denn, daß dadurch störender Lärm in das Zimmer dringt. Generell gilt, daß man keine Übung in einem Luftzug machen soll.

Am besten macht man die Übungen nackt oder mit möglichst wenig Kleidung. Wenn du etwas tragen mußt, dann achte darauf, daß es locker ist und dich nicht in deinen Bewegungen behindert. Du solltest dir während des Übens keines Kleidungsstücks störend bewußt werden.

Mache es dir in jeder Hinsicht so bequem wie möglich. Das bedeutet, daß du einen Teppich oder eine Matte benutzen sollst, auf der es sich angenehm arbeiten läßt. Laß es nicht zu, daß du durch eine unbequeme Unterlage vom Üben abgelenkt wirst. Unbequemlichkeit schmälert nicht nur die Ergebnisse, sondern untergräbt auch die Motivation zum regelmäßigen Üben. Die meisten Übungen lassen sich auch, wenn es notwendig sein sollte, auf einem Bett ausführen.

Du solltest Wert darauf legen, dir in jeder Hinsicht das Üben so angenehm wie möglich zu machen. Es ist bekannt, daß ein normales Körpertraining gewöhnlich nicht etwas Erfreuliches ist. Viele versuchen es zu vermeiden, und die meisten Leute neigen dazu, mit einem systematischen Körpertraining aufzuhören, sobald sie nicht mehr dazu gezwungen werden – und ein solches Training erst dann wieder aufzunehmen, wenn es durch körperliche Schäden oder irgendeine Krankheit notwendig geworden ist. Jede Unbequemlichkeit, jede Anstrengung, jede Wettbewerbshaltung oder ein unbedingtes Erreichenwollen von Zielen setzen einen negativen Reiz, den man vermeiden möchte. Gerade durch einen solchen negativen Reiz wird aber die Motivation ausgehöhlt. Man muß sich zu den Übungen mit Willensanstrengung zwingen, und eine solche Willensanstrengung ist unangenehm und hinderlich.

Feldenkrais hat großen Wert auf die Entwicklung einer Lehrmethode gelegt, die die Motivation mit Hilfe von positiven Reizen verstärkt, statt sie – wie gewöhnlich – durch negative Reize zu untergraben. Er hat beobachtet, daß man am besten lernt, wenn das Lernen angenehm ist, und daß auf diese Weise Gelerntes besser behalten wird. Eine Erziehung, die angenehm ist und ständig objektive Beweise für merkliche Fortschritte liefert, sollte in den meisten Bereichen des Lernens möglich sein. Was körperliche Übungen anbelangt, so müssen sich viele Menschen erst einmal von der Auffassung frei machen, daß die Ergebnisse um so besser sind, je härter sie arbeiten. Wie diese Übungen demonstrieren werden, trifft in der Tat genau das Gegenteil zu. Je mehr du dich beispielsweise anstrengst, um eine Bewegung zu verbessern, desto geringer wird der Fortschritt sein. Ist dieses Element der mühevollen Anstrengung ausgeschaltet worden, so werden die Fortschritte mit Leichtigkeit kommen und oft alle Erwartungen übertreffen. Die übliche Methode besteht darin, seinen Körper zwingen zu wollen. Auf diese Weise werden Spannungen und Anstrengungen hervorgerufen und ein innerer Konflikt erzeugt, so daß der Körper von Natur aus zu Widerstand neigt. Der effektivere Weg ist der, angenehme Bewegungen zu benutzen, um dem Gehirn und dem Nervensystem klarzumachen, was gewünscht wird. Auf diese Weise organisiert das Gehirn den Körper und produziert nahezu mühelos Ergebnisse, die weitaus besser sind als jene, die mit den üblichen langweiligen, wenn nicht sogar selbstquälerischen Methoden erreicht werden können. Durch die Wiederholung solcher selbst erfahrener besserer Funktionsweisen werden die Verzerrungen des kinästhetischen

Sinnes korrigiert. Das Nervensystem orientiert sich glücklichewerweise ganz und gar nach dem Lustprinzip und wird, wenn es die Wahl hat, immer die optimale, als angenehmer empfundene Funktionsweise vorziehen.

Um Anstrengung und aversive Reaktionen zu vermeiden, mache nur das, was sich ganz im Rahmen deiner gegenwärtigen Möglichkeiten befindet. Man sollte mit jeder Bewegung aufhören, sobald sie kurz davor ist, Schmerzen zu bereiten oder forciert werden zu müssen, ja man sollte keine Bewegung so lange ausführen, daß sie ermüdend wird oder sonst Streß hervorruft. Wenn du dich müde fühlst, dann lege eine kleine Pause ein und mache dann weiter. Du wirst lernen, daß du während des Ausruhens von den körperlichen Bewegungen die Übung effektiv fortführen kannst, indem du dir die Bewegungen und die begleitenden Empfindungen vorstellst. Solche vorgestellten Bewegungen führen zu größeren Fortschritten als die Bewegungen selber. Ruhepausen werden auch dazu benutzt, um den Körper zu prüfen und die Veränderungen zu beobachten, die die Bewegungen hervorgerufen haben.

Da jede Anstrengung vermieden worden ist, solltest du dich am Ende einer jeden 45 Minuten dauernden psychophysischen Übung entspannter fühlen und mehr Energie besitzen als zu Anfang.

Beim Ausführen dieser Übungen wirst du immer wieder auf die Tatsache aufmerksam werden, daß an deinen Bewegungen viel mehr beteiligt ist, als du normalerweise erkennst. Du wirst die Erfahrung machen, daß beim Ausführen nahezu jeder Bewegung weitaus mehr Teilbewegungen unbewußt als bewußt sind. Wenn jemand beispielsweise eine bestimmte Bewegung mit dem Bein macht, dann ist er sich in der Regel kaum dessen bewußt, was er gleichzeitig mit vielen anderen Teilen seines Körpers macht – mit seinen Schultern, seinem Brustkorb, Körperteilen, die an der Atmung beteiligt sind, seinem Mund, seinen Augen, dem Fuß seines anderen Beins usw. Alle diese Körperteile sind an seiner Bewegung sichtbar beteiligt, und doch ist er so darauf bedacht, sein Bein zu bewegen, daß er den größten Teil seines übrigen Körpers aus seinem Bewußtsein verbannt. Wenn das, was verbannt wurde, wieder dem Bewußtsein zugänglich gemacht worden ist, dann kann deutlich werden, daß einige der anderen Körperteile gegen die Bewegung des Beins gearbeitet haben. So gespalten ist der Körper in sich selber und in einem so gewaltigen Konflikt können Geist und Körper miteinander stehen, daß wir sogar in sehr grober Weise gegen uns selber arbeiten und die Bedingungen für unser Versagen und unsere stückweise Selbstzerstörung schaffen. Je mehr wir uns den Körper zu Bewußtsein bringen und uns die früher unbewußten Bewegungen bewußt machen, haben wir zum ersten Mal die Möglichkeit, in integrierter und effektiverer Weise zu leben.

Eine Übung dauert in der Regel 45 Minuten. Dabei wird von dir erwartet, daß du die ganze Zeit über deine Aufmerksamkeit ausschließlich auf deinen Körper konzentrierst. Die meisten Leute werden dies vielleicht für unmöglich oder zumindest sehr schwierig halten. Sie meinen, daß dazu ein Ausmaß an Konzentration notwendig ist, das nur durch große Willensanstrengung zu erreichen ist. Diese länger anhaltende Aufmerksamkeit sollte aber – wenn sie effektiv sein soll – wie die Bewegungen den Charakter des Leichten und Mühelosen haben. Die Übungen sind deshalb so aufgebaut, daß sie eine länger anhaltende Aufmerksamkeit erleichtern und sie ebenfalls zu etwas Mühelosem machen. Dies läßt sich mit etwas erreichen, was wir die *Verführung des Bewußtseins durch das Neue* genannt haben, nämlich durch die Verwendung von neuen Erfahrungen, die angenehm und ungewöhnlich genug sind, um die Konzentration auf den Körper aufrechtzuerhalten. Solche Erfahrungen werden ständig durch jede ganze Übung hindurch vermittelt. Da die Bewegungen angenehm oder zumindest nicht unangenehm sind, bleiben sie im Mittelpunkt der Aufmerksamkeit. Außerdem unterstützen die vielen neuartigen und nicht vertrauten Bewegungen, die wir ausgesucht haben, dein Interesse an allem, was augenblicklich geschieht, so daß du ständig neugierig bist, was als nächstes passiert.

Auf deutlich erkennbare Veränderungen im Zustand des Körpers – beispielsweise in den Empfindungen der Körpergröße und des Körpergewichts, in der Deutlichkeit verschiedener Teile des Körperbildes, in der Beweglichkeit der Gelenke sowie in der Leichtigkeit und Flüssigkeit der Bewegungen, die gerade gemacht werden – machen wir dich wiederholt aufmerksam, sobald du sie erlebst, da du sonst die meisten – so extrem einige von ihnen auch sein mögen – nicht bemerken würdest. Diese und andere Aspekte der Arbeit tragen dazu bei, deine Aufmerksamkeit auf deinem Körper ruhen zu lassen – und zwar über einen so langen Zeitraum, wie es dir sonst nur unter gewaltigen Anstrengungen möglich sein dürfte. Später wirst du feststellen, daß sich durch die länger anhaltende Aufmerksamkeit während der Übungen deine Konzentrationskräfte gesteigert haben.

Im allgemeinen sollten alle Bewegungen leicht sein und – wenn nicht anders angegeben – ziemlich langsam ausgeführt werden. Wenn in der Anleitung schnelle Bewegungen verlangt werden, dann steigere die Geschwindigkeit, aber laß dies nicht auf Kosten der Bewußtheit gehen. Wenn du auf Qualität der Bewegung und gleichzeitig der Bewußtheit Wert legst, dann wirst du dich schnell bewegen können, ohne zu eilen oder sonst zwanghaft zu handeln.

Während du dich dabei beobachtest, wie du von dir aus verschiedene Bewegungen machst, wirst du dir wahrscheinlich Tendenzen in deiner Person bewußt werden, die nicht nur bestimmen, wie du dich bewegst, sondern wie du generell zum Leben eingestellt bist. Zwanghafte Menschen werden feststellen, daß sie die Bewegungen immer in einer Weise machen wollen, die deutlich zwanghaft wirkt. Manche werden entdekken, daß sie gewöhnlich viel mehr Kraft aufwenden und so viel mehr Energie verschleudern, als für eine Handlung notwendig ist. Andere werden bemerken, daß sie große Schwierigkeiten haben, gleichzeitig zu denken und zu handeln – daß das Denken das Handeln stört und umgekehrt das Handeln das Denken beeinträchtigt. Die meisten Leute werden immer wieder entdecken, daß sie ihren Atem anhalten, wenn sie mit einem ungewöhnlichen Problem konfrontiert werden oder eine ungewohnte Anstrengung machen. Dabei sind auch die Muskeln übermäßig angespannt, und manche Teile des Körpers werden steif gehalten. Sobald du diese Tendenzen bei dir beobachtest, beginnst du, sie zu ändern. Alte Verhaltensmuster – etwa Zwanghaftigkeit und übermäßiger Kraftaufwand – beginnen aufzubrechen, und dabei stellen sich körperliche Veränderungen ein, die auch psychische und emotionale Veränderungen bewirken. Die Übungen können nicht tief sitzende emotionale Probleme vollkommen aus der Welt schaffen, doch läßt sich mit ihnen sehr viel erreichen, etwa eine Verringerung genereller Ängstlichkeit oder eine Auflockerung starrer Denk- und Gefühlsweisen.

Wenn nicht anders angegeben, sollen die meisten Bewegungen in den Übungen etwa 25mal wiederholt werden (zu Anfang, wenn es dir zuviel sein sollte, weniger häufig). Dies entspricht der Anzahl von Wiederholungen, die für die meisten grundlegenden Feldenkrais-Übungen gilt, und hat sich auch am effektivsten für die Herbeiführung der erwünschten Veränderungen im Muskeltonus bewährt. Bei 25 Wiederholungen pro Bewegung braucht man für eine vollständige Übung im Schnitt 40 bis 45 Minuten.

Man kann die Übungen in diesem Buch auf verschiedene Weise ausführen. Ein Weg besteht darin, ein paar Zeilen oder einen Absatz zu lesen, dann die entsprechenden Bewegungen zu machen, wieder ein paar Zeilen zu lesen usw. Auf diese Weise sollten mehrere Übungen ausgeführt werden, damit man ein Gespür dafür bekommt, wie lange die Bewegungsabfolgen und die Ruhepausen dauern. Ist man mit dieser Methode vertraut, dann kann man es sich leichter machen, indem man die Übungen auf Kassette oder Tonband spricht und dann danach arbeitet. Empfohlen werden Kassetten oder Tonbänder mit 90 oder 120 Minuten, damit man auf jede Seite einer Kassette bzw. eines Tonbands eine vollständige Übung bekommt. Die Übungen können auch zu zweit gemacht werden, wobei einer aus dem Buch vorliest und der andere die Bewegungen macht. Diese Art des Übens ist besonders gut, weil man viel von einem Partner lernen kann. Macht man Bänder, so ist es zweckdienlicher, diese aufzunehmen, während man die Übungen jemandem vorliest und dann beobachtet, wie lange er für die Bewegungen und die Ruhepausen braucht. Hat man Bänder gemacht, so können zwei oder mehr Leute zusammen üben.*

Zu Beginn wird es dir wahrscheinlich nicht möglich sein, die Übungen aus dem Buch im Kopf zu behalten. Du wirst es also nicht vermeiden können, immer wieder das Buch zu Hilfe zu nehmen oder Bandaufnahmen zu machen. Die Übungen enthalten nämlich zu viele und zu unvertraute Bewegungen, als daß man sie sich ohne weiteres merken könnte. Manche Bewegungen hast du unter Umständen seit deiner Kindheit oder gar dem Säuglingsalter nicht mehr gemacht. Später, wenn die Bewegungen vertraut geworden sind und du genügend deiner selbst bewußt geworden bist, kannst du die Übungen aus dem Kopf machen. Bis dahin wirst du aber, so glauben wir, feststellen, daß die Ergebnisse zu den anfänglichen Unannehmlichkeiten in gar keinem Verhältnis stehen.

Durch das Üben wirst du schließlich das den Übungen zugrundeliegende Prinzip begreifen. Du wirst dann in der Lage sein, neue Übungen zu erfinden, um an jedem Teil deines Körpers oder an jeder Funktion, die du verbessern willst, zu arbeiten.

Zum Abschluß noch das eine: Mache die Übungen zu Beginn in der angegebenen Reihenfolge. Es gibt wichtige Gründe dafür. Später ist dir freie Hand gegeben, doch solltest du immer an mehreren verschiedenen Übungen, nicht nur an ein paar Lieblingsübungen, arbeiten.

* Anfragen bezüglich auf Band aufgenommener Instruktionen durch die Autoren selber (in englischer Sprache) sind zu richten an: Robert Masters & Jean Houston, P.O.Box 600, Pomona. N.Y., 10970. Ebenfalls verfügbar sind auf Band aufgenommene Übungen aus dem »Bewußtheit durch Bewegung«-Programm von Dr. Moshe Feldenkrais, die jedem ernsthaften Lernenden eine große Hilfe sein werden. Sie sind erhältlich über: Big Sur Recordings, Big Sur, Calif., 93920.

Zweiter Teil: Psychophysische Übungen

Verbesserung von Kopf-, Hals- und Augenbewegungen

Nach Alexander beginnt der Mißbrauch des Körpers am häufigsten in der Region, in der der Hals in den Rumpf übergeht. Aber er betrachtete diese Region auch aus anderen Gründen als den wichtigsten »Gebrauchsbereich«. Wenn der Zustand dieser Körperregion verbessert ist, fällt es leichter, eine Verbesserung in den anderen Körperteilen herbeizuführen.

Die ganze Region am unteren Ende des Halses, sowohl hinten als auch vorne, ist ein richtiggehender Knotenpunkt muskulärer Koordination. Gerade hier üben die am stärksten von der Fehlentwicklung betroffenen Körperteile – Schultern und Oberarme – ihren schädigenden Einfluß während unserer vielen Aktivitäten aus. Hier bewirken verschiedene Formen falschen Atmens, daß sich die tiefergelegenen Hals- und die oberen Rippenmuskeln übermäßig verkrampfen. An dieser Stelle erfordern die Mechanismen beim Sprechen und Schlukken eine ziemlich gute Haltung der Wirbelsäule, wenn die Speiseröhre, die Luftröhre und die zugehörigen Stimmorgane gut funktionieren sollen. Nahe an diesem Bereich führen sehr wichtige und komplizierte Blutgefäße und Nerven vorbei, und zwar Blutgefäße zum untersten Teil des Gehirns, Nervenganglien, die Atmung, Herzschlag und Blutdruck beeinflussen, sowie Nervenausgangspunkte, die mit zunehmendem Alter immer mehr Gefahr laufen, zusammengedrückt zu werden. In diesem Bereich werden 85 Prozent der Leser und Leserinnen dieses Buches, wenn sie 55 geworden sind (und viele noch weitaus früher), Arthritis haben, und von diesem Bereich aus muß der Kopf – der Körperteil, der Träger der wichtigsten Sinnesorgane des

Menschen, nämlich der Organe für das Sehen, Hören, Schmecken, Riechen und den Gleichgewichtssinn, ist – sowohl in Ruhe als auch in der Bewegung koordiniert werden... An dieser Stelle müssen wir auch ansetzen, wenn wir die mannigfaltigen Formen schlechter Haltungen des übrigen Körpers korrigieren wollen (Barlow: Alexander-Technik, S. 37).

Die ersten beiden psychophysischen Übungen gelten diesem Bereich von zentraler Wichtigkeit. In der ersten Übung werden wir etwas die Muskelverspannung im Hals und im Rücken lockern und damit ein freieres Drehen des Kopfes ermöglichen. Wir werden auch etwas die Spannungen in den Augenmuskeln verringern und die Augenbewegungen besser mit den Kopf- und Halsbewegungen koordinieren. Einige Augenbewegungen, die den meisten Lesern und Leserinnen bisher unbewußt gewesen sein dürften, werden bewußt gemacht. Du wirst dir allmählich effektiver Körpermechanismen bewußt werden und diese auch anwenden lernen.
Lege dich nun zunächst einmal auf den Rücken. Schließe die Augen und beobachte, wie dein Körper liegt. Achte insbesondere auf deine Wirbelsäule, deinen Rücken und deine Schultern. Wieviel Zwischenraum ist zwischen deiner Lendenwirbelsäule und dem Fußboden? Deinem Nacken und dem Fußboden? Stelle mit deiner Hand und deinen Fingern fest, ob die Zwischenräume tatsächlich so groß sind, wie du sie empfunden hast. Ist der Zwischenraum unter deinem Nacken der gleiche, wenn du ihn auf der linken, danach auf der rechten Seite mißt? Berührt deine linke Schulter den Fußboden anders als deine rechte Schulter? Vergleiche die linke Gesäßbacke mit der rechten. Gibt es Zwischenraum zwischen beiden Handgelenken und dem Fußboden, und ist er auf beiden Seiten gleich? Wie steht es mit dem rechten und dem linken Knie? Den Waden? Liegen deine beiden Hände gleich? Ist dein Atem auf beiden Seiten gleich, d. h. atmest du durch beide Nasenlöcher gleichmäßig? Dehnen sich die Lungen während des Atmens auf beiden Seiten gleich aus, Spürst du das Atmen, oder die Auswirkungen deines Atems, in den Schultern? Im Rücken?

Achte darauf, wie der Kopf liegt. Stelle fest, ob deine Nase gerade nach oben zeigt und ob deine Augen im geöffneten Zustand geradewegs nach oben schauen. Wenn du etwas nach einer Seite schaust, ist dann der Kopf leicht verdreht, so daß die Nase mehr in eine Richtung zeigt?
Schließe jetzt die Augen. Wende deinen Kopf so weit du kannst nach links und dann nach rechts, ohne Gewalt oder Anstrengung anzuwenden. Wende den Kopf weiterhin nach links und nach rechts und beobachte dabei, ob er sich nach einer Seite leichter drehen läßt und weiter geht als nach der anderen. Wenn dem so ist, dann denke darüber nach, ob es mit dem zusammenhängt, was du an deinen Schultern, deinem Rücken usw. beobachtet hast. Wenn du den Kopf mindestens 25mal von links nach recht gedreht hast, lege eine Ruhepause ein.
Wenn nicht andere Anweisungen gegeben sind, liege bitte immer so, daß die Arme seitlich liegen und die Handinnenflächen etwa in der Höhe der Hüften und Gesäßbacken nach unten zeigen. Schiebe nun deine Hände etwas nach unten zu deinen Füßen, bringe sie wieder in die ursprüngliche Lage zurück, schiebe sie wieder nach unten usw. Das bedeutet, daß Schultern und Arme sich ebenfalls nach unten bewegen. Kombiniere diese Bewegung mit Drehung des Kopfes von einer Seite zur anderen. Wenn du deinen Kopf nach links drehst, dann sollte die linke Hand etwas nach unten in Richtung zu den Füßen hinabgleiten. Drehst du den Kopf nach rechts, sollte die rechte Hand hinabgleiten. Das sollte bedeuten, daß deine linke Schulter bei Linksdrehung des Kopfes nach unten und die rechte nach oben geht. Umgekehrt sollte bei Rechtsdrehung des Kopfes die rechte Schulter nach unten und die linke nach oben gehen. Drehe den Kopf so lange nach rechts, bis sich die Schultern wie von selbst auf- und abbewegen, während der Kopf sich dreht. Halte dann inne und lege eine kleine Ruhepause ein. Danach drehe deinen Kopf ein paar Mal von links nach rechts.
Lege dann deine beiden Hände zusammen irgendwo unterhalb deines Nabels auf den Körper, und zwar übereinander. Drehe

deinen Kopf weiterhin von links nach rechts, und zwar soweit es geht, ohne als unangenehm empfunden zu werden. Dein Oberkörper kann dabei etwas zur Seite abrollen. Wenn der Kopf nach links geht, können die rechte Schulter und ein Teil der rechten Rückenpartie etwas vom Boden abheben. Geht der Kopf nach rechts, können linke Schulter und ein Teil der linken Rückenpartie etwas abheben. Bleibe aber trotzdem mit deinem Oberkörper so ruhig wie möglich. Denke daran, das Ganze 15- bis 25mal oder noch häufiger zu wiederholen.

Falte deine Arme über dem Brustkorb zusammen und stelle fest, ob es dir noch leichter fällt, deinen Kopf von links nach rechts zu drehen, und ob die Bewegung größer wird. Halte dann für einen Augenblick inne.

Lege deine Arme seitlich von dir mit den Handinnenflächen nach unten. *Stelle dir jetzt nur vor,* daß du deinen Kopf von links nach rechts drehst. Stelle es dir lebhaft vor, wie es sich anfühlt, wie weit der Kopf nach jeder Seite geht und wie schnell du ihn drehst. Stelle dir vor, daß du deine Arme über deinem Brustkorb zusammenfaltest, und drehe weiterhin in deiner Vorstellung den Kopf. Mache dies mindestens 10mal und achte darauf, daß du dabei ungehindert atmest. Als du dir mit auf dem Brustkorb zusammengefaltenen Armen die Bewegung vorstelltest – hoben dann im Geiste auch die Schultern und der Rücken vom Boden ab?

Mache nun ein paar mehr Bewegungen in der Vorstellung, und achte darauf, ob – während du dich in der Vorstellung nach links drehst – die Augen nach links schauen bzw. – wenn du dich in der Vorstellung nach rechts drehst – nach rechts schauen. Stelle fest, ob du dir vorstellen kannst, Kopf und Schultern nach links und rechts zu drehen, *ohne* die Augen zu bewegen. Stelle dir die begleitenden Empfindungen und die Bewegungen vor, während du bewußt deine Augen ruhig hältst und mit ihnen möglichst gerade nach vorne schaust. Achte darauf, ob du weiterhin unbehindert atmest. Stelle dir nun vor, daß du deine Augen mit den vorgestellten Kopfbewegungen frei mitgehen läßt.

Während deine Hände immer noch seitlich mit den Innenflächen nach unten ruhen, drehe in deiner Vorstellung deinen Kopf. Achte dabei darauf, daß deine linke Schulter, während sich dein Kopf nach links dreht, nach unten und deine rechte Schulter nach oben geht – also die gleichen Bewegungen wie vorher. Wenn dein Kopf nach rechts geht, geht die rechte Schulter nach unten und die linke nach oben. Nach unten heißt natürlich in Richtung zu deinen Füßen, und nach oben in Richtung zu deinem Kopf. Wir sprechen von deinem Körper so, als ob er stehen würde. Wie du sehen wirst, begreift dein Körper, daß *er* oben und unten bestimmt und nicht der Raum, in dem du liegst – auch wenn du vielleicht denkst, nach oben heißt in Richtung Decke und nach unten heißt in Richtung Fußboden. Stelle dir weiterhin vor, wie du deinen Kopf drehst und die Schultern sich dabei nach oben und nach unten bewegen. Nun drehe deinen Kopf tatsächlich mit geöffneten Augen schnell von Seite zu Seite. Achte darauf, ob deine Schultern, während du den Kopf drehst, nach oben und nach unten gehen, und zwar von sich aus. Halte dann inne, lege eine Ruhepause ein und schließe die Augen.
Stelle dir nun vor, daß du auf einer Wiese stehst und auf eine kleine wachsende Pflanze mit einer sehr interessanten Blüte schaust. Stelle dir dann vor, daß du auf einen großen majestätischen Baum schaust, der hoch in den Himmel und in die Wolken emporragt. Als nächstes stelle dir vor, daß du in das Wasser eines Sees schaust und darin das Spiegelbild der Wolken oder dein eigenes Spiegelbild beobachtest. Weiter stelle dir vor, daß du auf einen schneebedeckten Berggipfel schaust. Nun stelle dir noch einmal – mit geschlossenen Augen – vor, daß du auf die Pflanze mit der interessanten Blüte schaust. Öffne dann die Augen und achte darauf, wohin du blickst. Schließe dann wieder die Augen und stelle dir noch einmal den Baum mit seinen majestätischen, in den Himmel emporragenden Zweigen vor. Öffne dann die Augen und stelle fest, wohin du blickst. Schließe sie wieder und stell dir vor, daß du auf die Spiegelbilder auf der Wasseroberfläche des Sees

schaust. Öffne dann wieder die Augen und achte darauf, wohin du blickst. Schließe nun wieder die Augen und stelle dir den schneebedeckten Berggipfel vor. Öffne dann die Augen und achte wiederum darauf, wohin du blickst. Jetzt dürfte wohl jeder verstanden haben, was wir meinten, als wir sagten, der Körper würde sich bei der Bestimmung von oben und unten nach sich selber richten. Unten heißt in Richtung zu den Füßen und oben heißt in Richtung zum Kopf, und wenn du dir eine Landschaftsszenerie vorstellst, dann bewegen sich deine Augen so, als würdest du nach außerhalb von dir blicken. Nur wenige Leute sind sich aber der Augenbewegungen bewußt, die sie machen, wenn sie phantasieren oder sich etwas vorstellen, genauso wie sich nur wenige Leute der Veränderungen in den Muskeln, im Atem usw. bewußt sind, wenn sie in ihrer Vorstellung etwas tun. Nun sind dir die bis dahin unbewußten Augenbewegungen zu Bewußtsein gebracht worden.
Schließe nun wieder die Augen. Stell dir vor, du würdest auf die Blume sehen und sei dir dessen bewußt, daß deine Augen nach unten blicken. Stell dir vor, du würdest auf den Baum schauen, und spüre, wie deine Augen nach oben blicken. Stell dir vor, du würdest auf den See, auf die Bergspitze schauen, und achte wiederum dabei auf die Bewegungen der Augen. Stell dir nun vor, daß du auf etwas schaust, was sich ganz weit links von dir befindet, und dann auf etwas, was sich ganz weit rechts von dir befindet. Stell dir etwas vor, was weit zu deiner Rechten liegt, öffne dann die Augen und achte darauf, wohin du blickst. Mache dasselbe mit der linken Seite.
Schließe nun die Augen. Lege deine Arme über deine Brust. *Stell dir vor,* du würdest deinen Kopf von links nach rechts drehen, so daß die Schultern den Bewegungen des Kopfes und des Halses folgen. Mache dies ein- oder zweimal tatsächlich – also mit deinem Körper –, damit du ein gutes Gespür dafür bekommst: Drehe deinen Kopf nach links und laß dabei die rechte Schulter und die rechte Rückenpartie vom Boden abheben. Drehe deinen Kopf nach rechts und laß die linke

Schulter sowie die linke Rückenpartie entsprechend mitgehen. Mache dann diese Bewegungen nur im Geiste und sei dir dabei bewußt, wie deine Augen bei einer Linksdrehung des Kopfes nach links, bei einer Rechtsdrehung nach rechts gehen. Auch wenn die Kopfbewegung nur in der Phantasie stattfindet, kann sie eine sehr leichte tatsächliche Bewegung des Kopfes bewirken, selbst wenn diese nicht beabsichtigt ist. Es findet eine Veränderung in den Muskeln statt und eine zumindest winzige Bewegung, unabhängig davon, ob du dir dessen bewußt bist oder nicht. Stelle dir nun wieder vor, du würdest den Kopf drehen, und achte darauf, ob du irgendeine Veränderung in den Muskeln oder eine leichte Tendenz zum Bewegen spürst. Die Augen sollen sich dabei frei bewegen. Stelle dann fest, wie deutlich du dir die Kopfbewegung vorstellen kannst, während du die Augen unbeweglich hältst. Dann stelle dir vor, daß du deine Augen ganz unbehindert bewegen läßt. Drehe dann den Kopf tatsächlich nach links und nach rechts. Die Augen sind dabei geschlossen, doch sehen sie weit nach links, wenn du dich nach links drehst, und weit nach rechts, wenn du dich nach rechts drehst.

Öffne die Augen und wiederhole diese Bewegung. Die Arme sollten zusammengefaltet auf dem Brustkorb ruhen. Drehe deinen Kopf und blicke ganz weit nach links, wenn du ihn nach links, und ganz weit nach rechts, wenn du ihn nach rechts drehst. Lege deine Hände seitlich von dir mit den Innenflächen nach unten auf den Fußboden und drehe deinen Kopf von links nach rechts. Laß dabei Schultern und Hände so wie vorher auf- und abgehen. Achte sehr darauf, daß deine Augen nach links blicken, wenn sich der Kopf nach links dreht, und nach rechts, wenn er sich nach rechts dreht. Halte dann inne und lege eine kleine Ruhepause ein.

Blicke jetzt nach links mit *geschlossenen* Augen und stelle dir vor, wie sich Kopf und Hals nach links bewegen. Blicke dann mit geschlossenen Augen nach rechts und stelle dir vor, wie sich Kopf und Hals nach rechts bewegen. Mache dies mehrere Male. Jetzt wollen wir es auf eine andere Weise tun. Schaue

diesmal mit deinen Augen nach rechts, während du dir vorstellst, daß sich Kopf und Hals nach links bewegen, und schaue nach links, während sich im Geiste dein Kopf nach rechts dreht. Atme frei und wiederhole die Bewegungen noch ein paar Male. Dann drehe wirklich Kopf und Hals nach rechts und links, während die Augen jeweils in die entgegengesetzte Richtung blicken. Laß nach einer Weile Kopf und Augen in die gleiche Richtung gehen – beide nach rechts, beide nach links – und achte dabei nicht auf die Bewegungen deiner Schultern.
Öffne nun die Augen und drehe deinen Kopf von Seite zu Seite. Lege deine Arme über deine Brust und laß Kopf und Augen nach links und dann nach rechts gehen. Lege schließlich deine Arme noch einmal seitlich von dir auf den Fußboden. Drehe deinen Kopf von links nach rechts und achte darauf, wie er jetzt abrollt. Vergleiche diese Bewegung mit der Bewegung zu Anfang der Übung. Stelle fest, ob deine Augen jetzt von sich aus deutlich mit dem Kopf mitgehen, also nicht gerade nach vorne blicken, sondern eindeutig nach links, wenn der Kopf nach links geht, und nach rechts, wenn er nach rechts geht. Wenn dein Kopf soweit wie möglich nach rechts gegangen ist, dann achte darauf, ob deine Augen – auch wenn dein Gesicht zur Wand gedreht ist – nach unten auf den Fußboden blicken. Dasselbe sollte auch auf der linken Seite passieren. Dir sollte also deutlich werden, daß sich deine Augen mit dem Kopf mitbewegen. Diese Bewegungen der Augen machen es möglich, daß sich der Kopf noch weiter dreht als sonst, und zwar durch eine Lösung der Nackenmuskeln.
Bleibe ruhig auf dem Boden liegen und prüfe deinen Körper. Mache dir deine verschiedenen Körperteile bewußt. Spüre, wie dein Nacken auf dem Boden aufliegt, dein Rücken, das untere Ende der Wirbelsäule, die Gesäßbacken, die Beine, die Arme. Achte darauf, ob es im Kontakt des Körpers mit dem Fußboden jetzt einen Unterschied gibt zu vorhin, als du ihn zu Beginn der Übung beobachtetest. Rolle langsam nach einer Seite ab und stehe auf. Während du hin- und hergehst, versuche zu spüren, ob dir dein Körper etwas aufrechter, vielleicht etwas länger

vorkommt. Achte darauf, was deine Augen tun, wenn du dich beim Hin- und Hergehen nach einer Seite umdrehst. Stelle fest, ob deine Augen an diesem Umdrehen aktiv teilnehmen. Versuche den Augenblick zu spüren, wenn du dich umzudrehen beginnst. Drehen sich die Augen in die entsprechende Richtung mit? Versuche festzustellen, welcher Teil deines Körpers sich *zuerst* umdreht und welche Folgen von Bewegungen die verschiedenen Körperteile beim Umdrehen machen. Drehst du dich zuerst im Hüftgelenk herum, oder drehen sich zuerst deine Augen? Versuche es festzustellen, während du gehst, und auch, während du stillstehst. Wahrscheinlich wirst du merken, daß sich gar nicht so einfach feststellen läßt, welcher Körperteil sich zuerst dreht, geschweige denn die gesamte Folge von Bewegungen beim Umdrehen, auch wenn du stillstehst.

Mehr Beweglichkeit in den Schultern

Die zweite psychophysische Übung dient ebenfalls dazu, die Situation im Hauptbereich des Mißbrauchs seines eigenen Körpers zu verbessern. Sie wird die starken Verspannungen in den Rückenmuskeln lockern und damit den Schultergelenken ermöglichen, sich ungewohnt frei zu bewegen. Diese Freiheit in den Schultergelenken bewirkt auch, daß sich Kopf und Hals besser bewegen können.

Was unter »Schultern« verstanden wird, ist von Person zu Person sehr unterschiedlich. Der eine denkt bei Schulter oder Schultern vor allen Dingen an die Gelenke, ein anderer denkt hauptsächlich an den oberen Teil des Arms, und ein dritter bringt den Begriff in erster Linie mit den Schulterblättern und dem Rücken in Verbindung.

Die Art und Weise, wie die Schultern gehalten werden, wirkt sich auf die Beweglichkeit des Nackens aus. Drehe beispielsweise den Kopf von Seite zu Seite und beobachte dabei die Bewegungen von Kopf und Hals. Ziehe dann deine Schultern in einer Art militärischer Haltung nach hinten und achte darauf, wie jetzt mit einem Mal die Kopf- und Halsbewegungen behindert sind. Wenn du genauer beobachtest, wird dir auch bewußt, daß deine Atmung beeinträchtigt ist. Übertreibe einmal das Zurückwerfen der Schultern. Die Beeinträchtigungen werden dann extremer und lassen sich leichter beobachten. Die Schultern werden im allgemeinen zu hoch gehalten. Sie hindern dadurch die freie Beweglichkeit der Gelenke und verursachen auch andere Probleme.

Wir haben bereits über einige der Gründe gesprochen, weshalb die vielfältigen Bewegungsmöglichkeiten mit dem Alter verlorengehen – was viel weniger auf das Altern als auf den Mißbrauch seines Körpers zurückzuführen ist – und weshalb manche dieser Möglichkeiten bereits während der Kindheit schwinden. Wir wollen nun auf ein ziemlich kurioses Ergebnis aus einer Reihe von Experimenten mit der Altersregression unter Hypnose eingehen.

In diesen Experimenten wurden Personen in immer frühere Stadien ihres Lebens zurückversetzt und aufgefordert, ihre Körperempfindungen sowie ihre Beweglichkeit in unterschiedlichen Lebensstadien so vollständig wie möglich zu erforschen. Die Versuchspersonen wurden altersmäßig soweit wie möglich zurückversetzt und dann wieder zeitlich nach vorne bis zu ihrem gegenwärtigen Lebensalter versetzt. Während dieser Regression und Progression wurden die Veränderungen in der körperlichen Funktionsweise beobachtet. Das erstaunlichste Ergebnis war, daß viele Frauen, als sie in ihre Kindheit zurückversetzt wurden, eine große Beweglichkeit in den Schultergelenken und im Körper allgemein empfanden, aber nach ihren Angaben etwa zur Zeit der Pubertät einen sehr deutlichen Verlust der Schulterbeweglichkeit verspürten. Die Art und Weise, wie die Schultern gehalten wurden, änderte sich, und der ganze Körper wurde steifer. Im Rücken und im Nacken stellten sich Spannungen ein, die danach – zumindest im Verlauf der Experimente – nicht mehr nachließen. Die Bewegungen der Schultern oder der Arme waren nach diesem Zeitpunkt ebenfalls nie mehr so frei. Manche Versuchspersonen brachten diese Veränderungen mit der Menstruation in Verbindung, andere mit dem Erwachen von sexuellen Gefühlen, die sie offensichtlich zu unterdrücken versucht hatten. In jedem Fall bestand die Reaktion auf die Pubertät in einer Versteifung der oberen Körperpartie, insbesondere des Bereichs um die Schultern. Diese Veränderung war sehr viel deutlicher ausgeprägt als jede andere, die die Versuchspersonen ihren Angaben nach in der Beckenregion oder in jedem anderen Teil ihres Unterkörpers verspürten.

Wie aus diesen Experimenten ebenfalls hervorging, hatten andere große Veränderungen im Leben der Versuchspersonen deutliche Veränderungen im Zustand der Muskulatur und in einigen Fällen auch in der Form des Skeletts hervorgerufen. Diese traten ein, wenn ein wichtiges Ereignis starke zwiespältige oder negative Gefühle erregt hatten. Mißbrauch durch einen Elternteil oder eine andere Person, eine Scheidung der Eltern, ein Todesfall in der unmittelbaren familiären Umgebung oder ernsthafte Schulprobleme hatten zu Muskelverspannungen geführt, die Beweglichkeit sowie das Atmen behindert und andere abnormale Formen des Gebrauchs des Körpers entstehen lassen. Manche Versuchspersonen glaubten, diese körperlichen Veränderungen wären begleitet von einem deutlichen Schwund in der Selbstachtung, von zunehmender Ängstlichkeit oder emotionaler Rigidität, sowie von Denk- und Lernstörungen. Wie immer man auch über die Altersregression unter Hypnose denken mag, die Beobachtungen (oder Erfindungen) der Versuchspersonen sind im wesentlichen richtig. Veränderungen dieser Art sollten schon bei ihrem Auftreten erkannt und behandelt werden, doch ist dies nur sehr selten der Fall.

Nimm nun zu Beginn eine stehende Haltung ein. Hebe deine Arme nach vorne bis in Schulterhöhe. Laß sie sinken und hebe sie wieder, und zwar mehrere Male. Hebe sie bis über den Kopf und laß sie dann wieder sinken. Achte dabei auf die Empfindungen in deinen Schultern.
Laß nun deine Arme seitlich hängen und hebe und senke die Schultern mehrere Male. Laß sie dann ein paar Mal nach vorne kreisen. Laß sie dann auch einige Male nach hinten kreisen und achte immer auf die Bewegung sowie auf die begleitenden Empfindungen.
Laß dann deine Arme seitlich herabhängen und schwinge mit ihnen vorwärts und rückwärts. Mache dabei mit deinen Händen und Armen kreisende Bewegungen, eine Zeitlang in die eine, dann in die entgegengesetzte Richtung, und achte wiederum auf die Empfindungen in den Schultern.
Lege dich auf den Rücken und taste mit deinem Bewußtsein die Oberfläche deines Körpers ab. Achte besonders darauf, wie

deine Schultern liegen und ob sie den Boden berühren. Wenn nicht, wie weit sind sie dann vom Fußboden entfernt? Kannst du irgendwelche Muskelanspannungen ausfindig machen, die dich daran hindern, mit den Schultern auf den Fußboden herabzusinken? Beobachte, wie deine Hände und Arme liegen. Wie weit sind deine Hände vom Körper entfernt? Zeigen die Handinnenflächen nach unten oder nach oben? Wenn sie nach unten zeigen, dann stelle fest, ob deine Handgelenke flach aufliegen oder ob sie etwas gekrümmt sind, so daß zwischen ihnen und dem Fußboden Zwischenraum ist. Vergleiche deine beiden Handgelenke miteinander, ebenso deine Hände, deine Arme und deine Schultern.

Beobachte, wie dein Rücken auf dem Fußboden liegt. Wenn die Muskeln richtig entspannt sind, dann liegt beinahe die gesamte Rückenfläche gut auf dem Boden auf. Wenn nur bestimmte Teile des Rückens den Boden berühren, dann sind die Muskeln zu stark angespannt. Wieviel Zwischenraum spürst du unterhalb deiner Lendenwirbelsäule (deinem Kreuz)? Stelle mit deinen Händen fest, ob er etwa so groß ist, wie du ihn gespürt hast. Liegt die Wirbelsäule so wie beim letzten Mal, als du sie überprüftest?

Widme deine Aufmerksamkeit jetzt der Vorderseite deines Körpers. Hast du das Gefühl, daß du symmetrisch liegst, oder meinst du zu spüren, daß einige Körperteile in einem ungewöhnlichen Winkel abstehen? Versuche deine Lage so zu ändern, daß sie absolut symmetrisch ist. Das wird sich für manche als eine äußerst schwere Aufgabe erweisen.

Kreuze jetzt die Arme über der Brust und umfasse mit deinen beiden Händen deine beiden Ellenbogen (oder bringe zumindest die Hände so nahe an die Ellenbogen wie möglich). Hebe deine Arme nach vorne und mache dann mit ihnen seitliche Bewegungen, und zwar so, daß der linke Ellenbogen auf der linken Seite und der rechte Ellenbogen auf der rechten Seite nahe an den Fußboden kommt. Ob du den Fußboden mit den Ellenbogen berührst, ist unwichtig, aber mache die seitlichen Bewegungen so lange, bis du deine gewohnten 25 Wiederholungen (oder – wenn es nicht anders geht – weniger) erreicht hast (Abbildung 1).

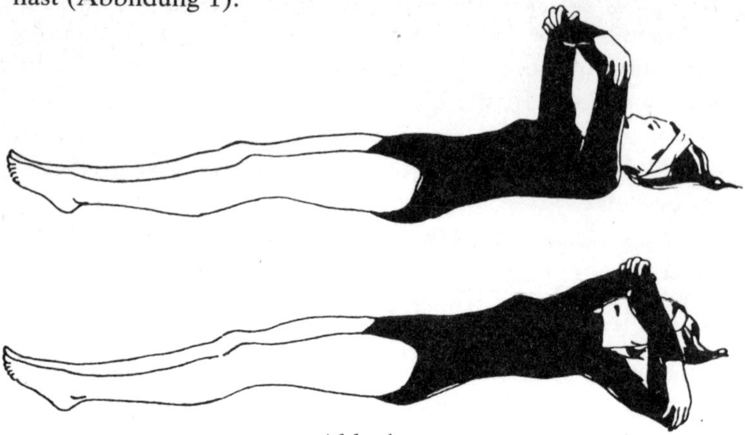

Abb. 1

Fahre nun mit diesen Bewegungen fort und laß den Kopf mit den Ellenbogen mitgehen. Dein Kopf sollte nach links gehen, wenn dein linker Ellenbogen nach links geht, und nach rechts, wenn dein rechter Ellenbogen nach rechts geht. Mache die üblichen Wiederholungen und lege dann eine Ruhepause ein. Umfasse wiederum die Ellenbogen mit den Händen und bewege sie von links nach rechts. Laß dabei den Kopf mit den Armen mitgehen. Bewege deine Ellenbogen weiterhin seitlich, bewege jetzt aber den Kopf in entgegengesetzter Richtung. Wenn die Arme nach rechts gehen, dann laß den Kopf nach links gehen, und umgekehrt. Es sind genau die gleichen Bewegungen wie vorher, nur daß sich der Kopf in entgegengesetzter Richtung zu den Armen bewegt. Ruhe dich dann ein paar Augenblicke aus.
Bewege nun die Arme mehrere Male seitlich, *ohne* den Kopf zu bewegen. Du kannst deinen Kopf ruhig halten, indem du deinen Blick auf irgendeinen Punkt an der Decke fixierst.
Halte einen Augenblick inne. Mache die Bewegung noch einmal und laß den Kopf wieder mit den Armen mitgehen, zuerst nach links, dann nach rechts. Versuche es einmal mit

geschlossenen und dann wieder mit geöffneten Augen, und stelle fest, ob sich dies auf die Bewegung auswirkt. Mache danach wieder eine kurze Pause.

Während einer Ruhepause lege deine Arme immer seitlich von dir auf den Fußboden, damit du vergleichen kannst, wie du vorher gelegen hast und wie du jetzt liegst. Indem du dich immer in die selbe Position zurückbegibst, kannst du besser feststellen, ob sich irgendwelche Veränderungen in diesem Körper und in deinem Körperbild ergeben haben.

Hebe nun deine Arme über dich in Richtung Decke und falte dein Hände. Bewege deine Arme nach links und laß dabei dein linkes Handgelenk durchhängen. Andernfalls halte beide Arme vollkommen gerade. Bewege nun deine Arme weiter nach links – das linke Handgelenk bleibt gekrümmt –, bis du mit dem linken Arm den Fußboden berührst, oder zumindest so weit nach unten zum Fußboden, wie du ohne Anstrengung kommen kannst. Denke daran: Die Qualität der Bewegung und die Intensität deiner Aufmerksamkeit zählen, nicht, wie nahe du an den Fußboden kommen kannst. Wiederhole diese Bewegung in der gewohnten Weise (Abbildung 2).

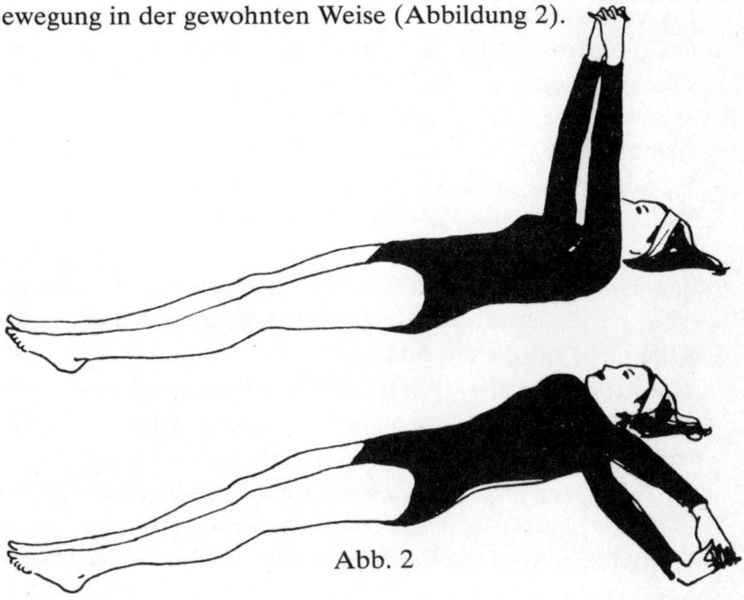

Abb. 2

Laß deine Arme zusammen und deine Hände gefaltet, aber bewege sie jetzt nach rechts und laß nur das rechte Handgelenk durchhängen. Davon abgesehen sollten die Arme gerade bleiben. Bewege den rechten Arm und das rechte Handgelenk weiter nach unten zum Fußboden. Wiederhole diese Bewegungen mehrere Male.

Mache dann diese Bewegungen abwechselnd links und rechts. Biege zuerst das linke Handgelenk und dann das rechte, um die Bewegung zu erleichtern. Führe diese Bewegungen soweit wie möglich von deinen Schultern aus. Es bringt dir nichts, wenn du den ganzen Körper von Seite zu Seite drehst. Achte darauf, wie weit du seitlich gehen kannst, ohne eine Gesäßbacke vom Fußboden abzuheben.

Versuche nun den Fußboden zu berühren, *ohne* ein Handgelenk zu biegen. Laß die beiden Hände gefaltet und Arme sowie Handgelenke gerade. Diesmal darf dein Körper etwas mehr seitlich abrollen, um die Bewegung zu unterstützen, aber versuche trotzdem, die Bewegung zum größten Teil auf die obere Körperpartie zu beschränken.

Lege dann die Hände, statt sie zu falten, mit ihren Innenflächen und Fingern zusammen. Hände und Finger sind dabei gestreckt. Bewege deine Arme wiederum zur einen und zur anderen Seite und versuche, auf der linken Seite mit dem linken Arm und der linken Hand und auf der rechten Seite mit dem rechten Arm und der rechten Hand den Fußboden zu berühren. Du mußt den Kopf etwas von links nach rechts mit den Armen mitbewegen, wenn du näher an den Fußboden kommen willst. Achte darauf, was geschieht, wenn du deinen Blick auf einen Punkt an der Decke fixierst, so daß sich der Kopf nicht bewegt (Abbildung 3).

Mache jetzt mit den Armen die gleiche Bewegung, aber schaue nach links, wenn deine Arme nach rechts gehen, und nach rechts, wenn sie nach links gehen. Achte darauf, wie schwierig die Bewegung jetzt wird, wie stark sie eingeschränkt wird.

Wenn du jetzt deinen Kopf und deinen Oberkörper mit der Bewegung mitgehen läßt, dann kannst du dich viel leichter zur

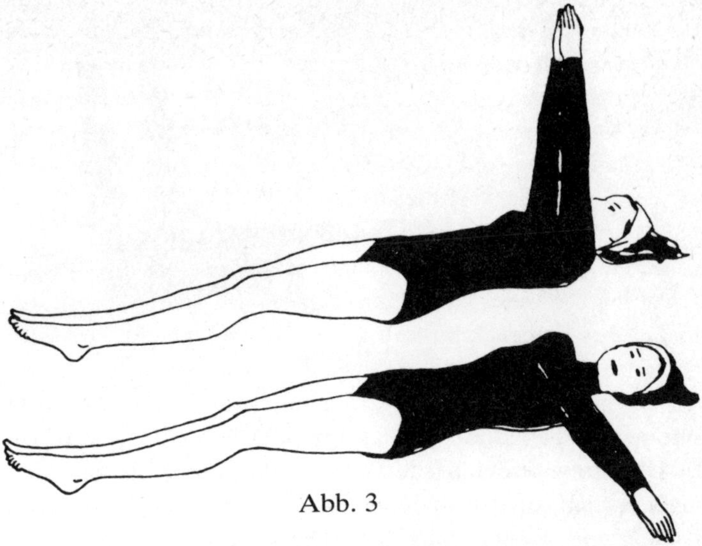

Abb. 3

Seite bewegen. Du kommst dann ein ganzes Stück näher an den Fußboden heran oder berührst ihn sogar.
Denke daran, während der Bewegungen frei zu atmen, und beobachte, was deine Fersen, dein Becken und die Seiten deiner Beine tun. Laß die Füße ganz mitgehen, so daß, wenn du deine Arme nach links tust, der linke Fuß mit seiner Seite den Fußboden berührt, und wenn du die Arme nach rechts tust, der rechte Fuß mit seiner Seite den Boden berührt. Wiederhole diese Bewegung mehrere Male und ruhe dich dann etwas aus.
Hebe beide Arme nach oben zur Decke. Laß die Handgelenke und die Hände schlaff herabhängen. Hebe dann mit Hilfe der Schultern die Hände höher in Richtung Decke und lasse sie dann wieder herunter. Dabei werden die Schultern etwas auf den Boden aufstoßen. Achte darauf, daß sie nur kurz und leicht aufstoßen (Abbildung 4).
Ändere die Bewegung jetzt so, daß eine Schulter nach oben und die andere gleichzeitig nach unten geht. Mache dies eine Zeitlang und laß dann wieder beide Schultern gleichzeitig auf- und abgehen. Ruhe dich dann wieder etwas aus.

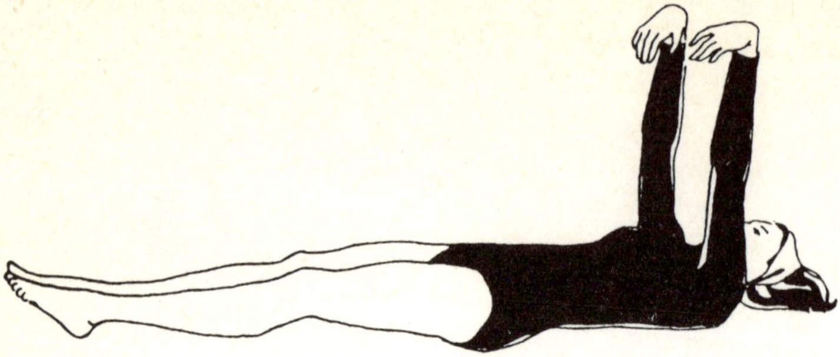

Abb. 4

Lege nun deine Hände mit den Innenflächen auf deine Brust. Die Oberarme sind dabei auf Schulterhöhe und die Ellenbogen liegen seitlich von dir auf dem Fußboden. Hebe die Ellenbogen in Richtung Decke und laß sie wieder auf den Boden zurücksinken, so als ob du Flügel hättest und mit ihnen schlagen würdest. Wiederhole diese Bewegung des Flügelschlagens mehrere Male (Abbildung 5).

Abb. 5

Ruhe dich eine Minute aus, laß die Hände auf der Brust und die Ellenbogen auf dem Fußboden.
Wiederhole nun diese Bewegung des Flügelschlagens mehrere Male.
Fange dann an, deine Ellenbogen kreisen zu lassen. Laß die Schultern nach vorne kreisen. Beschreibe dann mit deinen Ellenbogen erst kleine Kreise, dann etwas größere Kreise und schließlich so große Kreise wie möglich, achte aber darauf, daß die Bewegung leicht und locker bleibt. Wechsele zwischen den verschieden großen Kreisbewegungen ab. Lege eine kleine Ruhepause ein, wann dir danach ist, und stelle dir während des Ausruhens vor, du würdest mit deinen Ellenbogen Kreise beschreiben.
Laß nun erneut deine Ellenbogen wirklich kreisen. Beschreibe zuerst kleine und dann einige größere Kreise. Wechsle dann die Richtung, so daß du die Schultern jetzt in entgegengesetzter Richtung kreisen läßt. Führe diese Bewegungen eine Zeitlang in der einen Richtung, dann in der anderen aus.
Laß die Ellenbogen wieder herunter auf den Fußboden. Die Arme ruhen dabei immer noch auf der Brust. Wiederhole ein paar Male die Bewegung des Flügelschlagens. Ändere dann diese Bewegung so, daß die Ellenbogen herunterkommen und die Rippen an deinen Körperseiten berühren, und bringe sie dann wieder zurück auf Schulterhöhe. Die Hände ruhen weiterhin auf der Brust.
Mache noch ein paar dieser Bewegungen und ruhe dich dann aus. Achte darauf, ob deine Hände jetzt irgendwie anders liegen. Hebe dann deine Hände und Arme über deinen Kopf hinweg und berühre mit den Handrücken den Fußboden bzw. gehe mit ihnen so nahe wie möglich heran. Bringe dann Arme und Hände zurück in die Seitenlage und laß sie den Fußboden berühren. Bewege sie dann über den Kopf hinweg wieder nach hinten, so daß die Hände wie vorher den Fußboden berühren oder nahe an ihn herankommen. Mache diese Bewegung eine Zeitlang weiter. Lege deine Hände dann neben deinen Hüften auf dem Fußboden ab, hebe sie über deinen Kopf hin-

weg und lasse sie dann hinter dich in Richtung Fußboden herab.

Halte jetzt mitten in der Bewegung inne, und zwar dann, wenn deine Hände der Decke am nächsten sind. Laß Handgelenke und Hände schlaff herabhängen. Beschreibe mit beiden Händen und Armen Kreise, erst kleine und dann einige größere. Beschreibe dann so große Kreise wie möglich, was unter Umständen bedeutet, daß deine Hände während des Kreisens den Fußboden berühren. Kehre dann die Bewegungsrichtung um und beschreibe Kreise in entgegengesetzter Richtung. Laß den linken Arm seitlich herabsinken und beschreibe nur mit dem rechten Arm Kreise. Lege dann den rechten Arm ab und beschreibe mit dem linken Arm einige Kreise. Mache die Kreise eine Zeitlang in eine, dann in die andere Richtung. Irgendwelche anderen Teile deines Körpers dürfen sich ruhig mitbewegen, um das Kreisen zu unterstützen. Achte darauf, während du wieder mit dem rechten Arm Kreise beschreibst.

Bleibe auf dem Rücken liegen und ruhe dich aus. Laß dann die seitlich von dir liegenden Hände mit ihren Innenflächen am Fußboden entlang gleiten, und zwar nach oben und nach unten. Nimm deine Schultern zu Hilfe, um deine Hände und Arme nach oben zu ziehen und nach unten zu schieben. Mache die gleiche Bewegung mit deinen Händen und Armen, aber ziehe diesmal die Handinnenflächen an der Oberseite deiner Oberschenkel entlang.

Hebe die Arme über den Kopf hinweg und berühre mit den Handrücken den Fußboden hinter dir bzw. gehe mit den Händen so weit zum Fußboden herunter, wie du kannst. Nimm deine Schultern zu Hilfe, um die Arme zu bewegen – ähnlich wie du es getan hast, als die Arme seitlich lagen.

Ruhe dich danach wieder eine Weile aus.

Lege nun deine Arme über deine Brust und umfasse mit deinen beiden Händen die Ellenbogen, so wie zu Beginn der Übung. Bewege deine Arme wiederum zur Seite und versuche, mit dem linken Ellenbogen den Fußboden auf der linken Seite, mit dem rechten Ellenbogen den Fußboden auf der rechten Seite zu

berühren. Achte darauf, ob du jetzt in den Schultergelenken lockerer bist als zu Beginn. Mache die Bewegung schnell, aber leicht. Sie soll nicht schwerfällig wirken.
Halte inne und lasse die Hände an den Ellenbogen. Hebe die Arme in Richtung Decke über deinen Kopf und lasse sie dann wieder auf die Brust zurücksinken. Mache jetzt eine schnelle und leichte Auf- und Abwärtsbewegung statt eine Seitenbewegung. Hast du die Arme mehrere Male auf- und abbewegt, so bewege sie wieder einige Male zur Seite. Gleite mit deinen Händen etwas am Arm nach unten, so daß sie jetzt deine Vorderarme statt deine Ellenbogen umfassen. Bewege die Arme wiederum seitlich.
Lege wieder eine kleine Ruhepause ein. Falte deine Hände, hebe deine Arme in Richtung Decke und bewege sie mehrere Male von Seite zu Seite. Laß das linke Handgelenk durchhängen, wenn du mit deinen beiden Armen auf der linken Seite zum Fußboden heruntergehst, und entsprechend das rechte Handgelenk, wenn du mit beiden Armen auf der rechten Seite zum Fußboden heruntergehst. Versuche, auch diese Bewegung schnell und leicht zu machen.
Hast du diese Bewegung ein paar Male gemacht, so lege deine Arme seitlich von dir mit den Handinnenflächen nach unten auf den Fußboden und achte darauf, wie dein Körper daliegt. Richte dein Augenmerk insbesondere auf die Art und Weise, wie die Schultern auf dem Fußboden liegen. Rolle langsam nach einer Seite ab und stehe auf.
Gehe ein wenig auf und ab und achte darauf, wie deine Schultern hängen und deine Arme schwingen. Hebe deine Arme auf Schulterhöhe und über den Kopf. Nimm die Arme wieder herunter und laß sie seitlich schwingen. Beobachte dabei, wie sich dein Körper seitlich bewegt, einschließlich der Kopf- und Halsbewegungen. Gehe wieder ein paar Schritte auf und ab und vergleiche das Gefühl in deinen Schultern mit dem Gefühl zu Anfang der Übung.

Steigerung der manuellen Geschicklichkeit

Zusammen mit den Lippen sind die Hände und insbesondere die Finger im Körperbild gewöhnlich am deutlichsten vertreten. Das liegt daran, daß wir von unseren Händen verhältnismäßig viel Gebrauch machen, nicht nur beim Umgang mit Gegenständen, sondern auch dabei, wenn wir uns Informationen über Gegenstände verschaffen. Was den Berührungssinn anbelangt, so erhalten wir mehr Informationen durch unsere Hände als durch jeden anderen Körperteil. Manche Teile unserer Hände, insbesondere die Fingerspitzen, sind außerordentlich sensibel.

Da die Hände im alltäglichen Leben eine wichtige Rolle spielen, ist jede Beeinträchtigung ihrer Beweglichkeit ebenso störend wie hinderlich. Dennoch sind solche Beeinträchtigungen die Regel, insbesondere mit zunehmendem Alter. Steifheit, Schmerzen und eine zunehmende Ungeschicklichkeit werden oft als nahezu unvermeidbare Alterssymptome hingenommen. Solche Symptome sind aber alles andere als unvermeidbar. In vielen Fällen wird sogar allein diese eine Übung, die im folgenden beschrieben ist, steif und schwerfällig gewordenen Händen und Handgelenken einen hohen Grad an Beweglichkeit wiedergeben. Selbst seit langem bestehende Schmerzen in den Gelenken können gelindert werden, wenn man diese Übung zusammen mit einigen anderen häufig ausführt.

In Anbetracht der großen Bedeutung manueller Geschicklichkeit ist es erstaunlich, daß in Körperübungsprogrammen so wenig dafür getan wird, sie zu erreichen und aufrechtzuerhalten. Ihr Ziel ist gewöhnlich, die Greifkraft der Hände zu erhöhen, so als ob man sie hauptsächlich dazu benutzen würde,

Dinge zusammenzudrücken. Doch große Kraft in den Händen – oder überhaupt irgendwo im Körper – ist für die meisten Menschen von nur geringem Wert. Die Fähigkeit aber, seine Hände unbehindert und geschickt zu bewegen, bringt jedem Vorteile.

Unsere Hände sind zwar im Körperbild deutlicher vertreten als die meisten anderen Körperteile, doch sind wir uns ihrer immer noch recht unvollkommen bewußt. So hat die Hand in der Regel viele Schmerzzonen, die gewöhnlich überhaupt nicht gespürt werden. Wenn du mit deinen Fingerspitzen fest gegen die Handinnenflächen und auf die Handrücken drückst, dann wirst du wahrscheinlich einen solchen Schmerz, dessen du dir sonst nicht bewußt wärst, empfinden.

Lege für einen Augenblick deine Hände mit den Innenflächen nach unten auf deine Oberschenkel und versuche festzustellen, wie weit du dir der gesamten Oberfläche einer Hand bewußt bist. Versuche herauszukriegen, ob du die Hand besser mit geschlossenen Augen spüren kannst und ob sie dir deutlicher ins Bewußtsein kommt, wenn du statt das Ganze einen Finger nach dem anderen spürst. Vergleiche die Bewußtheit deiner auf den Oberschenkeln ruhenden Handinnenflächen mit der Bewußtheit deiner Handrücken. Achte darauf, ob du dir deiner Fingerspitzen stärker bewußt bist und ob es einige andere Teile der Hand gibt, die du besonders deutlich spürst. Achte auch darauf, welche Teile du weniger deutlich spürst. Versuche mit geschlossenen Augen so genau wie möglich die Lage deiner Hände und insbesondere die Zwischenräume zwischen den Fingern zu fühlen. Öffne dann die Augen und stelle fest, ob die Hände auch so liegen, wie du es gespürt hast. Schließe deine Augen wieder und beobachte, ob dir deine Hände allmählich etwas deutlicher in dein Bewußtsein kommen.

Wenn wir die Geschicklichkeit der Finger verhältnismäßig rasch steigern wollen, dann ist es am besten, die Zwischenräume zwischen ihnen auszuweiten. Sind diese größer, dann können sich die Finger in alle Richtungen flinker und leichter bewegen.

Die Frage ist aber, wie man diese Zwischenräume effektiv vergrößern kann. Die meisten Leute werden es mit Drücken und Ziehen versuchen. Sie glauben, wenn sie Gewalt anwenden, können sie den Körper zu dem gewünschten Ergebnis zwingen. Das ist eine sehr geistlose Methode, bei der Teile des Körpers gegen andere seiner eigenen Teile eingesetzt werden, und hinter der die Annahme steht, daß Geist und Körper einen Gegensatz statt ein intelligentes, integriertes und harmonisches Ganzes bilden.
In der folgenden Übung werden wir unseren Körper – unsere Muskeln, unser Nervensystem, unser Gehirn – sanft dazu überreden, eine nichtverbale Sprache zu benutzen, die zu den gewünschten Resultaten führt. Statt zu versuchen, den Körper zu zwingen, werden wir ihm durch ständig steigende, aber nicht aggressive Forderungen zu verstehen geben, was wir von ihm wollen, und wir werden sehen, daß der Körper auf eine solche Ansprache sehr viel bereitwilliger reagiert als er es jemals auf die Anwendung von Gewalt täte.

Setze dich zunächst einmal in bequemer Haltung auf den Fußboden. Denke einen Augenblick an ein früheres Kapitel, als du dir nämlich vergegenwärtigtest – oder als du entdecktest –, welches von deinen beiden Handgelenken das beweglichere war, und versuche dich daran zu erinnern, wie sich deine Hände anfühlten, als du sie beugtest und strecktest. Beuge und strecke sie jetzt einige Male, und stelle fest, ob der Unterschied zwischen den beiden Handgelenken etwa dem entspricht, wie du ihn in Erinnerung hast. Bei den meisten Leuten ist das rechte Handgelenk beweglicher, und sie können die Finger der rechten Hand zumindest ein bißchen besser bewegen. In dieser Übung werden wir an der rechten Hand arbeiten und die Beweglichkeit des Handgelenks, der Finger und der Hand als Ganzes steigern. Wenn du aber das nächste Mal die Übung machst, dann übertrage die Anweisungen auf die linke Hand. Danach empfiehlt es sich, abwechselnd an der linken und an der rechten Hand zu arbeiten. Bei der Gelegenheit sei auch

gleich vermerkt, daß du im Falle anderer Übungen, die sich nur auf eine Körperseite beziehen, ebenfalls zwischen der linken und der rechten Seite abwechseln solltest.
Laß nun deine Hände mit den Innenflächen nach unten auf dem Fußboden ruhen. Vergegenwärtige dir, wie sich die einzelnen Finger bewegen, und versuche, dir diese Bewegungen und selbstverständlich auch die begleitenden Empfindungen so lebhaft wie möglich ins Gedächtnis zu rufen. Stelle dir dann vor, du würdest erst mit dem kleinen Finger deiner rechten Hand, dann mit dem nächsten usw. leicht auf den Boden schlagen. Gehe auf diese Weise alle Finger einschließlich des Daumens durch. Einer von ihnen ist wahrscheinlich sehr viel weniger beweglich als die anderen. Versuche mit Hilfe der vorgestellten oder erinnerten Bewegungen herauszufinden, welcher Finger es ist.
Schlage dann wirklich erst ein-, dann zwei-, dann drei- und schließlich viermal mit dem Daumen leicht auf den Fußboden. Mache dann dasselbe mit dem Zeigefinger, dem Mittelfinger, dem Ringfinger und dem kleinen Finger und stelle fest, ob deine Vorstellung davon, welcher Finger am wenigsten beweglich ist, auch in Wirklichkeit zutrifft. Hast du etwas über deine Hand in Erfahrung gebracht, was du vorher nicht gewußt hast? Es ist deine Hand, und du benutzt sie an jedem Tag deines Lebens unzählige Male. Wenn du schon nicht mit etwas vertraut bist, was von so grundlegender Bedeutung ist wie die Beweglichkeit deiner einzelnen Finger, was wird es wohl sonst noch geben, was du über dich nicht weißt? Denke daran, daß dir deine Finger bewußter sind als nahezu jeder andere Teil deines Körpers. Was kannst du nicht alles über die Teile deines Körpers noch lernen, die dir am wenigsten bewußt sind!
Schlage jetzt in gleicher Weise – erst ein-, dann zwei-, dann drei- und schließlich viermal – mit dem Daumen, dem Mittelfinger und dem kleinen Finger gleichzeitig leicht auf den Boden. Wenn es dir schwer fällt, dann mache es zuerst langsam und steigere dann das Tempo, wenn die Bewegung leichter wird. Diese Finger lassen sich einzeln sehr leicht bewegen,

warum also sollte es Schwierigkeiten bereiten, alle drei gleichzeitig zu bewegen? Versuche, eine Antwort auf diese Frage zu finden.

Wir wollen es uns jetzt ein bißchen leichter machen. Bewege nur den Ringfinger zusammen mit dem kleinen Finger. Schlage mit beiden ein-, zwei-, drei- und viermal leicht auf den Fußboden. Achte darauf, daß sich dabei keiner deiner anderen Finger oder sonst ein Körperteil (etwa dein Mund) mitbewegt oder dein Atem dadurch beeinflußt wird. Sind die Finger so differenziert, wie sie es sein sollten, dann bewegen sich nur diejenigen, die du bewegen willst. Dabei dürfte auch keine Bewegung in der anderen Hand auftreten – obwohl manche Leute feststellen werden, daß die Finger ihrer anderen Hand ebenfalls die Tendenz haben, sich zu bewegen. Diese Tendenz ist noch deutlicher ausgeprägt, wenn man mit Bewegungen seiner Zehen arbeitet. Wenn man einen oder mehrere Zehen eines Fußes bewegt, wird es einem unter Umständen sehr schwer fallen, eine Bewegung der gleichen Zehen am anderen Fuß oder eine Bewegung der Finger zu verhindern. Gewöhnlich wird man sich dieser überflüssigen Bewegungen aber erst dann bewußt, wenn die Aufmerksamkeit auf sie gelenkt wird.

Bewege jetzt wieder einige Male Daumen, kleinen Finger und Mittelfinger gleichzeitig. Schlage dann ein-, zwei-, drei- und viermal mit den anderen beiden Fingern leicht auf den Fußboden und achte darauf, daß du dabei nicht den Atem anhältst. Versuche immer beim Üben normal zu atmen. Lenke deine Aufmerksamkeit besonders auf die Neigung, den Atem anzuhalten, sobald du dich geistig etwas anstrengst. Versuche jetzt nur mit dem Finger neben dem kleinen Finger zu schlagen. Wenn du eine normale Hand hast, dann ist dir bei diesem Finger das Bewegen ursprünglich am schwersten gefallen. Wahrscheinlich fällt es dir jetzt leichter.

Versuche nun noch einmal, mit dem kleinen Finger, dem Mittelfinger und dem Daumen gleichzeitig leicht auf den Boden zu schlagen, und achte darauf, ob dir diese Bewegung jetzt etwas weniger Mühe bereitet.

Lege nun den Daumen deiner linken Hand zwischen den kleinen Finger und den Ringfinger deiner rechten Hand. Laß den Daumen etwas gleiten, so daß sich der fleischige Teil deiner Hand unterhalb des Daumenansatzes zwischen den beiden Fingern befindet. Achte darauf, wie dieser Teil deiner linken Hand dorthin paßt. Lege nun denselben Teil der linken Hand zwischen Ringfinger und Mittelfinger der rechten Hand und achte darauf, wie er dorthin paßt. Schiebe ihn nun in den Zwischenraum zwischen Mittelfinger und Zeigefinger, und schließlich in den Zwischenraum zwischen Zeigefinger und Daumen (der rechten Hand). Vergegenwärtige dir noch einmal die Empfindungen, damit du dir später dessen bewußt bist, um wie vieles leichter die Hand zwischen die einzelnen Finger paßt. Daraus kannst du dann ersehen, daß der Zwischenraum zwischen den Fingern breiter geworden ist und die Finger demnach beweglicher geworden sind.
Nimm jetzt den kleinen Finger deiner linken Hand und schiebe ihn zwischen den kleinen Finger und den Ringfinger deiner rechten Hand. Mache diese Bewegung mindestens 25mal. Lege dann den linken kleinen Finger zwischen den rechten Ringfinger und Mittelfinger und lasse ihn dort mindestens 25mal in diesem Zwischenraum entlanggleiten. Wiederhole dasselbe mit dem Zwischenraum zwischen rechtem Mittelfinger und Zeigefinger und schließlich zwischen rechtem Zeigefinger und Daumen.
Wiederhole nun das Ganze mit dem Ringfinger deiner linken Hand. Laß ihn zwischen jedem Finger deiner rechten Hand 25- oder 30mal entlanggleiten.
Nimm nun statt den Ringfinger der linken Hand den Mittelfinger und dann dem Daumen. Behandle den Daumen so wie die anderen Finger.
Gehe danach mit dem fleischigen Teil der Hand unterhalb des linken Daumens nacheinander in die Zwischenräume zwischen den Fingern der rechten Hand. Laß ihn 25- oder 30mal in jedem dieser Zwischenräume entlanggleiten. Es ist nicht wichtig, ob sich die rechte, die linke oder beide Hände

bewegen, solange die Hand ständig zwischen den Fingern einhergleitet – und solange du weißt, welche Hand sich bewegt bzw. daß sich beide Hände bewegen.
Lege nun dein linkes Handgelenk mit seiner Seite zwischen den Ringfinger und den kleinen Finger deiner rechten Hand. Laß jetzt dein linkes Handgelenk nacheinander in die einzelnen Zwischenräume zwischen den Fingern der rechten Hand hinein- und hinausgleiten, und zwar wiederum jeweils 25- oder 30mal. Hast du dann den Zwischenraum zwischen dem rechten Daumen und dem rechten Zeigefinger erreicht, dann gleite mit dem linken Handgelenk und dem ganzen linken Vorderarm hindurch. Wiederhole dieses Gleiten des Vorderarms durch alle Zwischenräume zwischen den Fingern der rechten Hand. Wenn ein Hemd oder irgendein Kleidungsstück dich in dieser Bewegung behindert, dann versuche es mit einem bloßen Arm.
Versuche es nun mit dem unteren Teil deines Beins, am besten mit einem bloßen Bein. Schiebe den Fußknöchel zwischen den Ringfinger und den kleinen Finger deiner rechten Hand. Fahre mit diesen beiden gespreizten Fingern am Schienbein entlang. Gehe dabei nach oben bis zum Knie und nach unten bis zum Fußknöchel. Mache auch diese Bewegung 25- oder 30mal. Nimm dann für diese Bewegung die nächsten beiden Finger der rechten Hand usw.
Hast du dann den Zwischenraum zwischen dem Daumen und dem Zeigefinger erreicht und diese Reihe von Bewegungen abgeschlossen, dann fahre mit deiner Hand am Knie vorbei und versuche, ob jetzt dein Oberschenkel zwischen Daumen und Zeigefinger paßt. Fahre mit den beiden Fingern am ganzen Oberschenkel entlang. Mache dasselbe mit den nächsten zwei Fingern usw., bis Ringfinger und kleiner Finger an der Reihe waren. Lasse deinen ganzen Oberschenkel zwischen zwei Fingern gleiten, oder zumindest einen so großen Teil wie möglich, ohne daß du dich dafür übermäßig anstrengen mußt.
Laß nun den fleischigen Teil deiner linken Hand unterhalb des Daumens mehrere Male in jeden der Zwischenräume zwischen den Fingern der rechten Hand fallen. Gleite damit auch

mehrere Male hinein und hinaus und stelle fest, ob sich die Zwischenräume geweitet haben. Bewege die Finger der rechten Hand und achte darauf, ob sie jetzt beweglicher geworden sind. Bewege die Finger der rechten Hand und beuge das rechte Handgelenk. Mache dasselbe mit der linken Hand und vergleiche die Beweglichkeit beider Hände. Vielleicht fühlst du in deiner rechten Hand ein Prickeln – etwas, was du eventuell als »Energie« empfindest.

Ruhe dich nun eine Weile auf dem Rücken liegend aus. Spüre die Unterschiede zwischen deinen beiden Körperseiten und achte darauf, ob du dich auf einer Seite länger fühlst als auf der anderen. Unabhängig davon, ob du es spürst oder nicht, sind beide Seiten tatsächlich unterschiedlich lang. Die wiederholte, mit konzentrierter Aufmerksamkeit durchgeführte Bewegung auch nur eines Körperteils – etwa der Finger oder eines Auges – führen zu einer Verlängerung der Muskeln auf dieser Seite. Das ist sehr wichtig, denn es bedeutet, daß sogar eine bettlägerige, nahezu bewegungsunfähige Person effektive Körperübungen machen kann. Solche Körperübungen können in mancherlei Hinsicht größere und möglicherweise bedeutendere Veränderungen hervorrufen als diejenigen, die die meisten Leute mit Hilfe angestrengter Gymnastik erreichen.

Setze dich nun auf und umfasse mit deiner linken Hand deinen rechten Daumen. Ziehe etwas an ihm, um ihn länger zu machen, und mache gleichzeitig sanfte kreisende Bewegungen mit ihm. Du darfst natürlich nicht das Daumengelenk ausrenken. Ziehe den Daumen etwas aus der Ausgangsposition heraus und drehe ihn dann etwa 25mal in Uhrzeigerrichtung, danach gegen die Uhrzeigerrichtung. Mache dasselbe mit dem Zeigefinger und dem Mittelfinger. Bewegen sich die Finger besser, wenn du sie in oder gegen die Uhrzeigerrichtung drehst? Stelle fest, ob sich manche Finger besser in die eine und manche besser in die andere Richtung bewegen. Gehe alle deine Finger auf diese Weise durch.

Hast du diese Bewegungen abgeschlossen, dann umfasse den rechten Daumen nahe an seinem Ansatz. Ziehe etwas an ihm

und versuche, die Gliederung seines Gelenks zu spüren. Versuche zu fühlen, wie sich das Gelenk beim Ziehen weitet. Mache dann dasselbe mit den anderen Fingern.
Nimm jetzt den kleinen Finger und versuche dasselbe mit dem Gelenk, das der Fingerspitze am nächsten ist. Wiederhole dasselbe mit den anderen Fingern.
Umfasse den rechten Daumen mit der zur Faust geballten linken Hand und mache dann mit dem rechten Handgelenk Drehbewegungen. Halte die linke Hand bewegungslos, so daß sich die rechte Hand um ihren Daumen dreht. Mache diese Bewegung sehr häufig und gehe in dieser Weise alle Finger der rechten Hand durch.
Laß deine Hände mit den Innenflächen nach unten auf deinen Oberschenkeln ruhen. Streiche mit der rechten Hand über den rechten Oberschenkel und danach mit der linken Hand über den linken Oberschenkel. Versuche zu spüren, welche Hand leichter ist und gleichzeitig mehr den Oberschenkel berührt. Von welcher Hand würdest du lieber berührt werden?
Du solltest nun den Unterschied in den Empfindungen spüren, wenn du mit deiner ganzen Hand oder einem größeren Teil von ihr etwas berührst. Das kann sich auch sehr auf das auswirken, was – oder wen – du berührst. Lege dich nun hin und ruhe dich eine Minute aus. Forsche im Liegen danach, ob du irgendwelche Veränderungen im Körper spürst.
Setze dich wieder bequem auf. Umfasse den rechten kleinen Finger und versuche, nicht einfach daran zu ziehen, sondern die Fingerspitze in Richtung Handfläche kreisen zu lassen. Dabei sollen nicht eckige, sondern mehr schlangenartige Bewegungen entstehen, so als ob der Finger nicht wie sonst durch seine Knochen behindert wäre. Versuche den Eindruck zu erwecken, daß die Knochen aus Gummi sind. Nimm dir in dieser Weise jeden Finger vor.
Vergleiche nun noch einmal deine beiden Hände miteinander und stelle fest, ob die rechte Hand und das rechte Handgelenk beweglicher sind.

Veränderung einer Seite – Umerziehung des ganzen Körpers

Eine der interessanteren und effektiven Techniken, die Feldenkrais anwendet, besteht darin, daß er die Funktionstüchtigkeit einer Körperseite verbessert, während er die andere in ihrem gewöhnlichen Zustand beläßt. Dadurch wird ein eindrucksvoller Vergleich möglich zwischen dem, was ist, und dem, was sein könnte und sollte – eine Demonstration, von der das Nervensystem lernen und nach der es sich richten kann. Mit der Zeit macht es dann die bessere und angenehmere Funktionsweise zu einer Dauereinrichtung und bewirkt auch eine Veränderung der anderen Körperseite. Der Vergleich ist auch für das Bewußtsein instruktiv, kann man dann doch um so mehr die Erkenntnis würdigen, daß eine weitergehende Verwirklichung eigener Möglichkeiten denkbar ist. Beide – Geist und Körper – machen Erfahrungen, durch die sie besser das gemeinsame Ziel verfolgen können.
In der folgenden Übung sind diese Technik sowie andere Ziele der psychophysischen Umerziehung miteinander vereint. Auf praktische Weise werden Körpermechanismen durch unmittelbare Erfahrung vermittelt. Die Körperbeweglichkeit wird verstärkt und das Körperbild besser dem objektiven Ich angeglichen.

Gehe zunächst eine Zeitlang barfuß im Zimmer herum und beobachte dich dabei so genau wie möglich. Vergleiche insbesondere die Bewegungen in den beiden Beinen miteinander, vor allem in den Hüftgelenken, den Knien, den Knöcheln und den Füßen. Versuche festzustellen, ob die Bewegungen im rechten und im linken Bein gleich sind, oder ob sich eine Seite in mancherlei oder jeder Hinsicht besser bewegt. Kannst du

einen Fuß leichter auf den Boden setzen als den anderen, oder scheinen dir beide Füße in dieser Beziehung gleich zu sein? Achte beim Gehen auf die Arm- und Schulterbewegungen. Konzentriere dich auf die Empfindungen beim Bewegen von Schultern und Ellenbogen. Schwingt ein Arm in einem größeren Bogen oder bewegt er sich sonst irgendwie anders? Drehst du dich nach jeder Seite mit der gleichen Leichtigkeit um? Wenn die Arm- und Schulterbewegungen auf einer Seite besser sind, dann beobachte wiederum die Beinbewegungen. Wahrscheinlich sind sie auf der Seite, auf der die Bewegungen des Oberkörpers besser sind, ebenfalls etwas besser. Wir versichern dir aber in jedem Falle, daß du im Verlauf der Übung in der Lage sein wirst, zwischen beiden Seiten zu unterscheiden.
Lege dich auf den Rücken und mache dir deinen Körper bewußt. Forme dir ein klares Bild von seiner Lage und achte darauf, wie deutlich die einzelnen Körperteile im Körperbild vertreten sind. Liegen die linke und die rechte Körperseite gleich auf dem Boden, d. h. üben sie gleichen Druck auf den Boden aus bzw. haben sie gleichen Kontakt mit ihm? Achte auf die Rückseiten deiner Beine, die Gesäßbacken, die seitlichen Rückenpartien und die Schultern. Wie weit ist jeder Fuß nach außen gedreht? Wenn die Füße seitlich ausgedreht sind, dann müssen es die Beine – ausgehend von den Hüften – ebenfalls sein.
Bewege die Außenseite des rechten Fußes in Richtung Fußboden und wieder zurück, und zwar so weit, bis er gerade nach oben zeigt. Mache diese Bewegung wie immer 25mal oder so. Wenn sie dir schwer fällt, dann mache sie nicht so häufig. Die Außenseite des rechten Fußes sollte rechts von dir den Fußboden berühren oder zumindest in Richtung Fußboden gehen. Achte beim Drehen des Fußes darauf, daß sich auch das Bein dreht, und lenke deine Aufmerksamkeit auch auf die Bewegung im Hüftgelenk. Halte dann inne und ruhe dich aus.
Mache das rechte Bein krumm, so daß es auf dem rechten Fuß steht und das Knie nach oben zur Decke zeigt. Laß das rechte

Bein zur rechten Seite sinken, und zwar so, daß es – wenn du bis zum Fußboden kommen würdest – mit seiner ganzen rechten Seite den Fußboden berühren würde. Laß das rechte Bein soweit wie möglich nach rechts gehen, ohne daß es dir Mühe bereitet, und bringe es dann wieder zurück in die Ausgangsstellung, so daß du auf dem rechten Fuß stehst und die Spitze des Knies nach oben zeigt (Abbildung 6).

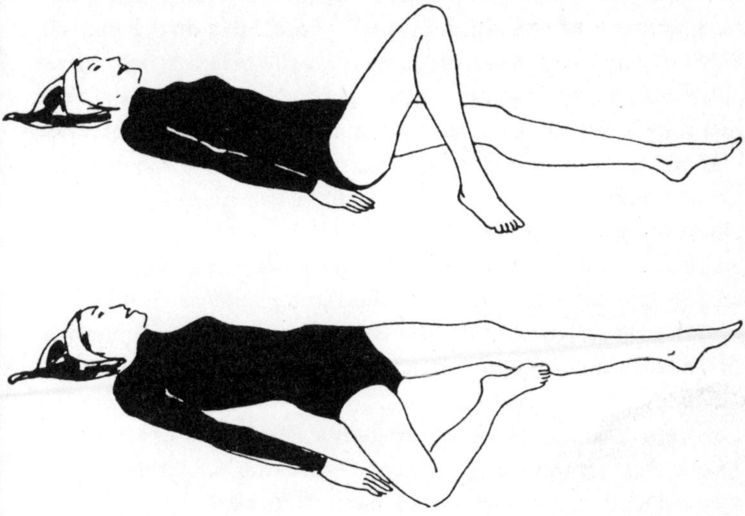

Abb. 6

Wiederhole diese Bewegung mit dem rechten Bein und beachte dabei, daß sich dein rechter Fuß seitlich nach rechts lehnt. Beobachte, während das Bein nach rechts herabsinkt, ob sich die linke Gesäßbacke und ein Teil des oberen linken Beins heben. Was macht der untere Teil des linken Beins? Geht der linke Fuß nach rechts, wenn das rechte Bein nach rechts sinkt? Achte darauf, ob sich die linke Schulter, die linke Rückenseite und der Hals bewegen. Ist die Bewegung auf der rechten Seite des Halses größer als die auf der linken Seite, und wie unterscheidet sie sich von ihr? Was passiert in der rechten Schulter, im rechten Arm und in der rechten Rückenseite?

Versuche, während du dein Bein nach rechts fallen läßt und es dann wieder zurückbringst, die rechte und die linke Rückenseite, ja den ganzen Rücken bis hinauf zu den Schultern zu spüren. Konzentriere dich auf die Empfindungen im Rücken, in den Schultern, in den Armen, in den Händen, im Hals, im Gesicht und in den Augen. Ruhe dich danach etwas aus.

Lege das rechte Bein auf den Boden und strecke es wie das linke Bein aus. Achte nun darauf, wie die rechte Körperseite im Vergleich zur linken auf dem Boden liegt. Hast du das Gefühl, daß sie länger ist? Wenn ja, dann versuche festzustellen, ob sie auch tatsächlich länger ist. Achte auf die Empfindungen in der rechten Gesichtshälfte, im rechten Auge, in der rechten Wange und im rechten Teil des Mundes und vergleiche sie mit den Empfindungen auf der linken Seite. Öffne deine Augen für einen Augenblick und stelle fest, ob du etwas nach rechts siehst. Schließe sie wieder und drehe dein gestrecktes Bein erneut nach rechts außen, so daß sich die Außenseite des Fußes dem Boden nähert. Bringe dann das Bein zurück in die Ausgangsposition, bis der Fuß nach oben zeigt, und drehe es wieder nach rechts.

Laß nun den rechten Fuß mit den Zehen nach oben liegen. Drehe ihn dann soweit du ohne Anstrengung kannst nach links, mit der Innenseite des Fußes nach links dem Fußboden zu. Drehe auch das Bein mit. Bringe es dann zurück in die Ausgangsposition, so daß der Fuß gerade nach oben zeigt. Wiederhole diese Bewegung. Achte jetzt darauf, ob die rechte Gesäßbacke etwas hochgeht und ob sich die rechte Seite des Rückens sowie die rechte Schulter heben, um die Bewegung zu erleichtern. Halte dann inne und lege eine Ruhepause ein.

Jetzt krümme das rechte Bein, so daß es wieder auf dem Fuß steht. Laß es diesmal soweit es geht nach links fallen. Bringe es dann zurück in die Ausgangsstellung, so daß das Knie zur Decke zeigt. (Abbildung 7). Lenke die Aufmerksamkeit auf die Bewegung und die Empfindung im Hüftgelenk. Versuche zu spüren, was das ganze Becken tut und was bei der Bewegung im linken Hüftgelenk passiert. Wenn das rechte Bein nun nicht

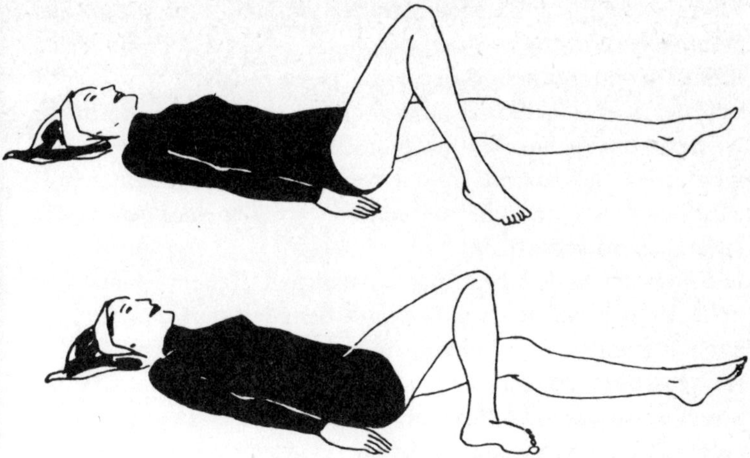

Abb. 7

weiter nach unten gehen kann, weil ihm das linke Bein im Weg liegt, dann versuche herauszufinden, wie das linke Bein liegen könnte, damit das rechte Bein größere Bewegungen machen kann. Lege das linke Bein – auch wenn es vom rechten Bein nicht berührt wird – anderswohin, so daß sich der Spielraum des rechten Beins erweitert. Du kannst eines tun, nämlich das linke Bein weiter nach links schieben. Probiere es einmal aus und versuche dann, das linke Bein so zu krümmen, daß die linke Ferse in der Nähe deines Gesäßes liegt. Probiere beide Methoden aus, während du weiterhin das rechte Bein nach links und wieder zurück bewegst. Eine dritte Möglichkeit wäre, das linke Bein so zu krümmen, daß es mit dem Fuß auf dem Boden aufsteht, und es dann weiter nach links zu rücken. Rücke es einfach dem rechten Bein aus dem Weg, so daß dieses leichter nach links kippen kann. Dabei kann das linke Bein – was es von sich aus tun sollte – nach links kippen, so daß sich das ganze Becken nach rechts und wieder zurück dreht.
Halte jetzt einen Augenblick inne. Lege das linke Bein in gestrecktem Zustand zurück auf den Boden, und laß das rechte Bein weiterhin nach links fallen. Achte nun darauf, ob das linke

Bein so intelligent ist, daß es dem rechten Bein automatisch aus dem Weg geht, und ob sich das ganze Becken unbehinderter dreht. Macht der Oberkörper die Bewegung mit, d. h. dreht sich der Kopf nach links und geht die rechte Schulter hoch, während das rechte Bein nach links geht? Du kannst das linke Knie etwas gekrümmt lassen, wenn es nicht ohnehin schon gekrümmt ist, und darauf achten, ob dies die Bewegung zusätzlich erleichtert. Jetzt halt!

Laß nun das rechte Bein zur rechten Seite fallen. Mache das linke Bein krumm, so daß es mit dem Fuß auf dem Boden aufsteht, und laß das rechte Bein wieder nach rechts fallen. Achte darauf, wie schwer oder leicht dir diese Bewegung fällt. Strecke nun das linke Bein und laß das rechte Bein erneut nach rechts fallen. Achte darauf, ob die Bewegung immer leichter wird. Ruhe dich dann aus.

Versuche nun festzustellen, ob dir die rechte Körperseite größer vorkommt als die linke – länger und vollständiger, lebendiger, deutlicher im Körperbild. Sprich ein paar Worte zu dir. Frage dich: *Welche Seite ist deutlicher in meinem Körperbild?* Sage es mehrere Male laut: *Welche Seite ist deutlicher in meinem Körperbild?* Während du dir diese Frage stellst, achte darauf, ob du dazu neigst, durch die rechte Seite deines Munds zu sprechen. Stelle es fest und versuche dann, direkt durch die Mitte des Munds zu sprechen. Laß dann die Worte wie von selbst aus dir herauskommen und beobachte dabei sorgfältig deinen Mund.

Mache nun beide Beine krumm, so daß die Füße auf dem Boden aufstehen. Ziehe dann das rechte Bein mehrere Male nach oben zur Brust. Das Knie bewegt sich dabei in Richtung Kopf und die Oberseite des Oberschenkels nähert sich dem Brustkorb. Bringe dann das Bein wieder zurück in die Ausgangsstellung, so daß der Fuß auf dem Boden aufsteht. Ziehe es wieder hoch zur Brust und laß es wieder zurückgehen – so lange, bis der Fuß den Boden berührt. Mache diese Bewegung mehrere Male (Abbildung 8). Achte dabei darauf, was mit dem Hüftgelenk, den Schultern, dem Kopf und dem

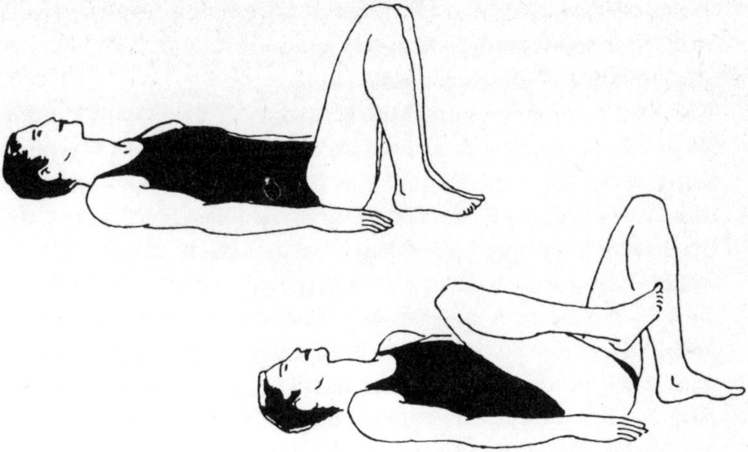

Abb. 8

Hals geschieht. Stelle fest, ob dein Kinn näher an die Brust geht, wenn der Fuß zurück zum Boden geht, und ob es sich von der Brust wegbewegt, wenn das Knie zurück in Richtung Kopf geht. Bewege das Bein rückwärts und vorwärts und laß dabei den Kopf sich frei bewegen. Bewege ihn nicht bewußt. Er bewegt sich von selbst, wenn du ihn nicht blockierst. Halte dann inne und ruhe dich aus. Die Füße stehen dabei auf dem Boden auf.

Vergleiche den Kontakt des rechten Fußes mit dem Boden mit dem Kontakt des linken Fußes. Stelle fest, mit welchem Fuß du den Boden deutlicher spürst. Liegt es daran, daß der Kontakt mit dem Fußboden auf der rechten Seite vollständiger ist, was darauf hinweisen würde, daß sich Spannungen im Fuß gelöst haben?

Beschreibe nun mit deinem rechten Knie einige Kreise. Hebe dazu den rechten Fuß ein ganz klein wenig vom Boden ab. Laß dein rechtes Knie weiter kreisen. Beschreibe erst kleine und dann immer größere Kreise, manchmal langsam, manchmal schnell. Mache einige Kreise in eine Richtung und dann in die entgegengesetzte Richtung, und zwar wiederum große und kleine Kreise, langsame und schnelle Kreise, langsame große und schnelle kleine Kreise sowie langsame kleine und schnelle große Kreise. Danach ruhe dich aus.

Beschreibe mit deinem rechten Knie wieder Kreise und mache sie diesmal so groß wie möglich. Laß sie allmählich größer werden, immer größer. Sind die Kreise größer, kleiner oder überhaupt irgendwie anders, wenn du sie in Uhrzeigerrichtung machst? Besteht ein Unterschied darin, was du dabei mit dem linken Bein tust, ob du es z. B. näher an das Becken bringst, es weiter vom Becken weg bewegst oder es streckst? Wenn sich gleich nach ein paar kreisenden Bewegungen Schmerzen in deiner Hüfte einstellen, dann mache nur so viele Kreisbewegungen, wie du kannst. Mache sehr kleine Kreisbewegungen, wenn dir das hilft. Halte jetzt inne und stelle dir diese Kreisbewegungen nur vor, und zwar so lebhaft wie möglich.

Strecke beide Beine aus und lege eine Ruhepause ein. Drehe den rechten Fuß nach rechts in Richtung Fußboden und bringe ihn dann wieder in die Ausgangsstellung, so daß er gerade nach oben zeigt. Mache diese Bewegung schnell. Atme dabei normal und nimm der Bewegung jeden Charakter des Gewollten. Achte darauf, wie schnell du diese Bewegung machen kannst, während du auf das Hüftgelenk achtest und in der Hüfte so frei wie möglich bist.

Drehe nun das Bein nach links, also mit der Innenseite des rechten Fußes dem Boden zu. Mache dein linkes Bein krumm und laß es in dieser Stellung, während du weiterhin das rechte Bein nach innen drehst. Achte darauf, ob dadurch die Bewegung des rechten Beins erleichtert wird. Schwinge nun mit dem rechten Fuß nach links und nach rechts, soweit es geht. Laß dabei das linke Bein weiterhin stehen. Dein übriger Körper soll sich so frei wie möglich bewegen. Das linke Bein kann sich zwar auch frei bewegen, doch sollte der Impuls aus der Bewegung des rechten Beins kommen. Lege nun das linke Bein auf den Boden und strecke es, während du weiterhin das rechte Bein bewegst. Versuche, ob du jetzt das rechte Bein und den rechten Fuß ebensogut drehen kannst wie vorhin, als das

linke Bein stand. Laß den Oberkörper mit der Bewegung mitgehen. Halte dann inne und ruhe dich aus.
Mache jetzt wieder beide Beine krumm, so daß die Füße auf dem Boden aufstehen. Laß das rechte Bein ein paar Mal nach rechts fallen. Lege dann das linke Bein auf den Boden und strecke es und laß das rechte Bein erneut mehrere Male nach rechts fallen. Nimm nun das linke Bein aus dem Weg und laß den rechten Fuß nach links fallen. Mache das linke Bein krumm, so daß es mit dem Fuß auf dem Boden aufsteht, und laß das rechte Bein weiterhin nach links fallen. Dann strecke das linke Bein und laß wieder das rechte Bein nach links fallen. Mache jetzt das linke Bein krumm, wobei der Fuß flach auf dem Boden aufsteht, und ziehe das rechte Bein ein paar Male hoch zu deiner Brust. Laß das rechte Knie einige Male kreisen. Lege dann beide Beine ausgestreckt auf den Boden.
Beobachte jetzt wieder, wie du liegst, und vergleiche deine beiden Körperseiten miteinander. Achte besonders darauf, wie Becken und Beine liegen. Rolle dann langsam nach einer Seite ab und stehe auf. Gehe eine Weile im Zimmer herum. Vergleiche deine beiden Körperseiten beim Gehen. Bewegt sich die rechte Körperseite besser, ja versucht sie sogar, schneller zu gehen als die linke Seite? Kann sein, daß das rechte Bein leicht dahingleitet und das linke Bein etwas mitträgt. Stelle fest, ob das rechte Knie etwas stärker gekrümmt ist, und achte auch auf die Bewegungen der Arme und Schultern beim Gehen. Beobachte auch, wie du dich nach rechts und nach links herumdrehst.
Bleibe einen Augenblick stehen und drehe dich, ohne mit den Füßen von der Stelle zu rücken, nach rechts und nach links. Achte darauf, ob sich der Kopf, der Hals und sogar die Augen nach rechts freier und weiter drehen. Du hast zwar hauptsächlich an deinem Hüftgelenk gearbeitet, doch hat vermutlich die ganze Körperseite profitiert. Die Rückenmuskeln auf der rechten Seite sind länger, so daß sich die Wirbelsäule besser in diese Richtung drehen kann. Die Funktionsfähigkeit des rechten Fußes und seiner Zehen hat sich verbessert, während

sich beim linken Fuß und seinen Zehen nichts geändert hat. Denke daran, wie die verschiedenen Körperteile miteinander zusammenhängen – wie eine örtlich begrenzte Bewegung auf einer Körperseite die Funktionsfähigkeit der ganzen Körperseite verändern kann. Wenn du das nächste Mal diese Übung machst, dann arbeite an der linken Seite und setze für »links« in den Anweisungen »rechts« und für »rechts« »links« ein.
In deinem gegenwärtigen Zustand wäre es leicht, deine linke Körperseite zu verbessern. Ein paar wirkliche oder auch nur vorgestellte Bewegungen würden schon genügen, um die linke Körperseite rasch der funktionstüchtigeren rechten Körperseite anzugleichen. Im Sinne der Umerziehung des Nervensystems und der Empfindungsmechanismen ist es aber besser, die Unterschiede bestehen zu lassen, so daß sie verglichen werden können.

Lösung von Spannungen in der Zunge

Im Verlauf eines vollständigen Umerziehungsprogramms arbeitet man mit vielen Körperteilen, die in herkömmlichen Körperübungsprogrammen vollkommen übergangen werden. Im folgenden findet sich eine Übung für einen solchen vernachlässigten Körperteil, nämlich für die Zunge. Am Ende unseres Umerziehungsprogrammes solltest du in der Lage sein, eigene Übungen für dich selber zu erfinden und die psychophysische Methode auf Körperteile anzuwenden, mit denen wir uns hier nicht befassen können.

Es ist sehr wichtig für dich, daß du so vollständig wie möglich mit deinem Körper arbeitest. Übungen wie diese – und die meisten anderen auch – können übrigens besondere Bedeutung für Rehabilitation und Therapie erlangen. Diese Übung wurde eigentlich zu dem Zweck entwickelt, Sprachstörungen zu behandeln, die sich als Folge von Zungenkrämpfen ergeben. Es kann aber jeder von ihr profitieren.

Die Zunge ist eine der Stellen im Körper, an denen am häufigsten chronische unbewußte Muskelspannungen bestehen. Diese Spannungen tragen in der Regel zu Spannungen in anderen Gesichtsteilen, u. a. auch in den Kiefermuskeln, bei. Als schädliche Folgen können sich eine mehr oder weniger starke Beeinträchtigung des Sprechens sowie Atemstörungen ergeben. Nur wenn die Zunge deutlich im Körperbild vertreten ist, kann man sich übermäßiger Spannungen in ihr bewußt werden und sie so auf die Dauer beseitigen.

Vielen Menschen sind Spannungen in ihren Kiefermuskeln bewußt. Wenn solche Spannungen sehr stark sind, können sie mit der Zeit zu Schädigungen der Kieferknochen und der Zähne führen. Leute, die regelmäßig im Wachzustand oder während des Schlafens mit den Zähnen knirschen, leiden an zu starken Spannungen im Kiefer, in der Zunge, im Hals und in

verschiedenen Gesichtsmuskeln. Werden seit langem bestehende Spannungen in der Zunge gelöst, so ist dies der erste Schritt zum Abbau aller Spannungen im Hals- und Gesichtsbereich.
Eine gewisse Spannung im Kiefer und in den Muskeln ist natürlich im allgemeinen wünschenswert. Wäre der Kiefer vollkommen entspannt, so würde er schlaff herabhängen, so wie wir es bei geistig schwer Behinderten und den Opfern bestimmter Verletzungen sehen können. Im Idealfall ist der Kiefer so weit angespannt, daß die oberen Zähne die unteren beinahe berühren. Bereits wenn du daran denkst, wirst du dir der – normalerweise unbewußten – Anstrengung bewußt, mit der du gewöhnlich den Kiefer davon abhältst, schlaff herabzuhängen. Ist die Zunge frei von unnormalen Spannungen, dann liegt sie entspannt auf dem Boden der Mundhöhle, wobei sie ganz leicht gegen die Hinterseite der Zähne anstößt. Wir wollen jetzt versuchen, alle Spannungen in der Zunge zu lösen, durch die sie ihre ideale Lage nicht einnehmen kann. Auf diese Weise versuchen wir auch, die Kiefermuskulatur und die Muskeln der unteren Gesichtspartie und des Halses etwas zu entspannen.

Setze dich jetzt zunächst einmal bequem hin und halte dabei den Kopf ziemlich aufrecht. Konzentriere dich auf deine Zunge, möglichst auf ihre gesamte Oberfläche, wenn du kannst. Mach dir ihre Lage in bezug auf den Gaumen und den Mundboden bewußt. Achte darauf, ob sie mit ihrer Spitze die Zähne berührt. Befindet sie sich in der Mitte des Mundes oder mehr in der Nähe der linken bzw. rechten Wange?
Versuche, die Unterseite sowie die Oberseite der Zunge zu spüren, ihre Breite, ihre Länge und ihre Dicke. Achte darauf, ob du irgendwelche Spannungen in ihr bemerkst und ob sich an ihr irgend etwas ändert, während du sie prüfst. Wird sie breiter oder größer? Wirst du dir stärker deines Mundinneren bewußt, während du dir deine Zunge immer vollständiger bewußt machst?

Fahre nun mit der Zungenspitze einige Male über die Innenseite deiner unteren Zähne, und zwar so weit von links nach rechts und von rechts nach links wie du kannst. Fahre dann mit deiner Zunge ganz kurz über die Spitzen deiner unteren Zähne, dann über die scharfen Ränder der oberen Zähne und schließlich über deren Innenseite, und zwar ebenfalls so weit nach links und nach rechts, wie du kannst.

Als nächstes fahre mit deiner Zunge über die Außenseite deiner oberen Zähne zwischen den Zähnen und der Oberlippe, und zwar wiederum so weit nach links und nach rechts, wie es geht. Fahre dann mit der Zunge in derselben Weise über die Außenseite der unteren Zähne, also zwischen den unteren Zähnen und der Unterlippe. Mache diese Bewegungen mindestens 10- oder 15mal.

Jetzt halt. Presse deine Zunge gegen den Gaumen. Drücke sie ganz fest dagegen und laß sie eine Weile in der Stellung. Atme dabei normal weiter. Dann entspanne dich, löse die Zunge vom Gaumen und presse sie wieder dagegen. Entspanne dich wiederum und presse jetzt die Zunge gegen den Mundboden. Während du die Zunge nach unten drückst, soll sich dein Mund öffnen. Drücke mit deiner Zunge den Unterkiefer nach unten, und zwar so weit wie möglich. Mache dies mehrere Male.

Presse jetzt deine Zunge gegen den Gaumen, so daß du das Gefühl hast, du würdest deinen Mund aufdrücken. Mache auch dies mehrere Male.

Schließe nun deinen Mund und stelle fest, ob du irgendwelche Anspannungen im Kiefer oder in den Gesichtsmuskeln spürst. Gähne dann mehrere Male tief. Versuche, dir beim Gähnen deiner Zunge bewußt zu sein. Fällt es dir schwer, die Lage deiner Zunge zu verfolgen, während du gähnst? Öffne jetzt deinen Mund mehrere Male, um festzustellen, wie weit du ihn ohne jede Anstrengung öffnen kannst. Halte inne und schiebe deinen Unterkiefer nach vorne, so daß die unteren Zähne weiter nach vorne stehen als die oberen Zähne und die Oberlippe. Mache dies mehrere Male.

Versuche nun wieder, deinen Mund zu öffnen, um festzustellen, ob du ihn jetzt weiter öffnen kannst, und schlage dann mit der Zunge einige Male von links nach rechts. Laß sie auch mehrere Male wie eine Schlange zwischen deinen Lippen hinaus- und hereinschnellen. Lege dich dann auf den Rücken und ruhe dich aus.

Versuche, dir während des Ruhens wieder deine Zunge bewußt zu machen, und stelle fest, ob sie jetzt eine andere Lage im Mund einnimmt als vorher im Sitzen. Befindet sie sich weiter hinten im Mund und ist sie weiter von deinen Zähnen entfernt? Wie steht es mit der Entfernung zwischen Zunge und Gaumen sowie zwischen Zunge und Mundboden? Sind die Entfernungen gleich geblieben oder haben sie sich geändert? Befindet sich deine Zunge im allgemeinen in der Mundmitte? Versuche, dich an ihre Lage im Sitzen zu erinnern, und vergleiche sie mit ihrer Lage jetzt.

Wenn du dich nicht erinnern kannst, dann setze dich einen Augenblick auf und stelle fest, wie die Zunge liegt. Achte darauf, ob sie näher am Mundboden und an den Zähnen ist, und merke dir alle anderen Unterschiede. Lege dich dann wieder hin und prüfe die Lage deiner Zunge erneut. Wirst du dir jetzt deutlicher deiner Zunge bewußt als vorher?

Drehe nun deinen Kopf mehrere Male von einer Seite zur anderen und achte darauf, was dabei mit deiner Zunge geschieht. Stelle fest, ob die Zunge nach rechts geht, wenn du den Kopf nach rechts drehst, und nach links, wenn du den Kopf nach links drehst, und zwar ohne jede Anstrengung von dir aus. Drehe deinen Kopf ganz weit nach links und beobachte, wohin deine Zunge geht. Drehe ihn dann ganz weit nach rechts und achte wiederum darauf, was deine Zunge tut.

Mache dies mit geöffneten und mit geschlossenen Augen. Bemerkst du einen Unterschied? Mache dies mit geöffneten Augen und blicke dabei so weit seitlich, wie du kannst. Wenn du nach vorne schaust, dann stelle die Augen auf einen möglichst weit entfernten Punkt ein. Führt dies zu irgendeinem Unterschied in der Bewegung der Zunge, verglichen mit ihrer Bewegung bei geschlossenen Augen?

Drücke dein Kinn auf deine Brust, soweit es ohne Anstrengung geht. Schließe deinen Mund und ruhe dich einen Augenblick aus. Bewege dann die Zunge einfach von links nach rechts. Bewege sie zur linken Wange, zur rechten Wange, hin und her wie ein Pendel. Atme dabei frei. Laß dann die Zunge von rechts nach links über die Außenseite deiner oberen Zähne laufen, also zwischen den Zähnen und der Oberlippe, und danach über die Außenseite der unteren Zähne, also zwischen den Zähnen und der Unterlippe.

Als nächstes erforsche eine Zeitlang mit deiner Zunge die Innenseite deines Mundes. Versuche, mit ihr überall hinzukommen, wo du kannst. Versuche den Unterschied zu spüren darin, wie sich die Vorderseite und die Hinterseite deiner Zähne, Gaumen und Mundboden, sowie die Innenseiten deiner beiden Wangen anfühlen.

Versuche dies zuerst mit fest zusammengedrücktem Kiefer, dann mit einem etwas geöffneten Mund. Öffne danach den Mund weit, während du weiterhin mit der Zunge sein Inneres abtastest. Schließe ihn dann noch einmal fest, ohne die Bewegungen der Zunge zu unterbrechen. Fühlt sich die Zunge jetzt etwas verkrampft an, ja vielleicht etwas beengt durch den kleinen Raum?

Gähne nun mehrere Male tief und beobachte dabei deine Zunge. Ruhe dich danach etwas aus. Stelle fest, wie die Zunge liegt. Bemerkst du irgendeinen Unterschied in ihrer Breite? In ihrer Länge? Wenn deine Zunge zu Anfang der Übung weit hinter deinen Zähnen war, dann sollte sie jetzt, nachdem sich Spannungen in ihr gelöst haben, beträchtlich länger und breiter sein. Wenn sie sich nur ein wenig hinter den Zähnen befand, als du dich zum ersten Mal hinlegtest, dann hat sie jetzt vielleicht die Tendenz, sich zwischen den Zähnen herauszuschieben.

Setze dich nun wieder auf. Strecke deine Zunge etwas hinaus und halte sie in dieser Lage mit den Zähnen fest, damit du weißt, wie weit sie hinausgestreckt ist. Strecke sie dann ein bißchen weiter hinaus und beiße wieder sanft mit den Zähnen hinein, um deinen Fortschritt zu messen. Mache weiter so und

strecke deine Zunge jedes Mal ein Stückchen weiter hinaus. Strecke sie hinaus, halte sie mit den Zähnen fest, strecke sie dann etwas weiter hinaus, usw.
Wenn du so weit gekommen bist wie du kannst, ziehe deine Zunge ein und wiederhole das Ganze von vorne. Atme dabei normal weiter. Versuche, wieviele Male du sie ein klein wenig hinausstrecken kannst, ob 15mal oder 20mal und jedes Mal ein Stückchen weiter. Alle deine Bewegungen sollten sanft und leicht sein.
Halte jetzt inne und ziehe die Zunge wieder ein. Strecke sie dann hinaus, soweit es dir bequem möglich ist. Laß sie gerade und mache mit ihr kreisende Bewegungen. Du solltest mit deinem ganzen Kopf mitkreisen. Stelle dir vor, du würdest mit Hilfe deiner Zunge einen Uhrzeiger herumschieben. Schiebe ihn zunächst in Uhrzeigerrichtung, dann gegen die Uhrzeigerrichtung herum.
Halte jetzt inne und bewege deine Zunge aus dem Mund hinaus und wieder herein. Stelle mit Hilfe deiner Lippen fest, wie sie sich anfühlt. Versuche dabei zu vermeiden, daß die Zunge über die Zähne kratzt. Konzentriere dich zunächst, während du die Zunge bewegst, hauptsächlich auf ihre Oberseite und die Oberlippe, dann auf ihre Unterseite und die Unterlippe. Vergleiche den großen Unterschied zwischen der Zungenoberseite und ihrer Unterseite. Versuche dann, Oberseite und Unterseite gleichzeitig zu spüren, während du die Zunge hinein- und herausbewegst.
Laß dann die Zunge weiterhin aus dem Mund hinausgestreckt und bewege sie seitlich, von einem Mundwinkel zum anderen. Versuche ebenso deutlich den Unterschied zwischen Ober- und Unterseite der Zunge zu spüren, während sie sich seitlich hin- und herbewegt.
Stoße jetzt die Zunge mehrere Male zwischen den Lippen hinaus und herein und lasse sie dabei sanft über die Zähne kratzen.
Bewege nun die Zunge in ovaler Form über das Zahnfleisch zwischen den Zähnen und den Lippen. Laß sie zunächst in einer

Richtung kreisen, dann in die andere Richtung, und halte dann inne.
Gehe jetzt für einen Augenblick auf Hände und Knie. Schaue auf den Fußboden und versuche zu spüren, wie die Zunge hängt. Öffne den Mund und laß die Zunge hinaushängen. Hebe und senke deinen Kopf einige Male, während du die Zunge hinaushängen läßt. Achte darauf, ob sie die Unterlippe berührt, wenn der Kopf nach oben geht, und die Oberlippe, wenn er nach unten geht.
Schüttle nun deinen Kopf ein paar Male seitlich und versuche dabei die Zunge frei schwingen zu lassen. Strecke sie dann ein paar Male hinaus und ziehe sie wieder ein, während du auf den Fußboden blickst. Kannst du sehen, wie deine Zunge aus deinem Mund hinauskommt? Beobachte sie dabei, wie sie auftaucht und wieder verschwindet.
Bewege als nächstes deine Zunge seitlich und stelle fest, ob du sie auch jetzt noch sehen kannst. Laß sie in Uhrzeigerrichtung und gegen die Uhrzeigerrichtung kreisen und versuche sie weiterhin zu beobachten, wenn du kannst. Strecke dann die Zunge hinaus und ziehe sie wieder ein.
Setze dich hin und beobachte jetzt wieder, wie deine Zunge im Mund liegt. Kommt sie dir breiter, flacher und länger vor? Bist du dir jetzt deutlicher der Innenseite deines Munds und deiner Lippen bewußt? Versuche, ob du klar spüren kannst, wo deine Lippen einander berühren. Öffne und schließe deinen Mund mehrere Male. Dein Mund müßte sich jetzt sehr leicht öffnen lassen.
Lege dich wieder auf den Rücken und drehe deinen Kopf mehrere Male nach links und nach rechts. Drehe ihn ganz weit auf die eine Seite, dann auf die andere, einige Male mit geschlossenen Augen und einige Male mit geöffneten Augen. Versuche diese Bewegung zu machen, während du die Arme auf der Brust gefaltet hast, und achte darauf, ob die Zunge leicht und wie selbstverständlich von einer Seite zur anderen geht. Während du deinen Kopf seitlich bewegst, beschleunige bewußt die Geschwindigkeit und die Bewegung der Zunge im

Mund. Die Zunge sollte sich frei und natürlich bewegen, wie ein sehr schnelles Pendel.
Jetzt halt. Stoße die Zunge mehrer Male aus dem Mund hinaus und ziehe sie wieder ein. Stelle fest, ob sie sich jetzt sehr schnell bewegt. Fahre mit ihr zwischen den Mundwinkeln hin und her und achte darauf, wie schnell es geht.
Setze dich nun auf und strecke deine Zunge mehrere Male hinaus. Achte auf die unterschiedlichen Empfindungen auf der Ober- und der Unterseite der Zunge. Läßt sich die Zunge jetzt leichter und weiter hinausstrecken? Ist sie entspannter? Ziehe sie ein und achte darauf, wie sie auf dem Mundboden liegt. Befindet sich ihre Spitze kurz hinter den Zähnen? Scheint sie jetzt breiter zu sein als vorher? Steh auf, gehe etwas herum und beobachte deine Zunge weiter. Bleibe dir deiner Zunge deutlich bewußt und versuche, deine Empfindungen jetzt zu behalten.

Objektive Bewegungen in vorgestellter Umgebung

Die folgende Übung wird die Leichtigkeit und den Spielraum der Bewegung in den Ellenbogen erhöhen, während sie einige Techniken der psychophysischen Umerziehung anschaulich demonstriert. So wird beispielsweise die Qualität der Ergebnisse gesteigert, indem man wirkliche Bewegungen mit vorgestellten Veränderungen in der Umgebung kombiniert. Der Körper spielt auf dem Spielplatz der Phantasie – auf dem Ort, der seinen Bedürfnissen am besten gerecht wird, weil er genauso sein kann, wie du ihn haben willst, und weil dir jede Ausrüstung und jede Menge Raum zur Verfügung stehen.

Einfache Bewegungen allein sind keineswegs eine Garantie für eine größere Beweglichkeit der Ellenbogen. Jemand kann hämmern, eine Trommel schlagen, rudern oder ein dickes Seil abwickeln, ohne daß sich dies besonders in den Ellenbogen bemerkbar macht (außer vielleicht in Form von Steifheit aufgrund von Überanstrengung oder Ermüdung). Jede dieser Tätigkeiten *könnte* aber die Beweglichkeit der Ellenbogen steigern, dies aber nur, wenn sie mit der richtigen Einstellung, Absicht und konzentrierten Aufmerksamkeit durchgeführt wird, die größere Bewußtheit bewirkt.

Setze dich zunächst mit den Beinen nach vorne auf den Fußboden, am besten in einer Art orientalischen Sitzhaltung, die du etwa eine halbe Stunde lang beibehalten kannst, ohne dich zu häufig umzusetzen. Die Fußsohlen könnten nach japanischer Art zusammengebracht werden, oder man bringt die Beine in Anlehnung an eine der Yogapositionen näher an den Körper. Hast du dich mit einer dieser Formen des Sitzens vertraut gemacht, dann wirst du feststellen, daß du in einer solchen Haltung weitaus länger, viel bequemer und mit weniger Bewegungen sitzen kannst als in jeder Sitzhaltung, die in westlichen Ländern üblich ist.

Jede der beschriebenen Bewegungen sollte – je nachdem, wie es bequemer für dich ist – 15- bis 30mal durchgeführt werden. Jede Bewegungsfolge sollte in etwa 30 Sekunden abgeschlossen sein. Vermeide jede Anstrengung oder Unbequemlichkeit. Ruhe dich etwas aus, wenn du das Bedürfnis danach hast, aber mache während der Ruhepause die Bewegung im Geiste weiter. Die Vorstellungen sollten kinästhetischer und visueller Natur sein und alle begleitenden Empfindungen einbeziehen.
Strecke als erstes deine Arme seitlich auf Schulterhöhe aus und beuge die Ellenbogen, so daß die Unterarme und die Hände schlaff herabhängen. Laß dann die Hände und die Unterarme frei von den Ellenbogen aus schwingen. Die Hände sollen sich zunächst aufeinander zu- und dann voneinander wegbewegen. Atme normal weiter, während du Hände und Unterarme schwingen läßt, und beobachte die Empfindungen in deinem Körper (Abbildung 9).

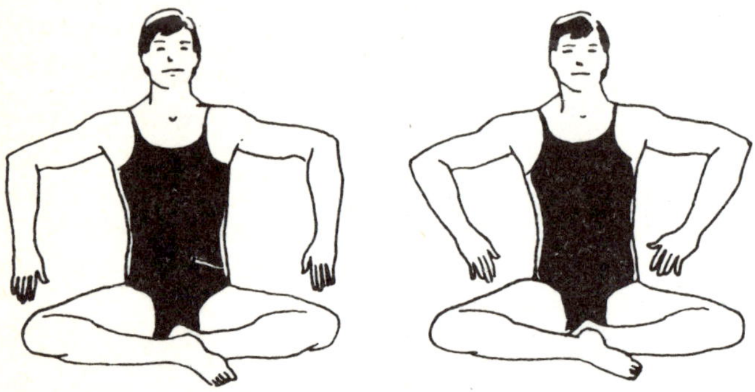

Abb. 9

Laß dann Hände und Arme so schwingen, daß sie gleichzeitig nach links und nach rechts gehen. Dabei soll die Entfernung zwischen ihnen ungefähr gleich bleiben (Abbildung 10).
Lege dann deine Arme herunter und ruhe dich aus.
Beuge jetzt einige Male nur deinen rechten Arm. Beuge und strecke ihn und versuche zu spüren, was im Ellenbogen vorgeht. Mache dasselbe eine Zeitlang mit dem linken Arm.

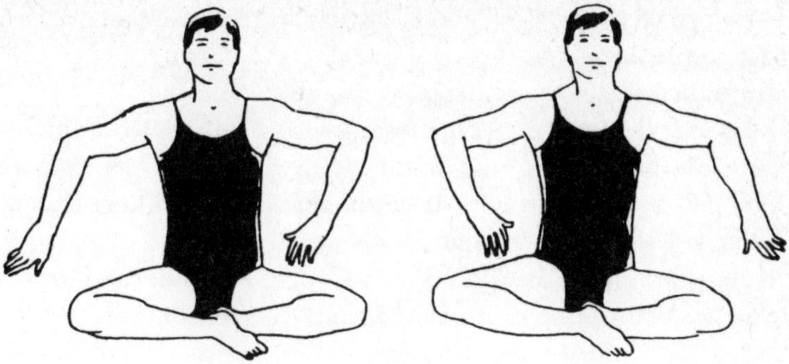

Abb. 10

Umfasse mit deiner rechten Hand deinen linken Ellenbogen und versuche mit der Hand zu spüren, was während des Beugens im Ellenbogen geschieht.
Halte jetzt inne und beuge und strecke noch einmal deinen rechten Arm. Versuche die Bewegungen im rechten Ellenbogen mit der linken Hand zu erspüren. Dreh dann den rechten Arm, während du den Ellenbogen mit der linken Hand umfaßt hältst, von links nach rechts, so daß zuerst der Handrücken und dann die Handinnenflächen nach oben zeigen. Wenn du dein Skelett beobachten könntest, dann würdest du jetzt sehen, daß einer der langen Knochen im Vorderarm sich um den anderen, größeren Knochen dreht. Solltest du jemals Gelegenheit haben, diese Bewegung an einem Skelett beobachten zu können, dann nutze sie. Man kann nämlich eine ganze Menge über die Bewegungsmöglichkeiten des Körpers lernen, wenn man Skelettbewegungen studiert, die nicht durch Muskeln oder anderes Körpergewebe behindert werden.
Halte deinen rechten Ellenbogen weiterhin mit der linken Hand umfaßt und beschreibe mit der rechten Hand und dem rechten Unterarm einige Kreise. Laß sie erst in eine, dann in die andere Richtung kreisen, und versuche wiederum mit der linken Hand jede Bewegung im Ellenbogen zu erspüren.
Umfasse jetzt den linken Ellenbogen mit der rechten Hand und nimm diese zu Hilfe, um den linken Arm zu beugen und zu

strecken. Bewege den linken Arm in alle Richtungen und laß die rechte Hand die Bewegungen im Ellenbogen spüren.
Lege dich jetzt auf den Rücken und ruhe dich aus.
Versuche deinen Körper in dieser Lage zu spüren. Konzentriere dich mindestens eine Minute lang auf seine Oberfläche. Achte besonders darauf, wie er auf dem Boden aufliegt und ob seine beiden Seiten gleichmäßig liegen.
Achte darauf, wie die Ellenbogen auf dem Fußboden aufliegen. Strecke dann deine Arme seitlich auf Schulterhöhe aus. Beuge sie beide in Höhe der Ellenbogen, so daß die Innenflächen deiner beiden Hände auf deiner Brust liegen. Hebe deine Unterarme, so daß sie zur Decke ausgestreckt sind, und nimm sie dann wieder herunter, so daß die Handinnenflächen wieder auf der Brust liegen. Hast du diese Bewegung 15- bis 30mal (oder noch häufiger, wenn es dir leicht fällt) gemacht, dann wiederhole sie, berühre aber diesmal deine Brust nicht mit den Handinnenflächen, sondern mit den Daumenseiten.

Abb. 11

Mache diese Bewegung weiter, beuge aber diesmal die Ellenbogen zunächst so, daß die Seiten der Hand mit dem kleinen Finger, und als nächstes die Handrücken die Brust berühren oder ihr so nahe wie möglich kommen. Denke daran, daß jede dieser Bewegungsfolgen etwa 30 Sekunden dauern soll (Abbildung 11).
Liege nun auf dem Rücken und laß die Arme in Schulterhöhe ausgestreckt. Beuge jetzt die Arme in Höhe der Ellenbogen und bewege sie nach unten in Richtung Fußboden, so daß du diesen mit den Handrücken berührst. Hast du diese Bewegungsfolge einige Male gemacht, dann wiederhole sie, aber berühre den Fußboden zunächst mit den Handinnenflächen, danach mit den Handseiten, an denen sich der kleine Finger befindet, und schließlich mit den Daumenseiten der Hände. Halte dann inne und ruhe dich eine Minute aus (Abbildung 12).

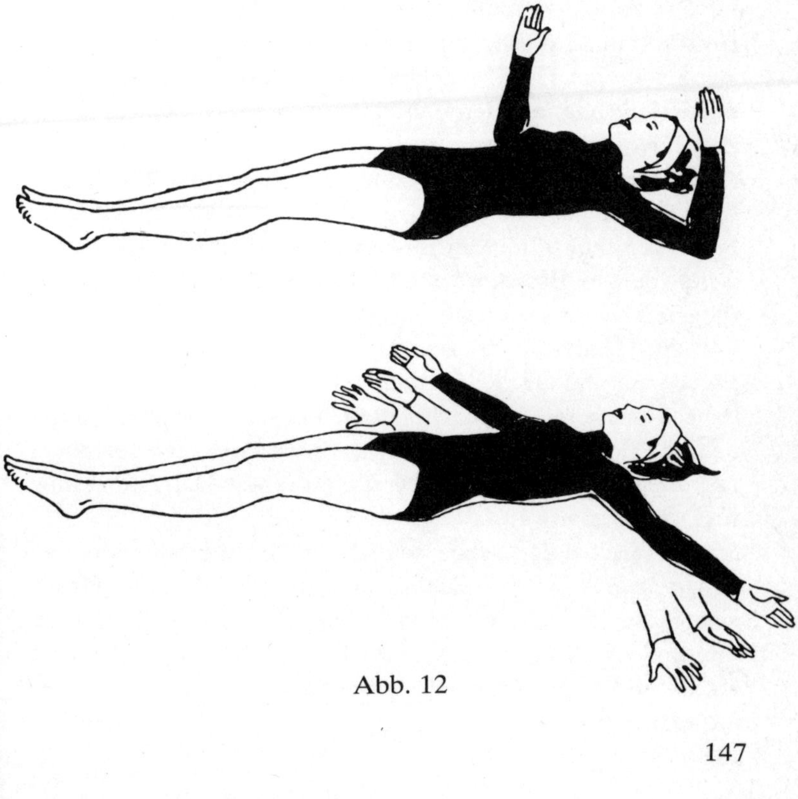

Abb. 12

Greife nun über deine Brust und umfasse mit deinen Händen deine Ellenbogen. Bewege die Arme mit umfaßten Ellenbogen seitlich, so daß zuerst auf der linken Seite, dann auf der rechten dem Fußboden näherkommen.
Laß deinen Kopf eine Zeitlang mit der Bewegung mitgehen. Laß Kopf und Augen den Ellenbogen folgen, zunächst nach links, dann nach rechts. Als nächstes fixiere deinen Blick auf irgendeinen Punkt an der Decke, so daß sich der Kopf nicht mehr bewegt, und wiederhole die seitliche Bewegung mit den Armen. Laß nun mit fixiertem Kopf deine Augen den Bewegungen der Ellenbogen folgen, und zwar so weit, wie du kannst. Laß dann Kopf und Augen zusammen mit den Armen mitgehen. Mache eine Zeitlang dieselbe Bewegung, halte dabei aber die Unterarme statt der Ellenbogen, später die Handgelenke umfaßt. Ruhe dich dann etwas aus.
Lege jetzt deine Hände etwas unterhalb deiner Brust auf den Brustkorb und mache mit den Ellenbogen Bewegungen, als würdest du mit Flügeln schlagen, d. h. hebe sie zur Decke und senke sie wieder auf den Fußboden.
Ziehe deine Hände etwas hoch, so daß sie auf der Brust liegen. Ahme wieder mit deinen Armen die Bewegung des Flügelschlagens nach, aber jetzt so, daß du, wenn du sie zum Fußboden senkst, mit der Innenseite deiner Ellenbogen leicht gegen deinen Brustkorb stößt. Mache diese Bewegung des Flügelschlagens so weit wie du kannst, ohne dich anzustrengen.
Laß die Hände auf der Brust liegen. Strecke die Ellenbogen seitlich aus und laß sie kreisen, mehrere Male nach vorne und danach mehrere Male nach hinten. Tue so, als würdest du mit deinen Ellenbogen auf irgendeine Unterlage Kreise zeichnen, und stelle dir vor, wie diese Kreise aussehen. Halte dann inne und ruhe dich etwas aus.
Strecke jetzt deine Arme seitlich auf Schulterhöhe aus und beuge sie in Höhe der Ellenbogen so, daß die Hände zur Decke zeigen. Beschreibe mit deinen Händen Kreise, eine Zeitlang in die eine, dann in die andere Richtung. Mache zuerst kleine Kreise und dann allmählich immer größere.

Beschreibe jetzt noch mehr kleine Kreise mit schnellen, lebhaften Bewegungen. Mache dann mit den gleichen schnellen Bewegungen größere Kreise. Beschreibe kleine langsame Kreise und hinterher große langsame Kreise. Wechsle von Zeit zu Zeit die Kreisrichtung, während du die Hände mit verschiedener Schnelligkeit kreisen läßt.
Halte jetzt inne, laß aber die Arme gebeugt und die Hände zur Decke gerichtet. Bewege die Hände nun so, als würdest du etwas in Bewegung setzen. Stelle dir eine Zeitlang vor, du würdest etwas Dickes und Schweres in Bewegung setzen. Stelle dir danach vor, es handele sich um etwas sehr Dünnes, was keinen Widerstand bietet, und stelle fest, ob sich deine Arme unterschiedlich bewegen. Halte dann inne und ruhe dich aus.
Laß die Arme gebeugt und schlage nun mit deinen Ellenbogen leicht gegen den Fußboden. Achte darauf, wie du deine Arme halten mußt, damit du nur mit den Ellenbogenspitzen den Boden berührst. Hast du dies eine Zeitlang gemacht, dann schlage abwechselnd mal mit dem linken, mal mit dem rechten Ellenbogen auf den Fußboden (Abbildung 13).

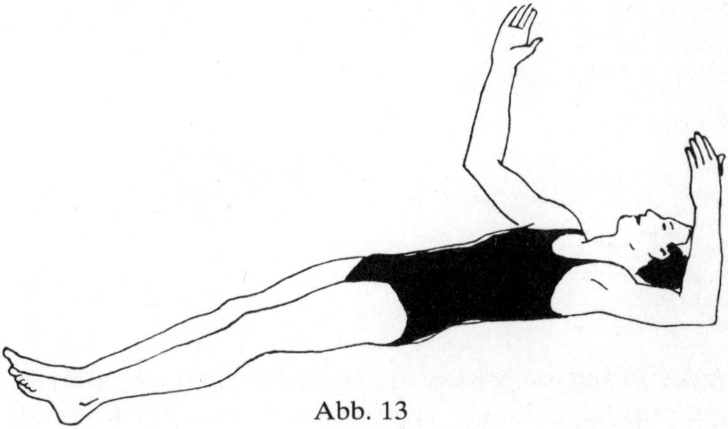

Abb. 13

Stelle dir jetzt vor, du würdest mit beiden Händen einen Besenstiel oder einen langen Stock halten. Drücke ihn mit deinen Armen nach oben, so daß sie sich strecken, und nimm ihn dann wieder herunter, bis die Ellenbogen den Fußboden berühren. Stelle dir nun vor, du würdest etwas sehr Schweres heben, was starken Widerstand bietet, etwa eine Hantel, wie Gewichtheber sie benutzen. Laß die Hantel in deiner Vorstellung unterschiedlich schwer sein und achte darauf, wie sie sich anfühlt. Hebe dann wieder einen leichten Besenstiel oder einen langen Stock. Lege dann deine Arme auf den Fußboden und ruhe dich aus (Abbildung 14).

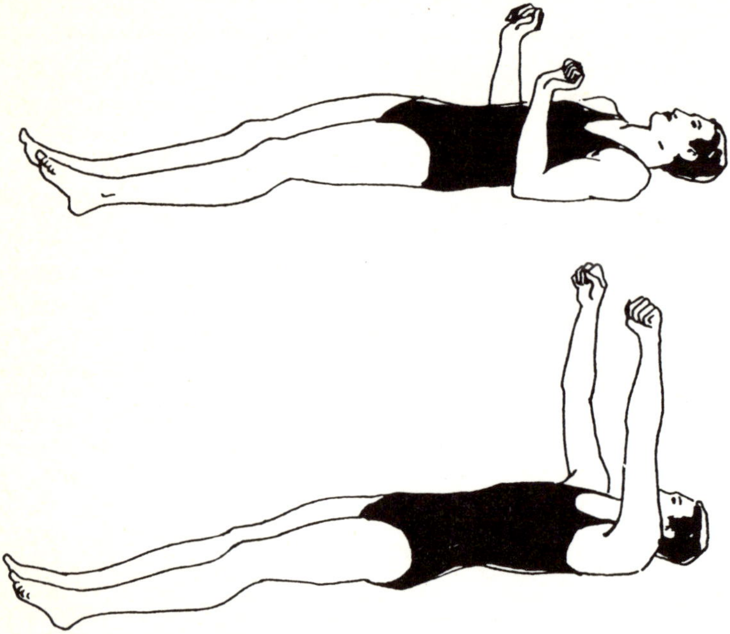

Abb. 14

Stelle dir nun vor, daß irgendwo über der Mitte deines Körpers eine Tür hängt, an die du mit deinen Fäusten klopfen sollst. Schlage gegen diese Tür – zunächst mit der einen Faust, dann mit der anderen. Hämmere dann nach einer Weile gegen diese Tür mit beiden Fäusten gleichzeitig, danach wieder abwechselnd mit einer Faust. Laß diese Tür näher an dich herankom-

men und bearbeite sie mit deinen Fäusten. Laß sie nun weiter von dir weggehen, als sie es am Anfang war, und schlage noch einmal mit deinen Fäusten dagegen. Halte dann inne.
Stelle dir nun vor, etwas unterhalb von deinen Füßen ist an der Decke eine große Rolle mit einem Seil befestigt, dessen Ende du mit deinen beiden Händen packen kannst. Greife mit einer Hand hoch, dann mit der anderen, und spule das Seil ab, indem es zu dir ziehst. Zu Anfang leistet das Seil etwas Widerstand und du mußt ziemlich kräftig ziehen, aber mit der Zeit läßt der Widerstand nach und du kannst das Seil sehr viel leichter abspulen. Ziehe so lange, bis das Seil überhaupt keinen Widerstand mehr leistet. Achte darauf, wie schnell und leicht sich deine Arme bewegen.
Stell dir nun vor, das Seil befinde sich an der Decke irgendwo hinter dir, so daß du mit deinen Händen über deinen Kopf greifen mußt, um daran zu ziehen. Versetze dann wieder das Seil im Geiste an einen Punkt an der Decke unterhalb deiner Füße und stell dir vor, es würde beim Abspulen überhaupt keinen Widerstand leisten. Halte dann inne und ruhe dich aus.
Stelle dir jetzt vor, zu beiden Seiten von dir befindet sich eine kleine Wand, die du berühren kannst, wenn du deine Hände ausstreckst. Tue dies und schlage gegen beide Wände mit deinen Fäusten. Schlage so leicht oder so energisch dagegen, wie du willst, zunächst mit beiden Fäusten gleichzeitig, dann abwechselnd mit einer Faust. Du kannst langsam oder schnell dagegen schlagen, du kannst auch mit der einen Faust langsam, mit der anderen schnell schlagen. Probiere verschiedene Möglichkeiten aus.
Versuche eine Zeitlang, mit den Handrücken gegen die Wände zu schlagen, dann mit den Seiten deiner Hände, an denen sich der kleine Finger befindet. Schlage viele Male mit deinen Fingerspitzen dagegen. Beschreibe zunächst mit den Fingerspitzen, dann nur mit der Spitze des kleinen Fingers Kreise auf den Wandflächen. Schlage dann nur mit deinem Mittelfinger sanft gegen die Wand.

Stelle dir nun vor, du würdest unter einem Tisch liegen, dessen Oberfläche sich nur ein ganz kleines Stück über dir befindet. Klopfe sanft mit deinen Fäusten dagegen, und zwar zunächst mit beiden Fäusten gleichzeitig, dann abwechselnd mit einer Faust. Halte dann inne und lege eine kurze Ruhepause ein.
Stelle dir jetzt vor, da wäre ein kleiner Tisch nur ein paar Zentimeter überhalb deiner Brust und du willst mit deiner Handinnenfläche auf seine Oberfläche schlagen. Schlage zunächst langsam auf die Tischoberfläche und versuche es dann so schnell wie möglich. Achte darauf, ob du während dieser Bewegungen normal atmest.
Strecke nun deine Arme seitlich auf Schulterhöhe aus. Beuge die Ellenbogen so, daß die Unterarme zur Decke zeigen, und laß die Hände schlaff im Handgelenk herunterhängen. Mache mit deinen Händen viele kleine Kreise und achte dabei darauf, daß Handgelenke, Hände und Ellenbogen sehr locker und frei sind. Mache die Kreise zunächst in die eine, nach einer Zeit in die andere Richtung.
Beschreibe jetzt sehr unterschiedlich große Kreise, und zwar in unterschiedlichem Tempo. Mache mit einer Hand große Kreise und gleichzeitig mit der anderen Hand kleine Kreise. Laß eine Hand in eine Richtung und die andere Hand gleichzeitig in die entgegengesetzte Richtung kreisen. Versuche mit einer Hand schnelle Kreise, mit der anderen Hand gleichzeitig langsame Kreise zu beschreiben, und wechsele dabei die beiden Hände ab. Versuche gleichzeitig Größe, Schnelligkeit und Richtung der Kreise in vielen verschiedenen Kombinationen zu variieren. Probiere das eine Zeitlang aus. Mache dann das, wonach dir im Augenblick ist, versuche aber sehr deutlich die Ellenbogen zu spüren, während du weiterhin verschiedene Bewegungen machst. Lege dann deine Arme auf den Boden und ruhe dich aus.
Spule jetzt wieder einige Male das Seil ab. Mache diese Bewegung schnell und versuche zu spüren, ob sie jetzt anders ist als beim ersten Mal. Wo liegt der Unterschied? In den Ellenbogen? In den Schultern? Achte auf deine Schulterblät-

ter. Versuche zu spüren, wie das eine herunter- und das andere hochgeht, während du das Seil abspulst. Spule es jetzt sehr schnell ab, *so als ob es keinen Widerstand bieten würde,* und zwar mit *ganz freien* Ellenbogen. Jetzt halt.

Umfasse nun wieder deine Ellenbogen mit deinen Händen und bewege die Arme zur Seite. Versuche zu spüren, wie sich die Ellenbogen jetzt beugen. Ruhe dich dann aus.

Während du dich ausruhst, beuge die Arme da, wo sie gerade liegen, und mache mit Unterarmen und Händen ein paar Kreisbewegungen. Laß die Handgelenke schlaff hängen und die Hände locker in der Luft schwingen. Halte wieder inne.

Setze dich nun langsam mit den Beinen vorne in eine Art orientalischer Sitzhaltung auf. Strecke die Arme seitlich auf Schulterhöhe aus und beuge sie. Laß dabei die Unterarme frei schwingen. Lege dann die Hände in deinen Schoß. Beuge und strecke deine Arme abwechselnd und konzentriere dich dabei auf die Empfindungen in deinen Ellenbogen.

Lege dich wieder zurück und umfasse mit deiner rechten Hand deinen linken Ellenbogen. Bewege ein wenig deinen Arm und achte auf die Empfindungen in deinem von deiner Hand umfaßten Ellenbogen. Drehe deinen Arm. Beuge ihn. Was spürst du dabei?

Umfasse jetzt mit deiner linken Hand deinen rechten Ellenbogen und achte auf die Empfindungen in ihm, während du mit deinem Arm verschiedene Bewegungen machst. Achte darauf, ob du mit deinem Ellenbogen die Berührung durch deine Hand deutlich empfindest, deutlicher als zu Anfang.

Lege deine Hände auf deine Brust und deine Arme auf den Boden. Versuche beide Ellenbogen gleichzeitig deutlich zu spüren.

Stehe auf und gehe etwas herum. Laß deine Arme frei schwingen und konzentriere dich auf die Empfindungen dabei. Stelle fest, ob Ellenbogen und Schultern jetzt von sich aus freier und mit mehr Bewegung schwingen. Stell dich hin und versuche, wie schnell du deine Arme beugen und strecken kannst. Sind sie jetzt lockerer als zu Anfang?

Zweifellos hast du bei vielen früheren Gelegenheiten Tätigkeiten ausgeführt, bei denen du häufig die Ellenbogen beugen mußtest. Die Bewegungen der Ellenbogen wurden aber dadurch um nichts freier oder schneller. Versuche dir begreiflich zu machen, warum diesmal – im Gegensatz zu früher – diese Veränderungen eingetreten sind.

Eine Übung für ältere Personen

Die Übungen im Rahmen der psychophysischen Umerziehung können einfach oder kompliziert sein, sie können kurze Zeit oder längere Zeit dauern und sie können sich aus sehr wenigen oder sehr vielen Bewegungen zusammensetzen. Beispiele für einfache und kurze Übungen finden sich am Ende des Kapitels »Erlebe dich wie du bist«. Im allgemeinen führen die längeren und komplizierten Übungen mit mehr Bewegungen zu den besseren Ergebnissen. Man kann aber auch viel mit Übungen erreichen, die relativ kurz und einfach sind und sehr wenig Anstrengung verlangen. Sie sind ausgezeichnete Rehabilitationsübungen und lassen sich sogar von schwachen älteren Menschen mit erstaunlichen Ergebnissen durchführen. Bei sehr alten Menschen besteht das Problem der Motivation und Konzentration. Die Bewegungen dürfen nicht abschreckend sein. Sie müssen sich immer ganz im Rahmen der augenblicklichen Möglichkeiten halten.
Die folgende Übung wurde für Kay Masters entworfen, Robert Masters' 75jährige Mutter. Sie konnte sie mit Leichtigkeit machen und profitierte auch davon, obwohl sie wegen eines gebrochenen Fußes an den Rollstuhl gefesselt war. Sie machte auch viele andere Übungen, die ihrem Zustand entsprechend leicht abgeändert wurden. Psychophysische Übungen fließen nach und nach in Programme für die Verbesserung der Fähigkeiten und der Lebensqualität älterer Menschen ein. Wir hoffen, daß sie sich auf diesem Gebiet revolutionär auswirken werden.

Setze dich für diese Übung in einen Stuhl, der bequem ist, aber eine feste Rückenlehne und eine feste Sitzfläche hat. Nimm keinen Stuhl, in den du mit deinem Körper hineinsinkst. Hat der Stuhl Lehnen, dann mußt du dich so weit nach vorne setzen, daß sich deine Beine und deine Hüften ungehindert nach den Anweisungen bewegen können. Vergiß nicht, so viele Wiederholungen zu machen, wie du ohne Mühe kannst, und zwar bis zu 25mal.

Setze dich so, daß du etwa die vordere Hälfte der Stuhlsitzfläche bedeckst. Mache Füße und Beine etwas weiter auseinander als sonst. Die Knie sind gebeugt und die Füße befinden sich in etwa parallel zueinander. Laß deine Hände dort ruhen, wo sie nicht deine Bewegungen behindern. Sie sollten nicht auf deinen Beinen ruhen (Abbildung 15).

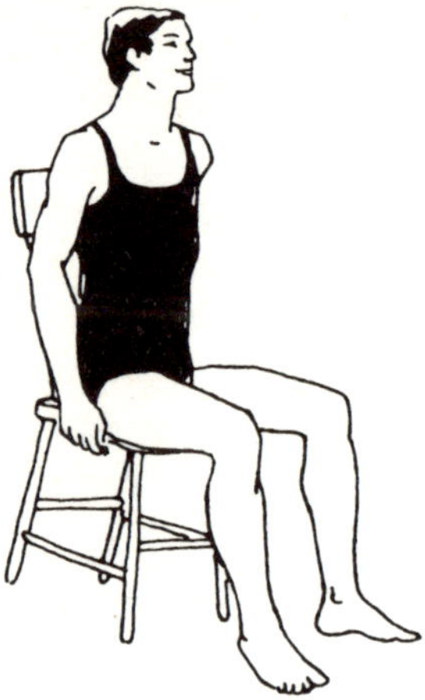

Abb. 15

Laß nun dein rechtes Bein nach rechts fallen, so daß der rechte Fuß seitlich gekippt ist, und stelle es wieder gerade hin, so daß der Fuß flach auf dem Boden aufsteht. Mache diese Bewegung mehrere Male und setze dich so auf den Stuhl, daß dein Bein sich ungehindert bewegen kann. Laß das rechte Bein nach rechts fallen, stelle es dann wieder hin, und achte dabei auf die Bewegung in deinem Hüftgelenk. Diese Bewegung sollte ohne jede Anstrengung sein. Achte auf die begleitenden Empfindungen und atme leicht (Abbildung 16).

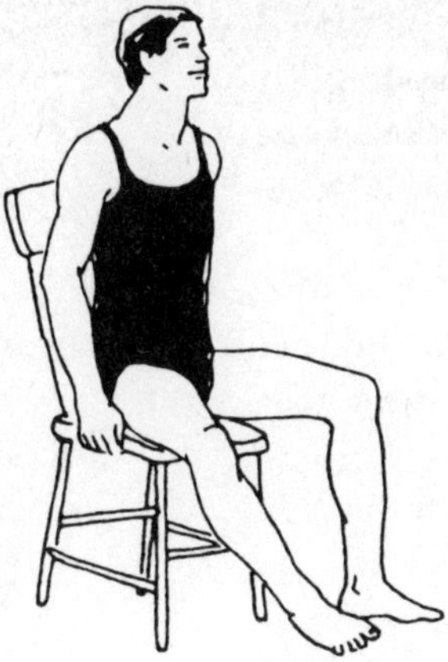

Abb. 16

Halte jetzt für einen Augenblick inne. Strecke dann dein rechtes Bein gerade nach vorne aus. Drehe es so, daß der rechte Fuß seitlich gekippt ist, und drehe es wieder zurück. Während des Drehens sollte der Fuß nur mit der Ferse am Boden sein, der Rest in der Luft. Während du diese Bewegung wiederholst, versuche sie glatter, leichter und weiter zu machen. Laß einfach den Fuß nach vorne fallen und halte dabei das Bein gerade (Abbildung 17).

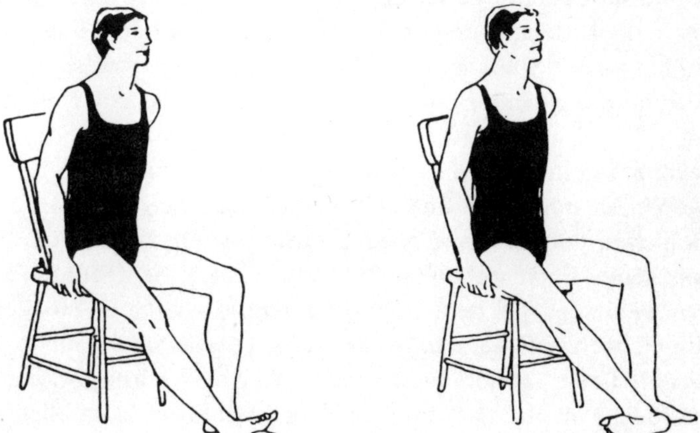

Abb. 17

Probiere dann die gleiche Bewegung mit etwas angezogenem Knie aus. Wenn du dein Knie beugst, muß dein Fuß näher an den Stuhl heranrücken. Hast du diese Bewegungsfolge zu Ende gemacht, dann ruhe dich aus.

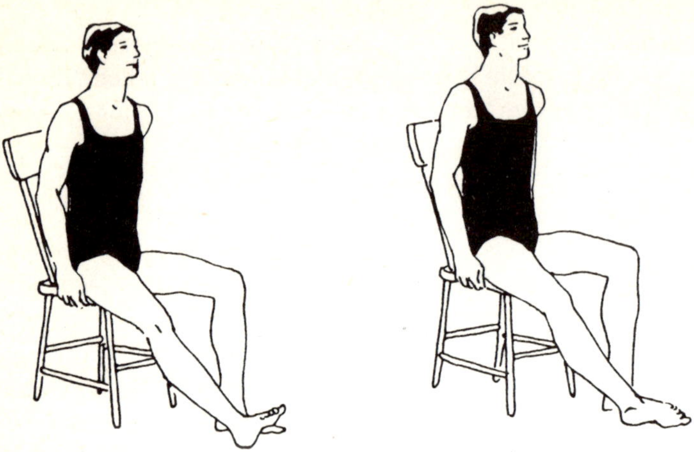

Abb. 18

Strecke dein rechtes Bein und versuche nun, deinen rechten Fuß nach links fallen zu lassen, so daß er sich mit deiner Innenseite zum Fußboden hin bewegt (Abbildung 18). Wiederhole diese Bewegung eine Zeitlang. Rücke mit dem Fuß etwas näher an den Stuhl heran, so daß sich das Knie etwas beugt, und mache die gleiche Bewegung. Halte dann inne und ruhe dich aus.
Strecke dein rechtes Bein wieder gerade nach vorne aus und versuche nun, den Fuß am Boden entlang nach vorne zu schieben und ihn dann wieder zurückzuziehen. Der Fuß muß auf seiner Ferse stehen und du solltest auf deinem Stuhl so weit vorne sitzen, daß dein Bein ganz gerade sein kann, also ohne angezogenes Knie. Halte das Bein gerade und schiebe die rechte Ferse auf dem Fußboden entlang nach vorne und wieder zurück. Paß auf, daß du nicht vom Stuhl fällst. Halte dich mit deinen Händen etwas an den Lehnen oder auf der Sitzfläche fest. Laß die rechte Seite deines Körpers mit der Bewegung

mitgehen. Während das rechte Bein nach vorne geht, sollte auch die rechte Schulter nach vorne gehen, so daß dein Körper etwas nach links gedreht ist. Gleichzeitig geht die linke Schulter zurück. Diese Bewegung wird dir beim Weitermachen schon noch klarer werden.

Mache nun Füße und Beine etwas auseinander und laß das rechte Bein nach links auf seine Innenseite fallen. Es fällt leichter, wenn du mit dem Fuß auf der Ferse stehst. Achte darauf, was dabei im Hüftgelenk passiert. Wie du feststellen kannst, bewegt sich auch deine rechte Gesäßbacke ein wenig auf dem Stuhl. Gehe nun mit deinem Fuß etwas weiter nach vorne und mache die gleiche Bewegung noch einmal. Strecke dann das Bein so weit wie möglich aus und laß es nach innen fallen. Beobachte den Fuß, während er sich auf den Boden zubewegt. Konzentriere dich auf das, was du jetzt im Hüftgelenk und in der Gesäßbacke spürst. Halte inne, aber laß deine Beine gestreckt.

Drehe nun den Fuß nach innen, bringe ihn zurück in die aufrechte Stellung und drehe ihn danach nach außen. Der Fuß sollte dabei wiederum nur mit der Ferse auf dem Boden sein. Laß das Bein sich nach innen und nach außen drehen. Spürst du die Drehbewegung im Hüftgelenk? Achte darauf, daß deine linke Gesäßbacke stärker gegen den Stuhl drückt, wenn sich dein Fuß nach innen dreht, und daß die rechte Gesäßbacke stärker belastet wird, wenn er sich nach außen dreht. Beim Drehen des Fußes sollte sich dein Körper hin und her, von einer Seite zur anderen, schieben. Mache dir die Bewegung in deiner Hüfte bewußt. Achte dann nur einen Augenblick lang auf das, was im linken Hüftgelenk vor sich geht. Da sollte sich auch einiges abspielen. Konzentriere dich jetzt wieder auf deine rechte Hüfte. Laß deinen Fuß weiterhin nur mit der Ferse auf dem Boden nach links und nach rechts fallen.

Halte jetzt inne und ziehe den rechten Fuß so weit zurück, bis er in etwa parallel zum linken Fuß steht. Stell ihn so hin, daß er nicht gegen dein linkes Bein stößt, und drehe dann das ganze rechte Bein nach links und nach rechts. Während sich das Knie nach links bewegt, kippt der Fuß auf seine linke Seite, und während es sich nach rechts bewegt, kippt er auf seine rechte Seite. Versuche die Bewegung mit Leichtigkeit zu machen. Rücke deinen Fuß etwas näher an den Stuhl heran. Stelle fest, wie weit dein Fuß vom Stuhl entfernt sein müßte, damit das Bein völlig unbehindert möglichst große Bewegungen machen kann. Ist es ihm möglich, wenn der rechte Fuß nahezu am Stuhl ist, wenn beide Füße parallel sind, wenn der rechte Fuß etwas weiter nach vorne steht, oder wenn das rechte Bein gestreckt ist? Probiere verschiedene Positionen aus, und zwar so lange, bis du entdeckt hast, welche für diese bestimmte Bewegung am besten geeignet ist. Hast du dieses Problem gelöst, lege eine Ruhepause ein.

Verlagere nun dein Gewicht auf deine linke Gesäßbacke, so daß sich die rechte Gesäßbacke etwas vom Stuhl hebt. Laß dich dann auf die rechte Gesäßbacke sinken und die linke Gesäßbacke hochgehen. Achte dabei auf die Empfindungen in deinem Hüftgelenk. Kannst du jetzt deutlicher spüren, was in deiner rechten Hüfte vor sich geht? Achte darauf, ob du dich leichter nach rechts als nach links bewegen kannst. Ruhe dich dann aus.

Strecke dein rechtes Bein aus und hebe deinen rechten Fuß etwas vom Boden ab. Wenn du auf deinem Stuhl ganz hinten sitzt, wirst du feststellen, daß du das Bein höher und mit größerer Leichtigkeit heben kannst. Mache dann mit deinem Fuß ein paar Kreise. Laß dabei das Bein steif. Mache zuerst einige Kreisbewegungen in die eine, dann in die andere Richtung. Du kannst jederzeit, wenn du müde wirst, aufhören und dich ausruhen. Mache zuerst kleine, dann größere Kreise. Laß danach deinen Fuß langsam und anschließend schneller kreisen. Achte darauf, daß du nicht deinen Atem anhältst. Stell dann das Bein auf den Boden und ruhe dich aus.

Bleibe auf deinem Stuhl ganz hinten sitzen. Strecke jetzt wieder dein rechtes Bein und hebe deinen Fuß vom Boden ab. Bewege Fuß und Bein einfach von links nach rechts, ohne daß sich die Hüfte mitbewegt oder der Fuß allein Drehbewegungen macht.

Laß den oberen Teil deines Beins, während dieses von links nach rechts geht, seitlich über den Stuhl gleiten. Halte das Bein weiterhin gestreckt über dem Fußboden und bewege jetzt nur den Fuß nach links und rechts, also nach innen und außen. Es geht jetzt darum, nicht das ganze Bein, sondern nur den Fuß zu bewegen. Stell dann dein Bein auf den Boden und ruhe dich aus.

Lehn dich jetzt nach vorne in Richtung zur vorderen Stuhlkante. Strecke dein rechtes Bein aus und stell den rechten Fuß mit seiner Ferse auf den Boden. Laß den Fuß nach vorne und nach hinten am Boden entlanggleiten, ohne das Knie krumm zu machen. Achte darauf, wie anders du jetzt dein Hüftgelenk gebrauchst. Laß deinen Oberkörper einschließlich deiner Schultern sich frei bewegen. Der Körper verdreht sich etwas, während du den Fuß nach vorne und nach hinten schiebst. Ruhe dich dann eine Minute aus, wobei beide Knie angezogen sind und beide Füße flach auf dem Boden aufstehen. Hebe nun den rechten Fuß vom Boden ab und stelle ihn wieder hin, und zwar sehr leicht und sanft. Mach dies mehrere Male. Strecke dann das rechte Bein aus und drehe den rechten Fuß von links nach rechts, ohne das Knie krumm zu machen. Mache diese Bewegung so sanft und leicht, wie du kannst. Lege dabei deine Hand auf deine rechte Hüfte und achte auf ihre Bewegung, während Fuß und Bein von links nach rechts gehen. Versuche sie deutlich zu spüren. Der obere Teil des Beins hat einen großen Knochen, dessen Kopf sich in der Hüftgelenkspfanne dreht, während das Bein von links nach rechts geht. Versuche zu spüren, wo sich diese Gelenkspfanne befindet. Fühle, wie sich das Körpergewicht von einer Seite auf die andere verlagert. Was geschieht an der linken Seite deines Brustkorbes?

Beuge jetzt dein Bein normal, so daß beide Füße seitlich nebeneinander stehen. Laß dein rechtes Knie von links nach rechts gehen. Achte darauf, wie es sich jetzt bewegt. Du solltest dich im Knie erheblich lockerer fühlen. Atme ein, während du das Bein bewegst. Versuche dann das Bein zu bewegen, während du ausatmest. Stelle deinen Fuß etwas weiter nach vorne und bewege jetzt wieder das Bein von links nach rechts. Strecke dann das Bein ganz aus und drehe es von links nach rechts. Achte darauf, wie sich jetzt deine Hüfte dreht. Gleite dann ein paar Male mit dem Fuß nach vorne und nach hinten am Boden entlang, also weg von deinem Becken und dann wieder zurück. Laß dein Bein dabei steif – die Bewegung soll aus der Hüfte kommen. Halte dann inne und ruhe dich aus.

Strecke nun beide Beine aus. Hebe das rechte Bein mehrere Male an, dann das linke. Achte darauf, ob du das rechte Bein leichter und auch höher heben kannst. Welches Bein fühlt sich schwerer an? Du wirst vielleicht denken, daß jetzt nach der ganzen Übung das rechte Bein ermüdet ist und sich schwerer anfühlt. Aber das Gegenteil ist der Fall: es fühlt sich leichter an als das linke Bein und läßt sich auch leichter bewegen.

Stehe auf und gehe etwas auf und ab. Drehe dich nach rechts und dann nach links um. In welche Richtung drehst du dich besser um? Bleibe stehen und hebe das rechte Bein nach vorne. Halte es dabei gerade. Mache dann das Gleiche mit dem linken Bein. Hebe und strecke jedes Bein nach außen. Du wirst feststellen, daß du, ohne daran zu denken, mit dem rechten Bein eine größere Bewegung machst.

Wenn du das nächste Mal diese Übung machst, so kehre die Anweisungen um und arbeite mit dem linken Bein. Danach arbeite abwechselnd mal mit dem rechten und mal mit dem linken Bein.

ANMERKUNG ZU DEN FOLGENDEN ÜBUNGEN

In den folgenden Übungen gewinnt die subjektive Komponente mehr an Bedeutung und der Körper macht viel weniger Bewegungen im Raum. Dennoch werden im Körper deutliche Veränderungen auftreten und auch solche, die sich nicht so leicht nachweisen lassen. Mit einigen dieser Übungen hoffen wir, psychophysische Methoden in Bereiche auszudehnen, die bisher noch nicht so gründlich erforscht sind.

Das, was wir früher über die Anzahl der erforderlichen Wiederholungen sagten, gilt jetzt nicht mehr. Auch brauchen die folgenden Übungen nicht mit der gleichen Regelmäßigkeit wie die vorigen ausgeführt werden. Die bisherigen Übungen sollte man sich immer wieder vornehmen, wenn man weitreichende Veränderungen in seinem Körper, seinem Geist und seiner Funktionsfähigkeit herbeiführen möchte. Was du aber in Zukunft mit den folgenden Übungen tust, kannst am besten du selber entscheiden. Hier läßt du dich am besten – wenn du an dir selber arbeitest – von deiner Intuition und deinem Gefühl leiten.

Die folgenden Übungen eröffnen auch der Forschung neue und bisher kaum erschlossene Möglichkeiten. Wir würden uns sehr freuen, wenn Leser oder Leserinnen, die auf diesem Gebiet wissenschaftliche Forschung betreiben, mit uns Kontakt aufnehmen würden. Diejenigen, die sich weit genug vorwagen und in ihren Bemühungen nicht vorzeitig nachlassen, dürften in wissenschaftliches Neuland vorstoßen.

Linke Gehirnseite, rechte Gehirnseite

In den vorhergehenden Übungen haben wir gesehen, daß man eine deutliche Verbesserung in der Funktionsweise eines Körperteils erzielen kann, wenn man mit diesem Körperteil eine Zeitlang arbeitet und sich dabei ständig auf ihn konzentriert. Zudem wird durch wiederholte Übung die Funktionsweise auf die Dauer verbessert und der Teil bzw. die Teile des Körpers, mit denen man übt, werden gesünder, kräftiger und agiler – also besser in nahezu jeder Hinsicht. Jeder, der mit den in diesem Buch bereits vorgestellten Übungen weiterarbeitet, wird solche positiven Veränderungen, sofern sie das Muskel- und Skelettsystem des Körpers betreffen, deutlich erfahren. Wir wissen auch aus Erfahrung, daß durch diese Übungen die Funktionsweise der Drüsen verbessert wird und daß auch das Nervensystem profitiert. In Anbetracht dieser Tatsachen kann man sich nun fragen, ob man mit psychophysischen Übungen nicht auch direkt am menschlichen Gehirn arbeiten und so seine Gesundheit und Funktionstüchtigkeit verbessern kann.
So wie früher bestimmte Gelenke oder Muskeln im Mittelpunkt der Aufmerksamkeit standen, so konzentriert sich diese jetzt auf die Teile des Gehirns, die in verschiedener Hinsicht »geübt« werden. Das hat zur Folge, daß die meisten Menschen das Innere ihres Schädels und die Gehirnoberfläche wahrscheinlich zum ersten Mal in ihrem Leben spüren werden. Manche werden Bewegungen in ihrem Gehirn spüren können und andere vielleicht sogar, wie das Gehirn Signale an andere Körperteile aussendet und wiederum solche von ihnen empfängt.
Was sollen wir von dieser Erfahrung, das Gehirn zu »spüren«, halten? Im allgemeinen herrscht die nur selten in Frage

gestellte Überzeugung vor, daß man das Gehirn nicht spüren kann, und daß es keinen Weg gibt, wie man das Gehirn und seine physischen Prozesse in das Bewußtsein heben kann. Wenn diese Überzeugung stimmt, dann müssen wir uns fragen, was wir in dieser Übung spüren. Man kann nur vermuten, daß wir Veränderungen in der Blutzirkulation und in den Muskeln der Kopfhaut sowie ihrer benachbarten Regionen wahrnehmen. Wenn dem so ist, dann könnten diese Veränderungen aber auch auf einen ungewöhnlichen Reiz im Gehirn hinweisen, der diese Reaktionen und die begleitenden Empfindungen auslöst.

Wir möchten nicht völlig die Möglichkeit leugnen, daß wir das Gehirn tatsächlich spüren können und daß sich diejenigen, die so etwas für unmöglich halten, im Irrtum befinden. Wir haben aber auch mit voller Absicht Elemente in diese Übung eingeführt, die nahezulegen scheinen, daß das, was wir spüren, zumindest zeitweilig eine Art Bild vom Gehirn und nicht das Gehirn selber ist.

Es geht aber letztlich darum, ob diese Übung einen Wert besitzt, und nicht, was wir spüren. Wenn wir tatsächlich das Gehirn direkt üben und auf diese Weise seine Gesundheit und Funktionsweise verbessern können, dann hat diese Übung den Wert einer Entdeckung und eines Durchbruchs.

Leider lassen sich die Auswirkungen dieser Übungen auf das Gehirn nicht so leicht bestimmen wie die Auswirkungen von Übungen, die mit den Gelenken und den Muskeln des Körpers arbeiten. Es leuchtet ein, daß alle Veränderungen – wie etwa auch bei den Augenübungen – von geringerer Größenordnung sind, aber es gibt auch noch feinere und dennoch merkliche Veränderungen in der Gesundheit und der Funktionsweise, die unter Umständen sehr viel langsamer eintreten, so daß sich eine Besserung schwerer objektiv feststellen oder messen läßt. Die Gehirnübungen müßten experimentell getestet werden, und zwar an einer großen Anzahl von Versuchspersonen über einen längeren Zeitraum hinweg. Nur auf diesem klassischen Weg können wir zu Schlußfolgerungen gelangen, die Wissen-

schaftler, Erzieher und andere, die wir in diesem Fall überzeugen wollen, akzeptieren können.
Wir haben solche langfristigen und zahlreichen Versuche nicht durchgeführt und können deshalb nur sagen, daß es bestimmte Hinweise auf eine Verbesserung der geistigen Funktionen durch wiederholte Ausführung der Gehirnübungen gibt.* Wir haben keine Informationen über eine mögliche Besserung der Gesundheit des Gehirns, da es keinen Weg gab, zu solchen Informationen zu gelangen. Doch abgesehen von diesen Dingen hat die Gehirnübung andere Ziele und bietet andere Vorteile. Die meisten Menschen erleben danach einen Zustand tiefer Entspannung, so daß man diese Übung allein aus diesem Grund verwenden kann. Außerdem verfolgt sie den Zweck, bestimmte Teile des Kopfes, insbesondere den Hinterkopf, vollständiger in das Körperbild einzugliedern. Dies ist sehr wichtig und lohnenswert. Wir kennen nur wenige andere Methoden – wenn überhaupt welche –, mit denen man sein Körperbild in dieser Hinsicht so erfolgreich erweitern kann. Es besteht unseres Wissens kein Anlaß zur Vermutung, daß diese Übungen schädlich sein könnten, doch empfehlen wir sie nicht für psychotische Personen, die unter Umständen Phantasien um sie aufbauen.
Wir kommen jetzt zur Übung selber. Da man dabei die Augen geschlossen halten muß, ist es schwierig, wenn nicht gar unmöglich, sie allein nur mit Hilfe des Buches zu machen. In der Regel empfiehlt es sich, daß jemand dir die Anweisungen vorliest, wobei er oder sie dir genug Zeit lassen soll, jeden Teil der Übung auszuführen. Am besten ist es, du bestimmst selber, wann es weitergehen soll, etwa indem du einen Finger hebst oder ein anderes Signal gibst, auf das hin der andere dir die nächste Anweisung vorliest. Wie auch bei den anderen Übungen wird sich vielleicht als das Günstigste herausstellen,

* Die Autoren und die *Foundation for Mind Research* stellen denjenigen weitere »Gehirnübungen« zur Verfügung, die auf uns den Eindruck von ernsthaften und qualifizierten Forschern machen und bereit sind, uns ihre Ergebnisse mitzuteilen.

eine eigene Bandaufnahme mit den Anweisungen zu machen und sie dann abspielen zu lassen. Wir bieten dir auch auf Band gesprochene Übungen an (siehe am Ende des Literaturverzeichnisses).

Setze dich nun in eine bequeme Position, die du mit minimaler Anstrengung und ohne dich umzusetzen etwa 40 Minuten lang beibehalten kannst. Am besten ist es, wenn du dich in eine Art orientalische Haltung auf den Fußboden setzen kannst, doch wenn dir eine solche Haltung nicht bequem ist, setz dich so hin, wie es dir am liebsten ist.

Schließe nun die Augen und versuche dir, so gut es geht, dein linkes Auge bewußt zu machen. Laß beide Augen geschlossen und blicke mit dem linken Auge hinunter auf den Fußboden. Blicke dann mit dem linken Auge zur Decke. Schaue dann mit ihm nach rechts, danach nach links. Versuche dir der Form und des Gewichts deines Augapfels bewußt zu sein.

Mache nun das gleiche mit dem rechten Auge. Halte beide Augen geschlossen und blicke mit dem rechten Auge mehrere Male nach oben und nach unten, danach ein paar Mal nach rechts und nach links.

Richte jetzt deine Aufmerksamkeit auf die linke Seite deines Gehirns über deinem linken Auge. Du solltest dich auf das Innere deines Schädels konzentrieren, wo sich das Gehirn befindet. Mache dies ein paar Sekunden lang.

Richte nun deine Aufmerksamkeit auf die rechte Seite deines Gehirns. Konzentriere dich dann nach einer Weile auf die linke Gehirnseite und gehe dann wieder zurück auf die rechte Seite. Laß deine Aufmerksamkeit zwischen deinen beiden Gehirnseiten hin- und hergehen.

Wir machen dir jetzt ein paar Vorschläge, was du dir vorstellen sollst. Entweder wirst du die genannten Dinge sehen oder du wirst dir so lebhaft wie möglich vorstellen, wie sie aussehen. Denke daran, bei den Übungen die Augen geschlossen zu halten.

Sieh jetzt zur linken Seite deines Gehirns hoch und erblicke dort bzw. stelle dir dort die Zahl 1 vor. Blicke jetzt hinüber zur rechten Seite und stell dir dort den Buchstaben A vor. Blicke nun hoch nach links, dort ist die Zahl 2, dann nach rechts, dort ist der Buchstabe B. Dann befindet sich links die Zahl 3, rechts der Buchstabe C, danach die Zahl 4, der Buchstabe D, die Zahl 5, der Buchstabe E, usw. Wenn möglich, mache in dieser Form weiter bis zum Buchstaben Z und zur Zahl 26, wobei sich die Zahl immer links, der Buchstabe immer rechts befindet.

Kehre nun die Position von Zahl und Buchstabe um. Blicke zuerst nach rechts, dort befindet sich die Zahl 1, dann nach links, dort befindet sich der Buchstabe A. Als nächstes findest du rechts die 2 und links den Buchstaben B. Fahre in dieser Weise fort bis zur Zahl 26 und zum Buchstaben Z.

Denke jetzt einen Augenblick darüber nach, was du gerade getan hast. Frage dich, ob du diese Übung auf einer Gehirnseite irgendwie besser machtest als auf der anderen. Gab es irgendeinen bedeutsamen Unterschied, dann kannst du so häufig mit Zahlen und Buchstaben arbeiten, bis deine Leistung auf der linken und der rechten Seite gleich geworden ist.

Blicke jetzt – immer mit geschlossenen Augen – zur linken Gehirnseite hoch und beobachte dort bzw. stelle dir dort vor, wie ein Baby geboren wird. Auf der rechten Seite vergegenwärtige dir, wie ein alter Mensch stirbt.

Gehe jetzt zu zwei anderen Bildern über. Links befindet sich eine Gruppe asiatischer Mönche in Kutten, die singen und beten, rechts befindet sich ein Schlachtfeld.

Als nächstes siehst du links die Sonne, rechts den Mond.

Jetzt ist links ein Frühlingstag, rechts ein Wintertag.

Links ist ein heißer Sommertag, rechts ein Tag im Herbst.

Links ist die Farbe rot, rechts die Farbe blau.

Links ist grün, rechts ist gelb.

Links ist orange, rechts purpurrot.

Du brauchst nicht nur mit deinen Augen zu arbeiten, sondern du kannst dir zusätzlich auch vorstellen, wie sich etwas anhört, wie etwas riecht oder schmeckt oder wie sich etwas anfühlt, wenn du es berührst. Versuche dir nun auf der linken

Gehirnseite vorzustellen, wie sich Samt anfühlt. Versuche dir dieses Gefühl zu vergegenwärtigen und atme dabei leicht. Berühre rechts im Geiste ein Stück Baumrinde.

Stelle dir links vor, wie sich zarte Seide anfühlt. Berühre rechts im Geiste ein Stück Wellblech.

Vergegenwärtige dir links das Gefühl von Sandpapier, rechts das Gefühl vom glattem Glas.

Laß links Hände und Finger an einem Eiszapfen entlanggleiten. Stell dir rechts vor, wie du eine Hand in warmes Wasser tust.

Höre links im Geiste, wie jemand einen großen Ball vom Boden zurückprallen läßt; rechts hörst du einen Flugzeugmotor.

Links tutet eine Hupe, rechts läuten Glocken.

Links feuert ein Maschinengewehr, rechts bellt ein Hund.

Links miaut eine Katze, rechts hörst du, wie diese Katze schnurrt.

Blicke jetzt mit deinem linken Auge zur linken Gehirnseite hoch. Bewege das Auge so, daß es im linken Teil deines Gehirns zu kreisen scheint und diesen Bereich ganz absucht. Mache dann das gleiche mit dem geschlossenen rechten Auge auf der rechten Seite deines Gehirns.

Versuche nun, dein linkes Auge irgendwo in der linken Seite deines Kopfes senkrecht kreisen zu lassen. Du brauchst dich nicht auf den Bereich deines Gehirns zu beschränken, bleibe aber innerhalb deines Kopfes. Versuche nun, dein rechtes Auge auf der rechten Seite senkrecht kreisen zu lassen bzw. stelle dir vor, wie du es senkrecht kreisen läßt.

Versuche nun, auf der linken Seite – mit dem linken Auge natürlich – auf einer etwas schrägen Linie zu kreisen. Probiere viele verschiedene Winkel aus und mache viele ineinandergreifende Kreise. Mache dies eine Weile mit dem linken Auge auf der linken Seite, dann mit dem rechten Auge auf der rechten Seite deines Kopfes.

Laß nun beide Augen genau in der Mitte deines Kopfes kreisen, und zwar entlang des corpus callosum, jenes Gehirn-

teils, der die Grenze zwischen den beiden Großhirnhälften bildet. Laß beide Augen gleichzeitig soweit wie möglich innerhalb deines Kopfes kreisen.
Mache nun ein paar Kreise, die sich nach links, und ein paar andere, die sich nach rechts fortsetzen. Vielleicht mußt du dafür aufhören und noch einmal ganz langsam anfangen. Mache sehr viele ineinandergreifende Kreise, die in verschiedenem Winkel abfallen – so wie du es auf der linken und der rechten Gehirnseite getan hast –, doch fülle nun dein ganzes Gehirn und das ganze Innere deines Kopfes mit ihnen aus.
Halte jetzt inne und laß deine Augen vollkommen zur Ruhe kommen. Versuche mit beiden Augen auf Augenhöhe in waagrechter Richtung Kreise zu machen, und zwar so weit wie innerhalb deines Kopfes möglich.
Versuche nun, in waagrechter Richtung und auf Augenhöhe kleinere Kreise zu machen. Laß sie immer kleiner werden, so lange, bis sie die Größe eines Punkts erreicht haben. Fixiere dann diesen Punkt und versuche, ihn mit den Augen festzuhalten. Achte darauf, daß du nicht deinen Atem anhältst, deine Muskeln anspannst oder dich sonst irgendwie verkrampfst. Wenn du den Punkt aus den Augen verlierst, dann mache wieder Kreise, laß sie immer kleiner werden, bis sie die Größe eines Punkts erreicht haben, und halte dann diesen Punkt so lange, wie du ohne viel Mühe kannst, mit den Augen fest.
Dies ist übrigens als Übung für sich eine ausgezeichnete Meditationsübung. Mache immer kleinere Kreise, bis sie nur so groß wie ein Punkt sind, und laß dann deine Augen so lange wie möglich auf diesen Punkt fixiert, ohne dich dabei anzustrengen.
Ruhe dich einen Augenblick aus. Stelle dir jetzt mitten auf deiner Stirn ein A vor, und zwar einen großen Buchstaben A. Laß dann dieses A verschwinden.
Stell dir nun gleichzeitig auf der linken Seite ein A und auf der rechten Seite eine 2 vor. Laß diese Vorstellung dann wieder verschwinden.
Stelle dir nun vor, mitten auf deiner Stirn sei eine große 1.

»Lösche« diese 1 und laß nun auf der linken Seite ein A, gleichzeitig etwas rechts von diesem A eine 10 erscheinen.
Lösche das A und die 10 und stelle dir nun gleichzeitig auf der linken Seite eine 1 und auf der rechten Seite ein A vor. Laß diese Vorstellung verschwinden und ersetze sie durch ein A auf der linken Seite und durch eine 1 auf der rechten Seite.
Lösche A und 1 und laß nun auf der linken Seite zwei Einsen (11) und auf der rechten Seite zwei As (A A) erscheinen. Laß dieses Bild dann langsam verblassen. Atme dabei leicht und nimm – wenn notwendig – eine bequemere Haltung ein.
Erblicke jetzt mitten auf deiner Stirn bzw. stelle dir dort ein Dreieck vor. Verlege das Dreieck jetzt im Geiste unmittelbar unter die Schädeldecke. Versuche nun, es auf die Innenseite deines Hinterkopfs zu bringen, so daß du es direkt anschauen würdest, wenn du deine Augen im Kopf vollkommen herumdrehen könntest.
Laß nun das Dreieck am Hinterkopf entlang nach oben zur Schädeldecke und dann wieder nach vorne zur Stirn gleiten. Stelle dir dann vor, wie es auf dem gleichen Weg wieder zum Hinterkopf und dann wieder zurück zur Stirn gleitet. Das Dreieck sollte einen senkrechten Halbkreis auf der Innenseite deines Schädels beschreiben.
Schaue jetzt auf das vor dir befindliche Dreieck und stelle dir vor, es sei nicht einfach ein Dreieck, sondern eine Pyramide. Neben dieser Pyramide reitet jemand auf einem Kamel. Aus welcher Richtung kommt diese Person geritten? Von links, von rechts, oder von anderswoher?
Nimm dir jetzt etwas Zeit – aber nicht länger als eine Minute –, um dich auf dem Fußboden auszustrecken, dich hinzustellen oder sonst etwas zu tun, was du gerade möchtest. Ändere deine Haltung. Vielleicht willst du deine Beine ausstrecken oder die Knie anziehen. Mache irgend etwas, wodurch du dich wohl fühlst, und nimm dann wieder deine Sitzhaltung ein. Schließe deine Augen und blicke hoch zu deinem Gehirn. Stelle dir ein Segelboot vor, das auf blauem Wasser dahingleitet, und achte darauf, wie es sich bewegt.

Laß diese Vorstellung verblassen und stelle dir nun ein Auto auf einer Autobahn vor. Beobachte, wie das Auto fährt. Lösche nun auch dieses Bild aus deinem Bewußtsein und stell dir jetzt einen gehenden Mann vor. Versuche dir seiner immer mehr bewußt zu werden, während er geht. Er hält im Gehen inne, dann bewegt er sich weiter, und plötzlich fängt er zu laufen an. Danach wird er langsamer und bleibt wieder stehen.

Gehe nun von dieser Vorstellung weg und wieder zurück zu einem Auto. Beobachte, wie es beschleunigt, dann langsamer wird und stehenbleibt, dann wieder losfährt und immer schneller wird. Laß es innerhalb deines Kopfes im Kreis fahren. Verlege nun diesen Kreis nach außen. Laß das Auto um dich herumschwirren, etwa wie ein Elektron um einen Atomkern. Stelle dir nun vor, in deinem Kopf befinden sich viele spiralenförmig verlaufende Straßen. Das Auto fährt von deiner Schädeldecke los und kurvt solange in deinem Kopf herum, bis es dein Kinn erreicht. Dann schraubt es sich wieder hoch zur Schädeldecke. Dort bleibt es stehen.

Jetzt gähne. Laß das Auto über deine Nase in deinen Mund hinunterfahren, verschlucke es und denke nicht mehr daran.

Richte deine Aufmerksamkeit jetzt wieder auf dein Gehirn und versuche darüber nachzudenken. Konzentriere dich eine Weile auf deine linke Gehirnseite. Achte darauf, daß beide Augen in diese Richtung schauen, daß aber die Empfindung im linken Auge besser ist, d. h. du empfindest deutlicher, daß du mit diesem Auge blickst.

Blicke jetzt hoch zur rechten Seite deines Gehirns und denke darüber nach. Verliere es nicht aus deinem Bewußtsein und versuche dir vorzustellen, wie es auf der rechten Seite und auf der linken Seite aussieht. Denk an deine Gehirnwindungen und an all die Einkerbungen auf ihrer Oberfläche, an den Balken, der zwischen den beiden Großhirnhalbkugeln verläuft, und an die grauen Zellen.

Versuche nun, beide Gehirnseiten gleichzeitig – also das ganze Gehirn – zu spüren. Denk an deinen Schädel und an das Schädelinnere, an das Gehirn mit seinen ständig wechselnden

elektrischen und chemischen Prozessen. Denke darüber nach, daß es der komplizierteste Einzelmechanismus ist, den es auf unserer Welt gibt. Wir haben nichts gebaut, was ihm gleichkommt.
Stelle dir nun einen Augenblick vor, du könntest dein Gehirn ausdehnen und zusammenziehen, es pulsieren lassen. Laß es eine Weile pulsieren. Laß es dann wieder zur Ruhe kommen und sprich dann dein Gehirn direkt an. Suggeriere ihm, daß es immer besser funktionieren wird, daß mit der Zeit immer mehr von seinen Zellen aktiver werden und besser funktionieren.
Rede dir nun ein, daß dir mehr Gehirnzellen zur Verfügung stehen werden und daß mit der Zeit diese Zellen mit all den Gehirnprozessen in ständig besserer Wechselwirkung stehen werden.
Möglicherweise ist es das erste Mal, daß du direkt zu deinem Gehirn sprichst, und daß dein Gehirn darauf reagieren kann und dir das, was du verlangst, auch gibt. Sage dir, daß es wirklich dazu in der Lage ist und es auch tun *wird,* wenn du ihm nur die Aufmerksamkeit gibst, nach der sich dein Körper sehnt. Wie der ganze übrige Körper auch will das Gehirn nicht ignoriert werden. Es wird besser funktionieren, wenn es Aufmerksamkeit erhält, und wird auf dem Weg über das Nervensystem den ganzen Körper funktionstüchtiger machen.
Konzentriere dich jetzt noch einmal auf dein ganzes Gehirn. Mache dir den Raum bewußt, den es in deinem Kopf einnimmt. Versuche es ganz zu spüren, dieses wunderbare Organ, das die Natur so hochschätzt, daß sie es in einer Höhlung eingefaßt hat, um es besser als jeden anderen Teil deines Körpers zu schützen.
Öffne nun die Augen, blicke um dich und beobachte dich dabei. Hat sich irgend etwas an deinen visuellen Wahrnehmungen verändert, etwa Farben, Formen, Strukturen oder Dimensionen? Achte darauf, ob du deinen Kopf – insbesondere deinen Hinterkopf – deutlicher spürst als gewöhnlich. Ist dein Kopf jetzt in deinem Körperbild klarer vertreten?
Stelle fest, ob du dich entspannt fühlst und ob du dich genau

genug beobachten kannst, um sagen zu können, ob und wie sich dein Bewußtsein verändert hat.
Versuche dich daran zu erinnern, ob dir gegen Ende der Übung die Vorstellungen leichter oder schneller in den Sinn kamen. Beobachte dich eingehend und versuche festzustellen, ob du noch andere Auswirkungen dieser Übung bei dir erkennen kannst.
Stehe jetzt langsam auf, strecke dich und gehe im Zimmer herum. Sage dir dabei, daß du immer wacher wirst und dein Bewußtsein ständig erweiterst.

Stimulierung des Nervensystems

Wie bei der vorhergehenden Übung werden wir uns auch bei der folgenden auf das Gehirn konzentrieren. Wir werden aber auch versuchen, die Verbindungen des Gehirns mit anderen Körperteilen durch das Nervensystem zu spüren. Es handelt sich um keine Unterrichtsstunde in Neuroanatomie oder Neurophysiologie, und der beruflich vorgebildete Leser sollte nicht versuchen, auf der Grundlage eines wörtlichen Verständnisses der gegebenen Anweisungen wissenschaftliche Kritik zu üben. Er sollte sich vielmehr mit seinem Urteil zurückhalten, weil er dadurch nur seine Erfahrungen blockiert oder abschwächt, und annehmen, es handele sich um Symbole, die für die Ausführung dieser Übung zweckmäßig sind. Dann wird er oder sie – wie der Leser oder die Leserin, die nicht darauf aus sind, jede Anweisung auf ihre wissenschaftliche Richtigkeit zu überprüfen – feststellen, daß er Erfahrungen macht, die sich vom wissenschaftlichen Standpunkt aus nur sehr schwer richtig erklären lassen.

Setze dich nun bequem hin, schließe die Augen und versuche, eine Zeitlang das Innere deines Munds zu spüren. Konzentriere deine Bemühungen darauf, dir deine Zunge bewußt zu machen, sowie auch deine Zähne, deinen Gaumen, den Mundboden und die ganze Mundhöhle.

Versuche nun, das Innere deiner Nase zu spüren. Atme ein und aus, und zwar langsam oder schnell, tief oder flach, kontinuierlich oder plötzlich – so wie es dir hilft, deine Nase zu spüren. Schließe dann ein Nasenloch und dann das andere mit einem Finger. Den meisten Leuten fällt es leichter, das Innere ihrer Nase zu spüren, wenn sie nur durch ein Nasenloch ein- und

ausatmen. Nimm nun deine Finger weg und atme durch beide Nasenlöcher ein und aus. Konzentriere deine Empfindungen darauf, was du dabei tust.
Beobachte jetzt nicht das Atmen und versuche nur die Nasenhöhle zu spüren. Gehe dabei so weit nach hinten, wie du kannst. Versuche, mit deinen Empfindungen den oberen Nasenwegen zu folgen.
Richte jetzt deine Aufmerksamkeit auf deine Augen. Versuche die Umrisse deiner Augäpfel zu spüren, ihr Gewicht, ihre Oberfläche, und versuche dann alles zu spüren, was hinter den Augen liegt und mit ihnen verbunden ist. Gehe dabei soweit wie möglich in deinen Kopf hinein.
Versuche zu spüren oder stelle es dir vor, wie du hinter deine Augen und dann weiter zu deinem Gehirn gehst. Gehe dabei soweit wie möglich, aber nur so lange, wie du noch eine Verbindung mit den Augen spürst.
Versuche jetzt zu spüren oder dir lebhaft vorzustellen – je nachdem, was von beiden dir möglich erscheint –, wo dein Gehirn liegt. Erforsche das Innere deines Schädels, die gewundene Oberfläche deines Gehirns, deine beiden Großhirnhälften, dein corpus callosum (die Verbindungslinie zwischen den beiden Großhirnhalbkugeln).
Laß jetzt deine Aufmerksamkeit diese Verbindungslinie entlang zurückwandern und gehe nach unten zu deinem Hirnstamm und deiner Schädelbasis. Versuche den Ort ausfindig zu machen, an dem Rückgrat und Hirnstamm zusammenlaufen, und konzentriere dich dann auf den Hirnstamm, den ältesten Teil deines Gehirns, bzw. stelle ihn dir einfach vor. Laß deine Aufmerksamkeit auf deinen Hirnstamm gerichtet und suggeriere dir, daß du immer engeren Kontakt mit dem alten, primitiven Teil deines Gehirns bekommst.
Versuche nun eine Verbindung zwischen dem hinteren Teil der Gehirnbasis und deinen Augen herzustellen, als verliefe eine Linie vor jedem Auge zu diesem Gehirnteil. Stelle dir beim Ein- und Ausatmen vor, daß zwischen dem Hirnstamm und den Augen Impulse hin- und herwandern.

Verschiebe deine Aufmerksamkeit nun etwas nach oben, in den Bereich, der sich innerhalb deines Kopfes annähernd hinter deinen Augen befindet. Stelle dir jetzt beim Ein- und Ausatmen vor, wie Linien von den Augen durch den Kopf zum Inneren des Schädels verlaufen.

Verschiebe deine Aufmerksamkeit nun noch etwas weiter nach oben, etwa auf die Höhe der Mitte deiner Stirn, und stelle dir Linien vor, die von deinen Augen nach oben zu diesem höhergelegenen Bereich deines Gehirns verlaufen. Stelle dir vor, wie Impulse zwischen diesem Gehirnteil und den Augen hin- und herwandern.

Richte jetzt deine Aufmerksamkeit auf die Spitze deines Gehirns, auf seinen höchsten und entwicklungsmäßig neuesten Teil ganz oben dicht unterhalb deiner Schädeldecke. Stelle dir Linien vor, die von den Augen nach oben zu diesem Gehirnabschnitt führen. Laß diese Linien von der Pupille eines jeden Auges in das Zentrum des oberen Gehirnteils verlaufen.

Verbinde nun diese drei Punkte in Form eines Dreiecks. Forme mit Hilfe deines Gehirns dieses Dreieck, sende Impulse durch und verfolge sie mit deinen Augen. Blicke hinüber zu deinem rechten Auge, dann zum oberen Ende deines Kopfs (der Spitze des Dreiecks), dann hinunter zum linken Auge, und dann wieder an der Grundlinie des Dreiecks entlang zum rechten Auge.

Mache es jetzt umgekehrt. Blicke von deinem rechten Auge hinüber zu deinem linken Auge, dann nach oben zur Dreiecksspitze und hinunter zum rechten Auge. Wandere immer mit deinen Augen an den Seiten des Dreiecks entlang.

Richte jetzt deine Aufmerksamkeit auf die linke Seite deines Gehirns. Blicke sozusagen in deinem Kopf umher. Konzentriere dich zunächst auf die linke Seite. Versuche, das linke Ohr zu spüren, die Gänge, die von ihm in den Kopf hinein verlaufen, den Mund, die Nasenhöhle, die Augen.

Versuche jetzt, dir das ganze Gehirn so klar wie möglich vorzustellen. Denke an die Gehirnwindungen. Streiche in

Gedanken über die Gehirnoberfläche, wandere die Gehirnwindungen entlang und versuche, das Gehirn als ein lebendiges Etwas zu spüren, als einen elektrischen, chemischen, unglaublich komplizierten und in ständiger Bewegung befindlichen Mechanismus.

Stelle dir vor, es würde sich zusammenziehen und ausdehnen. Versuche es immer deutlicher zu spüren, dein Gehirn in deinem Schädel. Denke dir nun, daß dieses Gehirn auf deine gesprochenen Anweisungen reagiert. Sage ihm, daß es dir immer deutlicher ins Bewußtsein kommen soll mit seinen Umrissen, seinen Aktivitäten und seinen Botschaften, die es aussendet und empfängt.

Bringe dir nun, während du dich weiterhin auf dein Gehirn konzentrierst, deine rechte Hand zu Bewußtsein. Stelle dir vor, daß sie sich – ohne daß du sie bewegst – zu einer Faust ballt. Laß in deinem Geist Signale den rechten Arm zur Hand hinunterwandern, Signale, die ihr befehlen, eine Faust zu machen. Stelle fest, ob du spürst, wie deine Hand – wenn auch noch so fein – auf diese Signale reagiert (obwohl du sie nicht wirklich zur Faust geballt hast).

Sende jetzt die Botschaft, daß sich deine Hand entspannt und öffnet. Kannst du irgendwelche Unterschiede in deiner Hand spüren? Sende jetzt wieder die Botschaft, daß sich deine rechte Hand zur Faust ballen soll.

Laß deine Hand unbeweglich, aber stelle dir intensiv vor, du würdest eine Faust machen und könntest spüren, wie die Impulse zu deiner Hand hinunterwandern und deine Hand sich zur Faust zu ballen beginnt, also die Muskeln sich organisieren, sobald die Botschaft angekommen ist.

Stelle dir dann vor, wie sich deine Hand öffnet. Versuche, ob du diese kleine Veränderung in deinen Muskeln, sobald du deiner Hand nicht mehr suggerierst, sie solle eine Faust machen, wahrnehmen kannst, und wiederhole das Ganze noch einmal.

Stelle dir nun lebhaft vor, daß sich deine Hand zu einer Faust zu ballen beginnt, daß das Gehirn entsprechende Botschaften an deine Hand aussendet, daß aber etwas anderes deiner Hand sagt, sie solle die Faust nicht wirklich machen, sondern nur so wie auf die Suggestion reagieren, die Faust nur im Geiste zu machen.

Suggeriere dann der Hand, daß sie sich öffnet, daß sie sich ganz weit öffnet und sehr schlaff und entspannt wird... Schicke deiner Hand die Botschaft, daß sie ganz schlaff und entspannt wird.

Konzentriere dich jetzt auf dein Gehirn und stelle fest, ob du dir mehr der rechten oder der linken Seite deines Gehirns, der rechten oder der linken Hand, des rechten Arms oder des linken Arms bewußt bist. Stelle fest, ob deine rechte oder deine linke Körperseite im Bewußtsein dominiert. Mache dir dann beide Seiten des Gehirns gleich deutlich bewußt.

Blicke mit deinen Augen hinüber nach links, spüre das Gehirn auf deiner linken Seite, stelle es dir vor, versuche, das ganze Gehirn in deinem Schädel zu spüren.

Richte jetzt deine Aufmerksamkeit auf das untere Ende deiner Wirbelsäule, gehe die Wirbelsäule hoch zum Hirnstamm, weiter nach oben zur Spitze des Gehirns und dann wieder zurück nach unten. Wiederhole dies einige Male und vergiß nicht, dabei frei zu atmen.

Stelle fest, ob du dir deiner Wirbelsäule in der Gegend deines Halses, der Halswirbel, ungewöhnlich deutlich bewußt bist. Richte deine Aufmerksamkeit dann auf das obere Ende deines Gehirns und gehe dann wieder hinunter über die älteren Gehirnteile, den Hirnstamm, den Hals, den Rücken bis zum Steißbein. Laß danach die Aufmerksamkeit wieder nach oben wandern.

Achte nun darauf, während du zum unteren Ende deiner Wirbelsäule wanderst, ob dir dein Mastdarm und deine Genitalien deutlicher bewußt sind als vorher. Folge dem Strahl deines Bewußtseins, wie er die Wirbelsäule nach oben und nach unten wandert, zur Spitze deines Kopfes und wieder zum unteren Ende deiner Wirbelsäule. Stelle dir vor, wie diese Impulse nach unten bis zu deinen Genitalien und wieder zurück nach oben wandern.

Versuche, dein Gehirn und die Wirbelsäule unterhalb von ihm zu spüren, ebenso deinen Anus und deine Genitalien und den ganzen Bereich dazwischen. Laß Botschaften durch die Wirbelsäule nach oben und nach unten wandern.

Laß jetzt deinen Geist deinem Gehirn und deinem Nervensystem suggerieren, daß sich an einem Punkt in der Nähe des unteren Wirbelsäulenendes und der Genitalien Energie ansammelt, die in die Wirbelsäule hineinfließt, durch sie nach oben zum Gehirn steigt, von dort weiter bis zur Spitze deines Kopfs und dann wieder ganz zurück nach unten fließt.

Stelle dir vor, daß jetzt Energie in deiner Wirbelsäule hinauf- und hinabfließt. Laß sie nach oben bis zu deinem Gehirn gehen und laß sie dann dort. Stelle dir vor, wie sie im Inneren deines Kopfs herumwirbelt.

Stelle dir vor, wie diese Energie in deinem Schädel kreist, dein Gehirn durchdringt und es so energetisiert. Erzeuge mit deinen Augen das Gefühl, daß sie sich im Kopf herumdrehen und durch das ganze Gehirn – senkrecht, waagrecht oder schräg – hindurchblicken können.

Stelle dir nun vor, du würdest die Energie zu einem Punkt herunterbringen, der unmittelbar über der Nase und direkt zwischen den Augen liegt, und daß sie jetzt dort herumwirbelt. Immer mehr Energie fließt durch die Wirbelsäule zu diesem Punkt zwischen den Augen hoch, sie steigt dorthin und kreist, kreist und wirbelt herum, steigt weiter bis zur Spitze des Kopfes, wirbelt dort herum, und kreist schließlich in einer waagrechten Ebene unmittelbar über der Schädeldecke.

Nimm deine Augen zur Hilfe und beobachte diese Energie, weiße Energie, goldene Energie, wie sie unmittelbar über deinem Kopf kreist und herumwirbelt. Fange dann an, sie etwas nach unten sinken zu lassen. Laß sie in größeren Kreisen herumwirbeln, während sie in deiner Stirn tobt, bringe sie dann auf Augenhöhe und schließlich auf die Höhe des Hirnstammes. Spüre, wie dieser alte Teil des Gehirns durch die wirbelnde Energie stimuliert und aktiviert wird – durch diese Energie, die der Geist steuert.

Um Veränderungen im Gehirn zu bewirken, brauchst du dir nur vorzustellen, daß solche geschehen, so wie du auch Veränderungen in deiner Hand herbeiführen kannst, indem du sie dir einfach nur vorstellst. Diese Veränderungen treten auch wirklich ein – unabhängig davon, ob du sie spürst oder nicht. Stelle dir nun vor, wie dieser Energiewirbel deine Gehirntätigkeit intensiviert, Neuronen zum Feuern bringt und die Gehirnzellen, ihre elektrische und chemische Aktivität, anregt, wie sie auf diese Weise immer mehr Gehirnzellen in Aktion setzt und diese dir verfügbar macht.
Du wirst dir jetzt immer mehr dessen bewußt, was in deinem Kopf vorgeht. Du denkst dir, daß dein Gehirn immer aktiver, immer angeregter wird, daß sich deine Bewußtheit und Wachsamkeit steigert, daß dein Gehirn immer schneller, lebhafter, intelligenter arbeitet.
Denke dir jetzt, daß dein Gehirn dein Nervensystem mit Botschaften überschwemmt – mit Botschaften, daß es besser funktionieren soll. Höre, wie in deinem ganzen Nervensystem die Relais klicken und neue Impulse umherjagen. Diese Stimulation, dieses anregende Elexier, diese Massage deines ganzen Nervensystems geht von deinem Gehirn aus.
Fühle nun, wie die Energie durch die Wirbelsäule nach unten fließt, den Rumpf und die Genitalien, Arme und Beine, Hände und Füße durchdringt, und sich intensiviert, während sie durch deinen Körper fließt und du dir deines Nervensystems deutlicher bewußt wirst. Du spürst nun etwas, was viele noch nie gespürt haben, nämlich die Nerven in deinem Körper.
Du erkennst jetzt, daß etwas in deinem Körper geschieht. Du spürst den Fluß der Energie sowie die Aktivität und die Erregung der Nerven im ganzen Körper. Du spürst ebenso das Gehirn, das diesen Fluß von Energie, Vitalität und Bewußtheit steuert.
Versuche nun, die Energie in deiner Wirbelsäule zu spüren. Hast du jetzt ein klareres Bild von deiner Wirbelsäule als vorher? Fällt es dir leichter, dir die einzelnen Wirbel vorzustellen, die Augen und die Ohren, die Nase und den Mund, das

Innere deines Schädels, die Nerven, die von der Wirbelsäule ausgehen und zu jedem Teil deines Körpers hinführen? Kannst du dir vorstellen, wie das Gehirn nach überallhin seine Botschaften aussendet, wie es den Körper mit neuen Empfindungen der vollständigen Bewußtheit und Vitalität lädt und ihn so erneuert?

Atme jetzt etwas tiefer ein, halte dich etwas mehr aufrecht und prüfe, ob du dir dadurch des inneren Flusses durch dein Nervensystem stärker bewußt wirst. Denke jetzt einen Augenblick an dein Skelett, an die Muskeln um die Knochen, an die Gelenke, die sich entspannen, sobald sich die Muskeln lockern. Gib deinem Gehirn Signale. Laß das Nervensystem zu den Muskeln sprechen, diese sich lockern und das Skelett von Spannungen frei werden. Laß Körper und Geist als ein harmonisches Ganzes zusammenwirken.

Richte deine Aufmerksamkeit nun wieder auf das untere Ende deiner Wirbelsäule. Stelle dir vor, wie sich dort erneut Energie konzentriert und durch die Wirbelsäule nach oben in den Kopf steigt, wie sich der ganze Körper durch den Energiefluß belebt und das ganze Nervensystem sich aktiviert.

Laß die Energie vom Körper in dein Gehirn strömen. Ziehe mehrere Male deinen Mastdarm zusammen und stelle fest, ob das den Energiefluß unterstützt, den ganzen Körper noch lebendiger macht. Ziehe deine Afteröffnung und die Genitalien zusammen. Stelle fest, ob dadurch das Nervensystem weiter angeregt, der Energiefluß noch stärker angetrieben wird.

Laß nun die Energie in dein Gehirn steigen und konzentriere dich eine Zeitlang darauf, wie die Energie deines gesamten Körpers in dein Gehirn fließt und wie alle Gehirnfunktionen durch diesen neuen Energiefluß aktiviert und verstärkt werden.

Laß deine Aufmerksamkeit eine Weile auf dein Gehirn gerichtet. Öffne dann langsam die Augen, blicke umher und achte darauf, wie du Licht, Formen und Strukturen wahrnimmst. Einige von euch werden jetzt sehr viel mehr sehen, insbesondere wenn das Zimmer gut beleuchtet ist. Frage dich, wie du dich jetzt fühlst.

Lege dich hin, bleibe stehen, mache, was immer du willst, aber bleibe eine Weile ruhig. Achte darauf, was du jetzt fühlst.

Achte darauf, wie du hörst, wie du atmest. Fühlst du dich entspannt und gleichzeitig energiegeladen? Gehe etwas herum und achte darauf, wie du dich fühlst. Empfindest du deinen Körper anders? Wenn ja, wie? Konzentriere dich auf dein Körperbild, insbesondere auf deine Finger, und darauf, wie du dich bewegst.

Klangvibrationen im Körper I

Wie schon bei der eben abgeschlossenen Gehirnübung werden auch bei den folgenden Übungen vergleichsweise wenig Körperbewegungen beteiligt sein, zumindest Körperbewegungen, die wir allgemein als solche bezeichnen. Es werden sehr wohl dauernde Bewegungen stattfinden, aber innerhalb des Körpers, nicht Körperbewegungen im Raum.

Um den körperlichen, geistigen und emotionalen Effekt der nächsten beiden Übungen zu erhöhen, kann man sie kombinieren. Zwar kann man auch, wenn die Zeit beschränkt ist, die erste Übung allein machen, doch ist die zweite Übung sehr viel effektiver, wenn man sie im Anschluß an die erste Übung folgen läßt.

Eine der Hauptauswirkungen dieser Übungen wird darin bestehen, daß wir uns einiger Teile und Funktionen unseres Körpers vollständiger bewußt werden, deren wir uns in der Regel kaum – wenn überhaupt – bewußt sind. Auf diese Weise bereichern wir unser Körperbild. Die meisten werden feststellen, daß diese Übungen auch zu einem Zustand größerer Entspannung führen als andere Methoden, die sie ausprobiert haben. Wenn man sich selber sorgfältig beobachtet, dann zeigt sich, daß diese Entspannung körperlicher, geistiger und emotionaler Natur ist. Im zweiten Teil der Übung stellt sich eine Entspannung unter Umständen erst nach einer vorübergehenden Erhöhung körperlicher, geistiger und emotionaler Anspannung ein.

Wenn man will, können diese Übungen zu tiefgreifenden Bewußtseinsveränderungen führen. Wie auch im Fall chemisch herbeigeführter Bewußtseinsveränderungen kann es notwendig sein, zu experimentieren und zu lernen, wie man sein

Bewußtsein verändert, und auch, wie man von den erreichten Bewußtseinsveränderungen am besten Gebrauch machen kann. Wenn man auf diese Weise experimentiert und Erfahrungen sammelt, können diese Übungen wertvolle Hilfen sein, um in Bewußtseinsbereiche einzudringen, die normalerweise verschlossen bleiben. In diesen veränderten Bewußtseinszuständen ist es auch möglich, sich selber therapeutische oder sonstige nützliche Suggestionen zu geben, die die Geist-Körper-Einheit annimmt und mit ungewöhnlicher Leichtigkeit und Effektivität verwirklicht.

In den folgenden Übungen werden die gewünschten Effekte herbeigeführt, indem man Laute hervorbringt und sich selber durch diese Laute stimuliert. Der Klang, der dadurch in den eigenen Körper und in den Körper einer anderen Person geleitet wird, kann gewaltige Folgen haben. Viele alte psychophysische Methoden haben dies erkannt und eine große Vielfalt von Klängen und Formen der Klangerzeugung entwikkelt, die bedeutsame Hilfen für die Erweiterung der Persönlichkeit, die Heilung von Krankheiten und viele andere Dinge wurden. Um aber den Klang in dieser Weise zu nutzen, bedarf es der Anleitung eines Lehrers. Wir vermitteln im folgenden nur solche Erfahrungen, die man ohne Risiko und mit Gewinn ohne eine solche persönliche Anleitung machen kann.

Der zweite Teil der Übung sollte eine Erfahrung vermitteln, die vor allen Dingen in ästhetischer Hinsicht befriedigt. Die Form der Selbstäußerung, die ermöglicht wird, kann sowohl schön, tiefgehend und selbstenthüllend sein als auch emotional kathartisch wirken. Musikalische Menschen werden vielleicht in sich eine neue Dimension kreativen Schaffens entdecken.

Setze dich jetzt bequem hin. Gib jetzt den Laut *Aah* von dir. *Aah.* Achte darauf, daß du deinen Mund öffnen mußt, um diesen Laut zu erzeugen. *Aaaaah.* Wiederhole diesen Laut mehrere Male und mache ihn jedes Mal mindestens 10 oder 15 Sekunden lang. Schließe nun deinen Mund, mache aber sonst den gleichen Laut wie vorher. Denke lediglich dabei an das *Aah*

von vorher. Du wirst merken, daß das *Aah* bei geschlossenem Mund zwangsläufig mehr wie *Mmm* klingt.
Halte nun deine Lippen geschlossen, presse die Zähne aufeinander und mache wieder *Mmmm.* Wiederhole diesen Laut mehrere Male. Achte darauf, ob der Laut anders klingt, wenn du deine Zähne etwas öffnest. Laß aber alles andere unverändert. *Mmmmm. Mmmmm.* Versuche es auf beide Arten, immer mit geschlossenen Lippen, aber einmal mit, ein andermal ohne zusammengepreßte Zähne.
Mache nun *Aaah* mit geöffnetem Mund und versuche diesen Laut oben in deinem Kopf zu spüren, dort, wo dein Gehirn sitzt. *Aah. Aah. Aah.* Versuche diesen Laut nach oben zu verlagern. Probiere es mit geschlossenen Augen, dann wieder mit offenen Augen und versuche festzustellen, wie es besser ist. *Aah. Aaaah. Aaaaah.*
Mache nun weiterhin diesen Laut, verstopfe aber dabei dein rechtes Ohr, entweder indem du deinen Mittelfinger hineinsteckst oder indem du dein Ohrläppchen über die Ohröffnung klappst (versuche es auf beide Arten). *Aah. Aah.* Achte sorgfältig darauf, wie du diesen Laut jetzt hörst. Schlage dann, während du weiterhin das rechte Ohr zuhältst, mehrere Male mit der flachen Hand auf deinen Oberschenkel, und zwar so laut, daß du es deutlich hören kannst. *Patsch. Patsch.* Achte darauf, wie unterschiedlich du diese beiden Laute wahrnimmst. Schlage wiederum auf einen Oberschenkel, während du dir das rechte Ohr mit dem Mittelfinger zuhältst: *Aah. Aah. Patsch. Patsch.* Wiederhole dies noch mehrere Male.
Hast du bemerkt, daß du dann, wenn du den Laut innerhalb von dir erzeugst, das Gefühl hast, du würdest ihn mit dem Ohr hören, das du zuhältst? Und daß du einen Laut, der außerhalb von dir erzeugt wird, wie etwa durch das Schlagen auf den Oberschenkel, mit dem anderen Ohr hörst, also mit dem Ohr, das nicht verstopft ist? Wenn du dies vorher noch nicht bemerkt haben solltest, dann wiederhole dasselbe noch einmal mit zugehaltenem Ohr und achte auf den Unterschied. *Aah. Aah. Patsch. Patsch.*

Halte dir jetzt beide Ohren zu und mache *Aah. Aah.* Öffne dabei deinen Mund. *Aah.* Schließe ihn jetzt. *Mmm.* Öffne jetzt abwechselnd deinen Mund und schließe ihn, damit du die beiden unterschiedlichen Laute wahrnimmst. *Aah. Mmmm. Aah. Mmmm.* Mache diese Laute so laut du kannst mit geöffnetem und geschlossenem Mund. Du wirst merken, daß du dann, wenn der Mund geschlossen ist, das Klangvolumen erheblich vergrößern kannst, so daß dein ganzer Kopf vibriert. Mit geschlossenem Mund kannst du ein sehr viel größeres Klangvolumen erzielen als mit geöffnetem Mund. Mache abwechselnd mehrere Male *Aah. Mmmm. Aah. Mmmm.*

Du wirst auch feststellen, daß sich das Klangvolumen danach richtet, wie weit du den Mund öffnest. Während du den Mund öffnest, geht die Lautstärke zurück, während du ihn schließt, nimmt sie zu. Probiere es aus. *Aah. Mmmm. Aah.* Wenn du deinen Mund soweit wie möglich öffnest – so als ob du ganz herzhaft gähnen wolltest –, wird der Laut fast vollständig verklingen.

Mache nun in dieser Weise weiter. Laß dabei die Hände auf den Beinen ruhen. Mund offen: *Aah.* Mund zu: *Mmm.* Du kannst so lange weitermachen, wie du willst. *Aah. Mmm. Aah. Mmmm.*

Verstopfe dir jetzt mit einem Finger das rechte Nasenloch und produziere weiter den Laut mit geschlossenem Mund. *Mmmm.* Achte darauf, ob es dir jetzt so vorkommt, als hörtest du diesen Laut vor allem mit deinem linken Nasenloch statt mit deinem Ohr. *Mmmm.* Das stärkste Klangempfinden ist in dem Nasenloch, das du nicht verstopft hast.

Erinnere dich daran, daß du den Laut dann, wenn du ein Ohr verstopfst, am stärksten mit dem verstopften Ohr wahrnimmst. Hingegen wenn du ein Nasenloch zuhältst, spürst du den Laut stärker in dem Nasenloch, das nicht verstopft ist. Wie erklärst du dir diesen scheinbaren Widerspruch?

Halte dir nun beide Nasenlöscher zu und probiere das Ganze aus. Stopfe dir abwechselnd das linke und das rechte Nasenloch zu. *Aah. Aah.* Schließe nun den Mund und mache *Mmmmm,*

Mmmm. Du wirst feststellen, daß der Klang dann, wenn du den Mund öffnest, sich scheinbar im Mund befindet. Wenn du hingegen den Mund schließt, kommt es dir vor, als ob der Laut im verstopften Nasenloch ist. Schließe und öffne deinen Mund abwechselnd ein paar Mal. *Mmmm. Aah. Mmmm. Aah.*

Verstopfe jetzt beide Nasenlöcher und mache *Aah.* Wenn dein Mund vollständig geschlossen ist, kannst du natürlich keinen Laut produzieren. Versuche den Mund, während du beide Nasenlöcher zuhältst, erst etwas, dann weit zu öffnen. *Aaah.*

Achte darauf, daß du den Laut deutlicher in deinen Nasenlöchern spürst, wenn du den Mund schließt. Sobald du den Mund öffnest, nimmst du den Laut nicht mehr in deinen Nasenlöchern wahr, sondern du beginnst, ihn in deinem Mund zu hören. *Aaaah.* Versuche nun, mit Hilfe beider Daumen und Mittelfinger beide Nasenlöcher und beide Ohren zu verstopfen und dann den Laut zu produzieren. *Aaah.* Sind beide Ohren und beide Nasenlöcher verschlossen, so hörst du mit den Ohren, oder es kommt dir zumindest so vor. *Aaaah.*

Halte deine Ohren weiterhin zu, mache aber die Nasenlöcher frei und produziere jetzt mehrere Male den Laut. *Aaaah.* Du stellst nun fest, daß du weiterhin mit den Ohren hörst, solange sie verschlossen sind.

Der menschliche Kopf ist also ein ziemlich seltsamer akustischer Raum. Wenn du ein Ohr verstopfst, hörst du mit diesem Ohr, solange ein Geräusch von innen kommt. Wenn es aber von außen kommt, nimmst du es mit dem Ohr wahr, das nicht verstopft ist. Erinnere dich an die anderen Varianten, die wir ausprobiert haben. Es gibt viele, die bisher noch nicht erforscht sind.

Halte dir nun wieder beide Ohren zu und produziere den Laut zunächst mit geöffnetem und dann mit geschlossenem Mund. *Aah. Mmmm. Aah. Mmmm.* Denke jetzt an das berühmte indische Gesangswort *aum.* Sprich es in Form zweier getrennter Silben aus. *Aah. Um. Aah. Um.* Sage es einige Male, während du den Mund für *Aah* öffnest und für *Um* schließt.

Halte dabei die Ohren zu. *Aah. Um. Aah. Um. Aah. Um. Aah. Um.*

Laß nun das Innere deines Kopfes mit diesem Laut richtig vibrieren. Verstärke den Laut, so daß sich das ganze Innere deines Kopfes mit ihm füllt. *Aah. Um.*

Versuche nun, diesen Laut zur rechten Seite des Gehirns zu leiten. *Aah. Um.* Fülle die ganze rechte Seite deines Kopfs mit dem Klang dieses Lautes aus. Im Augenblick ist es vermutlich besser, wenn du dabei die Augen geschlossen hältst. Laß weiterhin die ganze rechte Seite deines Gehirns vibrieren. *Aah. Um. Aah. Um. Aah. Um.*

Halte nun einen Augenblick inne. Stelle fest, ob du irgendeinen Unterschied spürst zwischen der rechten und der linken Gesichtsseite, dem rechten und dem linken Auge sowie der rechten und der linken Schläfe.

Leite nun, während du weiterhin die Ohren zuhältst, den *aum*-Laut zur linken Gehirnseite. Fülle die linke Kopfseite etwa vom Backenknochen ab aufwärts mit starkem vibrierendem Klang aus. *Aah. Um. Aah. Um. Aah. Um.* Probiere aus, wie lange du das *Um* ausdehnen kannst. *Aah. Uuummmmmmm.*

Probiere nun mit verstopften Ohren, den ganzen Kopf – etwa von den Backenknochen ab aufwärts – mit dem *Aum*-Laut auszufüllen. Versuche, das *Aah* ebenso stark vibrieren zu lassen wie das. *Um. Aah. Um. Aah. Um. Aah. Um.* Um ein noch stärkeres *Aah* zu produzieren, empfehlen wir dir, Nasenlöcher und Ohren zu verstopfen. Mache sie dann frei, wenn du den *Um*-Laut produzierst. Mache nun auf diese Weise abwechselnd *Aah* und *Um* und leite den Klang immer nach oben in den Kopf hinein. *Aah. Um.* Versuche nun, das *Aah* nach oben vibrieren zu lassen, ohne die Nasenlöcher zuzuhalten. *Aah. Um. Aah. Um.*

Ruhe dich nun einen Augenblick aus und konzentriere dich auf die Empfindungen, die du auf diese Weise erzeugt hast. Lege dich hin und achte darauf, wie du dich fühlst. Während du daliegst, erzeuge einen summenden Laut, *Mmmm,* und leite

ihn nach oben zur Spitze deines Kopfes. Laß deine Hände vollkommen ruhig, leite nur diesen Laut nach oben, während du auf dem Rücken liegst. *Mmmm.*
Versuche nun, diesen Laut eine Zeitlang in die Richtung deines rechten Auges und deiner rechten Schläfe zu leiten. *Mmmm.* Leite ihn jetzt zu deinem linken Auge und deiner linken Schläfe. *Mmmm.* Versuche dann, mit diesem Laut wiederum deinen ganzen Kopf auszufüllen. *Mmmm.*
Versuche nun das gleiche mit einem höheren Ton. Hebe deine Stimme etwas an. Probiere es mit den Fingern in den Ohren. *Mmmm.* Wiederhole das gleiche im Sitzen. *Mmmm.* Versuche weiterhin, den Ton höher werden zu lassen, während du deine Ohren verstopft hältst. *Mmmm.*
Erzeuge nun den Laut, den du zu Anfang gemacht hast, also den tieferen Laut, und leite ihn zur Basis deines Schädels, zu dem alten Teil deines Gehirns – dem Stammhirn – und zum oberen Ende deiner Wirbelsäule. *Mmmm.* Laß ihn nun etwas höher gehen, in Richtung Hinterkopf. Versuche deinen ganzen Hinterkopf mit dem Laut auszufüllen. *Mmmm.* Dirigiere ihn nun nach vorne in den Bereich hinter deiner Stirn und deinen Augen. Laß den Laut vibrieren, während du dir die Ohren zuhältst. *Mmmmmm.*
Versuche nun, diesen Laut auf einen Punkt zu konzentrieren, und zwar auf einen Punkt zwischen den Augen, etwas oberhalb des Nasenrückens. Dort ist der Sitz des sogenannten dritten Auges, eines der Yoga-Chakras. An dieser Stelle befindet sich auch die Zirbeldrüse, ein wichtiges Organ, das nach der Ansicht vieler eng mit jeder Form außersinnlicher Wahrnehmung oder übernatürlicher Fähigkeiten zusammenhängt.
Versuche nun, mit zugehaltenen Ohren dieses »dritte Auge« mit Klangvibrationen zu bombardieren. Du kannst es auf verschiedene Weise machen, indem du das *Mmmm* höher oder tiefer machst oder indem du es tremolieren läßt.
Leite alle diese Laute zu deinem »dritten Auge«. Konzentriere sie auf diesen Punkt so intensiv wie möglich. *Mmmmm. Mmmmm.* Erzeuge abgehackte Laute. *M m m.* Versuche dir

vorzustellen, daß diese Laute gegen die Innenseite deiner Stirn und des Bereichs deines dritten Auges hämmern. *M m m m.* Du mußt das Gefühl haben, daß du dein drittes Auge mit diesen hämmernden Klangvibrationen stimulierst, daß du nach und nach versuchst, durch eine Sperre zu dringen, die es blockiert, und es zu öffnen. Hämmere weiter dagegen, aber nicht zu heftig. *Mm Mm Mm Mm Mm Mm.*

Bombardiere es nun mit gleichmäßigen, dann mit unterbrochenen Klangvibrationen, eine Zeitlang auf die eine, dann auf die andere Art. *Mmmmm Mm Mm Mm Mmmmm.*

Leite nun diese Laute zum allerobersten Ende deines Kopfs. Dies ist der Sitz eines anderen Yoga-Chakras, das die tausendblättrige Lotosblume genannt wird. Es ist auch der entwicklungsmäßig neueste Bereich des Gehirns, in dem Möglichkeiten verborgen sind, die wir noch nicht annähernd erschlossen haben. Man sagt, daß wir, wenn wir diese Möglichkeiten in unserem alltäglichen Leben verwirklichen könnten, wirklich bewußt und wach wären, bei vollkommenerem Bewußtsein, als wir es jemals zuvor gewesen sind.

Überflute nun diesen Bereich mit Klang, mit allen möglichen Arten von Lauten, gleichmäßigen und unterbrochenen, hohen und tiefen. Bringe diesen Bereich zum Vibrieren, stimuliere ihn so kräftig, wie du kannst. *Mmmmmmmmmm Mm Mm Mm M M M M Mm Mmmmmmmmm.*

Laß nun massenhaft Laute zum obersten Ende deines Gehirns dringen, um es zu stimulieren. *Mmmmmmmm Mm Mm Mm M M M Mm Mm Mmmmmmmm.*

Leite jetzt die Klangvibrationen einen Augenblick lang zu deinem »dritten Auge«, dann zu dem Bereich des Gehirns in der Nähe der Schädelbasis, und dann wieder zum obersten Ende. Fülle nun den ganzen Kopf mit Klangvibrationen aus. *Mmmmmm Mm Mm Mm M M M Mmmmmm Mm M Mm.*

Überschwemme nun dein Gehirn mit mächtigen *Aum*-Lauten. Laß sie in dein ganzes Gehirn dringen. *Aah Um. Aah Um. Aah Uumm. Aah Uuummm.* Biete so viele Kraft auf, wie du kannst. Gib dich vollkommen den Vibrationen in deinem Kopf hin.

Was – wenn überhaupt etwas – hat sich verändert? Versuche deine Bewegungen zu beobachten, deine Muskeln, deine Gelenke, deinen Atem, die Art und Weise, wie du Gesicht und Kopf spürst. Wie fühlst du dich geistig und gefühlsmäßig? Vergleiche deinen Bewußtseinszustand jetzt mit dem Bewußtseinszustand zu Beginn der Übung.

Lege dich einen Augenblick hin und achte darauf, wie der Körper auf dem Boden liegt. Prüfe dein Körperbild und versuche wiederum, so genau wie möglich deinen Bewußtseinszustand zu beobachten. Fühlst du dich entspannt?

Stehe dann langsam auf, gehe herum und achte dabei darauf, wie du dich beim Gehen hältst. Erinnere dich daran, daß du soviel wie möglich an dir beobachten sollst – das Gewicht deines Kopfs und die Empfindungen in Kopf und Nacken. Verhalte dich eine Zeitlang ruhig und steigere weiterhin deine Selbstbewußtheit – in körperlicher, geistiger und emotionaler Hinsicht.

Wie schon zu Beginn erwähnt, kannst du jetzt, nach dieser Übung, aufhören oder nach einer kurzen Ruhepause mit der nächsten Übung beginnen.

Klangvibrationen II: Der Gesang des Selbst

Wie wir bereits festgestellt haben, sollte diese Übung unmittelbar nach der Übung von Teil I durchführen, da dir dein gegenwärtiger Bewußtseinszustand sehr dabei helfen wird, den Effekt von Teil II zu verwirklichen. Die Auswirkungen werden im Verhältnis zu früheren Übungen stärker psychischer und emotionaler Natur sein, doch wird auch durch diese Übung die innere Bewußtheit gesteigert und das Körperbild weiter ergänzt. Versuche auf jede Form von Bewußtseinsveränderung zu achten, die mit dieser Übung einhergeht.

Setz dich nun bequem hin. Nimm – wenn möglich – eine Yogahaltung ein.
Schließe die Augen und versuche dir der Außenseite deines Kopfs bewußt zu werden, d. h. des Gesichts, der Schädeldecke und des Hinterkopfes, der Unterseite deines Kinns und des Halses bis hinunter zum Schulteransatz. Konzentriere dich besonders auf die Augen und die Augenhöhlen, die Ohren und das Ohrinnere, den Mund und die Mundhöhle, sowie die Nase und die Nasenhöhle. Nimm dir jeden dieser Teile einzeln vor. Versuche diese Höhlungen so vollständig wie möglich zu spüren. Gehe dabei so weit nach hinten, wie du kannst. Versuche die Mundhöhle bis hinunter zur Kehle und weiter bis zu den Eingeweiden zu spüren. Laß – wenn du willst – dieses Bewußtsein bis zu deiner Darmöffnung vordringen.
Versuche nun, dir deines Gehirns bewußt zu werden, und gehe dann die Wirbelsäule hinunter, bis du an ihrem Ende angelangt bist. Gehe danach mit deinem Bewußtsein wieder hoch zu deinem Hirnstamm. Versuche dies mehrere Male so sorgfältig wie möglich zu machen.
Stecke, während du dein Bewußtsein in dieser Weise wandern läßt, die Mittelfinger in deine Ohren und erfülle den Bereich

deines Gehirns, der dir nun schon vertraut ist, mit dem *Aum*-Laut. Schließe jetzt die Augen. Erzeuge diese Laute mehrere Minuten lang, während du mit deinem Bewußtsein dein Gehirn abtastest, die Wirbelsäule bis zum Steißbein hinuntergehst und dann wieder hochkommst.

Versuche nun, dein Skelett vollständig wahrzunehmen. Vielleicht fällt es dir dadurch leichter, dir deiner Wirbel bewußt zu werden. Fange mit deinem Schädel an: der Schädeldecke und den beiden Schädelseiten, den Augenhöhlen und den Kieferknochen. Mache dir deinen Hals bewußt, deine Schulterknochen, deine Rippen, deine Vorder- und Rückseite sowie deine Knochen in den Oberarmen, Unterarmen und Händen, im Becken, im oberen und unteren Teil deiner Beine, in den Füßen und in den Zehen. Versuche die Gelenke in den Fußknöcheln zu spüren, in den Knien, Zehen, Fingern, Handgelenken, Ellenbogen, Schultern und der Wirbelsäule. Fange bei der Wirbelsäule am besten oben am Hals an. Die Halswirbel werden dir vielleicht am leichtesten bewußt werden. Versuche den Kopf etwas zu bewegen.

Erzeuge weiterhin den *Aum*-Laut. Laß ihn dein ganzes Gehirn durchdringen und mache dir soweit wie möglich dein ganzes Skelett – angefangen beim Schädel – bewußt. Versuche dich selber nur als Skelett vorzustellen, das dasitzt, während du den Klang in deiner Hirnkapsel erzeugst. Streiche deine anderen Körperteile, deine Muskeln und dein Fleisch aus deinem Bewußtsein und sieh dich selber lediglich als Skelett, das zusammen mit anderen Skeletten oder allein in einem Raum sitzt. Du bist einfach ein Skelett, das in der Haltung dasitzt, die du gerade einnimmst. In deinem Kopf ertönt jener Klang und erfüllt das Innere deines Schädels, eine Ewigkeit, einen zeitlosen Augenblick, eine kleine Ewigkeit lang.

Lege dich nun hin und erzeuge weiterhin den *Aum*-Laut. Mache dir das auf dem Boden liegende Skelett bewußt. Achte darauf, ob es dir so leichter fällt. Probiere verschiedene Laute aus, höhere, tiefere und unterbrochene. Versuche, den Klang verschiedene Teile des Skeletts durchdringen zu lassen. Viel-

leicht kannst du die ganze Skelettstruktur zum Schwingen bringen.
Stelle dir nun vor, daß dein übriger Körper entsteht, daß Fleisch das Skelett zu bedecken anfängt. Überall in diesem Fleisch befinden sich Venen, Arterien, Blut und Nerven. Und stelle dir jetzt vor, daß die Klangvibrationen den Körper lebendig werden lassen, daß sie alle Funktionen des Körpers wecken.
Werde dir nun, während du so daliegst, immer stärker deines ganzen Körpers um das Skelett herum und der Stimulation des ganzen Körpers durch die Klangschwingungen bewußt. Spüre, wie die Vibrationen durch die Nerven, die Muskeln und das Fleisch gehen, wie der ganze Körper durch sie zum Leben erweckt wird.
Setze dich jetzt wieder auf, halte die Augen geschlossen, und versuche, die Schwingungen zum obersten Ende deines Kopfes zu leiten, zum alleroberstens Ende. Halte dir dabei die Ohren zu.
Probiere verschiedene Laute aus, um herauszufinden, was dich am meisten stimuliert. Sind es hohe, tiefe, unterbrochene oder summende Laute? Welche Laute üben die stärkste Wirkung auf dich aus? Leite sie zur Schädeldecke. Versuche Laute zu finden, die rein sind. Stelle dir vor, wie eine Säule aus reinem Klang und Licht durch das Zentrum deines Gehirns steigt und nach oben zur Schädeldecke strebt, immer höher und höher.
Laß diese Klangsäule nun größer werden, so daß sie den ganzen Kopf ausfüllt und über ihn wie ein großes schwingendes Gebilde aus Klang und Licht weit in den Raum hinausragt. Stelle es dir wie einen Scheinwerferstrahl eines großen Leuchtfeuers vor.
Stelle dir nun vor, du könntest mit diesem Scheinwerferstrahl weit in das Weltall hinausleuchten. Du kannst ihn auf verschiedene Sterne richten, auf jedes intelligente Leben, das du dort vielleicht vermutest. Wenn du willst, kannst du dir vorstellen – besser vielleicht: kannst du glauben –, daß du betest, daß du mit diesem Lichtstrahl die allerhöchste Macht zu erreichen versuchst. Stelle dir alles vor, was deiner Meinung nach

angemessen und effektiv ist, reine Klänge oder schwingende Klänge.
Versuche nun, dein Summen in Musik umzuwandeln. Durchdringe dein ganzes Gehirn mit Musik. Erzeuge die Sphärenklänge, eine Botschaft, die du aussenden willst. Mache aber Musik und erfülle deinen ganzen Kopf mit ihr. Halte dabei die Ohren zu und die Augen geschlossen.
Laß jetzt die Musik innerhalb deines Kopfes ertönen und singe zu deinem Gehirn. Singe, ohne Worte zu verwenden, den Gesang deiner Existenz, deines bisherigen Lebens, deiner Hoffnungen für die Zukunft. Singe ihn deinem Gehirn und den verschiedenen Schichten deiner Psyche vor. Es ist ein Gesang an dein Gehirn, aber auch an dein Unbewußtes, ein Gesang an dich selber, in dem du deine Vergangenheit, deine Gegenwart und deine Wünsche für die Zukunft beschreibst. Laß diesen Gesang jetzt ertönen, laß diesen Gesang deines Selbst dein ganzes Gehirn durchdringen. Singe jetzt und halte dir dabei die Ohren zu.
Halte einen Augenblick inne. Denke daran, daß du alles im Rahmen der menschlichen Möglichkeiten tun kannst, was dein Gehirn anordnet. Gehirn und Geist bilden deine Wirklichkeit, haben den Zugang zu den in dir wohnenden Möglichkeiten, und so singst du jetzt eine Hymne an dich selbst. Singe den Gesang eines Selbst, erfülle dein ganzes Gehirn mit deinem Summen, mit der Botschaft, wie du dir dein Leben vorstellst, wie du es wirklich gern haben möchtest. Übermittle diese Botschaft deinem Gehirn, deinem Geist, deiner Einheit aus Gehirn und Geist. Laß sie aus den tiefsten Tiefen deiner Seele kommen, trage sie mit Inbrunst und Leidenschaft vor, verleihe ihr so viel Schönheit, wie du kannst. Laß dein ganzes Gehirn von dieser Musik, dieser Botschaft, durchdringen. Vielleicht wunderst du dich über den Gesang, der aus dir herauskommt, und über das, was du über dich erfährst.
Halte jetzt inne. Bleibe einen Augenblick ruhig sitzen. Deine Aufmerksamkeit ist noch immer auf dein Gehirn konzentriert. Es nimmt jetzt die Botschaft in sich auf. Diese Botschaft

programmiert dein Gehirn für die Zukunft. Überlasse es jetzt deinem Gehirn für einen Augenblick, die Botschaft in sich aufzunehmen und mit der Umorganisation zu beginnen, die notwendig ist, um das von dir eingegebene Programm in die Wirklichkeit umzusetzen.

Achte nicht auf die Bilder, die eventuell vor deinem geistigen Auge auftauchen. Manche Menschen werden unter Umständen an diesem Punkt negative, ja sogar dämonische Bilder haben. Das bedeutet, daß negative Aspekte deines Selbst umprogrammiert werden. Überflute nun erneut dein Gehirn mit Klang, um es mit weiterer Energie, mit der es sich von negativen Programmen befreien soll, zu versorgen. Treibe eine Zeitlang die bösen Geister in dir mit reinem Klang aus. Durchdringe die Einheit aus deinem Gehirn und deinem Geist mit Klang, um die Umorganisation, die du begonnen hast, zu erleichtern. Treibe sie jetzt mit deinem Gesang aus, die bösen Geister in dir. Verbanne sie. Ertränke dein Gehirn im Klang.

Fahre darin fort, dein Inneres, dein Selbst zu reinigen, mit Klangschwingungen zu reinigen, die dein ganzes Gehirn durchdringen und die tiefsten Tiefen deiner Seele erreichten. Lege deine ganze Kraft und Intensität hinein, fühle, wie das ganze Gehirn vom Klang vibriert, wie der Klang deinen Kopf erfüllt, wie er Licht und Veränderung bringt.

Stelle dir nun vor, daß du auf der Spitze eines Berges oder eines Hügels am Meer sitzt. Es ist gerade Dämmerung. Ein neuer Tag bricht an. Die Sonne verkündet einen neuen Tag, eine neue Zukunft. Erfülle jetzt dein Gehirn mit einer Hymne an das Hereinbrechen des neuen Tages, mit einem Begrüßungsgesang an einen neuen Beginn. Stimme sie an, die Hymne an die Dämmerung, jetzt.

Halte nun inne. Bleibe ein paar Minuten lang ruhig sitzen oder liegen und achte lediglich darauf, wie du dich fühlst. Analysiere deine Empfindungen nicht, laß sie lediglich auf dich wirken. Wenn du willst, kannst du dann etwas herumgehen. Beobachte dich, deine Gefühle, Empfindungen und Wahrnehmungen. Laß in Ruhe sich das setzen, was du eben erlebt hast.

Körperveränderungen durch Worte und Bilder

In dem Kapitel »Geist, Gehirn und Körper« haben wir über verschiedene Wege gesprochen, wie man verbale Anweisungen und bildhafte Vorstellungen benutzen kann, um kleinere und größere Veränderungen im menschlichen Körper zu bewirken. Worte und Vorstellungen haben im alltäglichen Leben die gleiche Kraft, obwohl wir uns selten dessen bewußt sind, wie sie auf uns einwirken. Wir werden dir nun ein praktisches Demonstrationsbeispiel geben, so daß du diese Wirkungen an dir selber beobachten kannst.*

Lege dich jetzt auf den Rücken und konzentriere dich auf dein Körperbild. Achte darauf, wo es klar ist, wo es undeutlich ist, und wo es Lücken oder nicht gespürte Bereiche gibt. Während wir an uns arbeiten, werden Körper und Körperbild sich deutlich erkennbar verändern.

Laß die Arme, während du auf dem Rücken liegst, mit den Handinnenflächen nach unten seitlich vor dir ruhen und nimm dir noch einmal deinen Körper vor. Mache dir bewußt, wie deine Füße liegen, deine unteren Beinabschnitte, deine Knie, deine oberen Beinabschnitte, dein Becken, deine Gesäßbakken, dein Unterleib, deine Hände, deine Unterarme, deine Ellenbogen, deine Oberarme, deine Schultern, deine Brust, dein Rücken, dein Hals, dein Gesicht, deine Augen, deine

* Unser Buch *Mind Games The Guide to Inner Space,* deutsche Ausgabe in Vorb. (Kösel), enthält ebenfalls Beispiele, die am eigenen Erleben demonstrieren, wie Veränderungen im Körper und Körperbild herbeigeführt werden. Die Methodik ist zwar eine gänzlich andere als die in diesem Buch und der Schwerpunkt ruht mehr auf der geistigen Ebene, doch werden ebenfalls systematische Wege aufgezeigt, wie man verborgene Möglichkeiten im Menschen wecken und verwirklichen kann, so daß Gruppen von beiden Büchern zusammen sehr viel profitieren könnten.

Stirn, dein Mund, dein Hinterkopf. Achte darauf, daß du dabei normal atmest.
Konzentriere dich nun auf deinen linken Fuß und beuge ein paar Male die Zehen. Achte sorgfältig auf die Empfindungen und stelle dir dann so lebhaft wie möglich vor, du beugtest die Zehen 10- oder 15mal. Atme dabei normal weiter. Nun beuge den Fuß in Wirklichkeit vier- oder fünfmal, d. h. beuge und strecke ihn im Fußknöchel. Stelle dir danach vor, du beugtest deinen Fuß 10- oder 15mal.
Ziehe jetzt dein linkes Knie ein wenig an, so daß es sich mit der Rückseite etwas vom Boden abhebt, und laß es dann leicht auf den Boden fallen. Wiederhole dies mehrere Male. Stelle dir nun vor, du würdest diese Bewegung 10- oder 15mal machen. Hebe dann wirklich das linke Knie an und laß es sanft fallen – wiederum 10- oder 15mal – und achte dabei auf die Empfindungen im Knie und im Hüftgelenk, an der Rückseite deines linken Fußes und in der Ferse. Wiederhole nun das gleiche in der Vorstellung und vergiß dabei alle diese Empfindungen wie auch irgendwelche anderen, derer du dir bewußt warst, nicht.
Schlage jetzt fünfmal mit der Innenfläche deiner linken Hand auf den Fußboden. Beuge dabei die Hand nur im Handgelenk und laß den Unterarm auf dem Boden ruhen. Stelle dir nun die gleichen Bewegungen vor und vergegenwärtige dir dabei ganz lebhaft die Empfindungen im Handgelenk und in der Hand, während du den Fußboden berührst. Schlage wiederum in Wirklichkeit mehrere Male mit der Hand auf den Boden, beuge aber diesmal den Arm im Ellenbogengelenk, so daß sich der ganze Unterarm vom Fußboden abhebt. Stelle dir jetzt die gleiche Bewegung 15- oder 20mal hintereinander vor.
Schlage nun wiederum mit der Hand auf den Fußboden, laß aber diesmal den ganzen linken Arm gestreckt, so daß die Bewegung vom Schultergelenk ausgeht. Achte, während du den Arm hebst und senkst, auf die Empfindungen in Schulter und Arm sowie darauf, wie die Hand beim Schlagen den Fußboden berührt. Achte auch auf die Empfindungen auf

deiner linken Körperseite und im Brustkorb. Stelle dir nun vor, wie du die gleiche Bewegung 15mal machst.
Streiche nun mit der Innenfläche deiner linken Hand über die linke Seite deines Gesichts. Streiche einige Male nach oben und nach unten und achte darauf, was das Gesicht und die Hand dabei empfinden. Fahre nun über die ganze Seite deines Gesichts und deines Kopfes. Lege die Hand dann wieder zurück seitlich von dir auf den Fußboden und stelle dir nun das gleiche vor, das Streichen der Hand über das Gesicht und die Empfindungen in Gesicht und Hand. Vergegenwärtigst du dir auch die Empfindungen in der Schulter, wenn du im Geiste mit der Hand über dein Gesicht fährst?
Als nächstes bewege – nur in der Vorstellung – deine linke Hand an der vorderen linken Körperseite entlang vom oberen Ende deiner Brust bis zum Becken und dann hinunter bis zum linken Bein. Mache einige Bewegungen wirklich, wenn du meinst, daß es hilft, arbeite dann aber wieder mit deiner Vorstellungskraft. Versuche deutlich deinen Körper zu spüren, wie deine Hand über ihn entlangstreicht.
Stelle dir nun vor, daß eine andere Person mit ihrer Hand über dein linkes Bein streicht. Die Hand fährt nach oben und nach unten, vom oberen Ende des Oberschenkels zum Fußknöchel. Stelle dir dann vor, daß zwei Hände an deinem Bein entlangfahren, eine Hand mehr an der Außenseite, die andere mehr an der Innenseite. Du kannst dabei an eine bestimmte Person denken, du kannst aber auch die Hände anonym bleiben lassen. Stelle dir nun vor, jemand streicht sanft über deine linke Fußsohle und kratzt sie dann sanft mit den Fingernägeln. Stelle dir weiter vor, eine Hand umfaßt deinen Fuß und die andere ergreift nacheinander deine einzelnen Zehen, zieht an ihnen und bewegt sie vorwärts und rückwärts. Nun reibt ein Finger zwischen dem großen Zeh und dem zweiten Zehn hin und her, dann reibt er zwischen den nächsten beiden Zehen usw. Nachdem er den kleinen Zeh erreicht hat, geht er wieder zurück und reibt zwischen den einzelnen Zehen so lange, bis er am großen Zeh angelangt ist.

Stelle dir nun vor, dein Masseur oder deine Masseuse – wie es dir lieber ist – hat eine Bürste und beginnt damit an deiner linken Fußsohle entlangzufahren (denk daran, daß alle Anweisungen für die linke Körperseite gelten). Spüre, wie sich die Borsten gegen deine Fußsohle drücken und sie sanft reizen. Die Bürste geht dann seitlich an deinem Fuß hoch und massiert dein Bein überall, wo sie hinkommt. Stelle dir vor, wie sie deine Wade, dein Knie und deinen Oberschenkel bearbeitet, oben und an den Seiten. Wenn du der Person, die dich massiert, noch keine Identität verliehen hast, dann tue es auch jetzt nicht. Du wirst später vielleicht überrascht sein, wenn du entdeckst, wer sie ist.

Fühle nun, wie die Bürste weiter nach oben über dein Hüftgelenk entlangwandert, wie sie deine ganze linke Körperseite, den ganzen Bereich links von deinem Nabel, bearbeitet. Die Bürste fährt über deinen Bauch und deine Brust, deine Finger, deine Hand, deinen Arm, über die linke Schulter und den Hals. Sie drückt sich dann sanft gegen die linke Seite deines Gesichts, gegen dein Ohr und gegen deine linke Kopfseite.

Ruhe dich nun einen Augenblick aus und beobachte, wie du daliegst. Vergleiche die Art und Weise wie die linke Seite auf dem Boden liegt, damit, wie die rechte Seite liegt. Prüfe, ob du dir beider Körperseiten gleich bewußt bist oder ob eine Körperseite deutlicher in diesem Bewußtsein ist. Hast du auf einer Seite mehr Empfindungen als auf der anderen? Öffne kurz die Augen und stelle fest, ob du nach links, geradeaus oder nach oben blickst. Blicke jetzt aufrecht nach oben und achte darauf, ob sich dein Kopf nach einer Seite neigt. Wenn ja, dann wirst du eine leichte Anstrengung in den Augen spüren, wenn du senkrecht nach oben schaust. Bewege deinen Kopf so, daß deine Augen ohne Anstrengung senkrecht nach oben blicken können und schließe sie dann wieder.

Ziehe dein linkes Bein nun so an, daß der Fuß flach auf dem Boden aufsteht und die Spitze des Knies zur Decke zeigt. Spüre, wie die Fußsohle auf dem Boden ruht. Mache dir auch so deutlich wie möglich deine Zehen bewußt, das obere Ende deines Fußes, den unteren Teil deines Beins, dein Knie, den oberen Teil deines Beins, dein Hüftgelenk, die linke Seite deines Beckens und deines Bauchs, deine linke Gesäßbacke, die linke Seite deiner Brust, deine linke Hand mit ihren Fingern, deinen linken Unterarm, deinen Ellenbogen und deine Schulter. Spüre auch die linke Seite deines Mundes, deine linke Wange, die linke Seite deiner Stirn und dein linkes Auge. Hast du das Gefühl, daß das Auge senkrecht nach oben blickt oder daß es etwas zur Seite schaut? Liegt der Kopf gerade oder ist er etwas nach links geneigt? Wenn ja, wann hat er sich nach links bewegt? Versuche deinen Kopf klar zu spüren und verändere deine Körperlage so, daß Kopf und Augen senkrecht nach oben zeigen. Öffne zu diesem Zweck nicht die Augen, sondern nimm lediglich deine Körperempfindungen zu Hilfe.

Schlage nun mehrere Male mit deiner linken Fußsohle auf den Boden. Wiederhole dann diese Bewegung mehrere Male nur in deiner Vorstellung. Schlage jetzt mit der linken Hand einige Male auf den Boden. Beuge zu diesem Zweck deinen Arm im Ellenbogengelenk. Stelle dir dann vor, wie du mit deiner linken Hand auf den Boden schlägst, und zwar zunächst vom Handgelenk aus, dann vom Ellenbogen aus und schließlich mit Hilfe des ganzen Arms. Lege dann dein Bein gestreckt auf den Boden.

Nun arbeitet dein Masseur oder deine Masseuse wieder mit dir und zwar diesmal mit Öl. Stelle dir vor, wie zunächst dein Fuß massiert wird, wie das warme Öl zwischen den Zehen, dann auf die Fußsohle, dann auf das obere Fußende und auf die Seiten des Fußes gerieben wird. Danach wird das ganze Bein eingeölt. Die Hände arbeiten sich langsam weiter nach oben. Sie massieren den Fußknöchel, die Wade, das Knie und den Oberschenkel. Dann nehmen sie dein Bein hoch. damit sie die Hinterseite deines Fußes, deiner Wade, deines Knies und deines Oberschenkels mit Öl einreiben können.

Jetzt wird die linke Hüfte massiert, danach deine linke Gesäßbacke und schließlich deine Körpervorderseite bis zum

Nabel. Nun bearbeiten die Hände sanft und geschickt deinen Bauch, deinen ganzen linken Oberkörper, jeden einzelnen Finger, Hand, Arm und Schulter. Schließlich reiben die Hände dir das Öl in deinen Hals und in deine linke Gesichtsseite ein.
Als nächstes werden heiße nasse Handtücher gegen deine linke Körperseite gepreßt, angefangen beim Gesicht und beim Kopf und weiter, diesmal von oben nach unten. Nimm dir sehr viel Zeit, um dir diesen ganzen Vorgang bis hinunter zu deinen Zehen lebhaft vorzustellen. Nun wird die linke Seite deines Körpers, angefangen bei den Füßen bis nach oben zum Kopf, mit einem Handtuch rasch, aber gründlich abgetrocknet.
Als letztes nun gehen die Hände wieder an deinem Körper – immer noch an der linken Seite – entlang und regen ihn durch leichte Schläge an. Sie erteilen dir sanfte, als angenehm empfundene Schläge, angefangen von den Fußsohlen bis zur Schulter. Dann schlagen dir die Hände ganz leicht nur mit den Fingerspitzen gegen Hals und Gesicht.
Ruhe dich nun eine Weile aus. Atme, während du daliegst, normal weiter und beobachte sorgfältig die beiden Seiten deines Körpers. Stelle fest, wohin deine Augen blicken und ob du deinen Kopf gedreht hast. Prüfe auch, ob du irgendwelche Anstrengung empfindest, wenn du versuchst, mit geschlossenen Augen senkrecht nach oben zu blicken.
Richte deine Aufmerksamkeit nun auf deinen linken Fuß und dein linkes Bein. Suggeriere dir jetzt zehnmal, daß sich das Bein schwer und warm anfühlt, daß das Blut durch das linke Bein in den Fuß hinabfließt und daß sich das linke Bein angenehm schwer anfühlt. Sage dir dann ein paar Mal, daß Blut zur linken Seite deines Beckens und deiner Gesäßbacken fließt. Rede dir dann weiter ein, daß das Blut in den linken Arm und in die linke Hand sowie in die linke Seite deines Oberkörpers hineinfließt. Suggeriere dir dann, daß das Blut in die linke Seite deines Gesichts, in die linke Wange, in die linke Seite deines Kopfes, in dein linkes Auge einströmt. Sage dir etwa zehnmal:
Meine linke Seite ist schwer, warm und entspannt.
Suggeriere dir nun, daß sich dein linker Fuß zunehmend

lebendiger anfühlt und dir immer stärker bewußt wird. Während du dir dies mehrere Male einredest, mache dir aufgrund deiner Empfindungen ein Bild von deinem Fuß. Nimm deine Phantasie zu Hilfe, um etwaige Lücken auszufüllen. Vergegenwärtige dir anschaulich deinen linken Fuß, seine Form und seine Oberfläche, und suggeriere dir, daß es dir leichter fällt, ihn zu spüren. Mache dir deine Zehen, deine Ferse, deinen ganzen Fuß bewußt und spüre, wie dein linkes Bein auf dem Boden liegt. Konzentriere dich auf die Empfindungen im Bereich des unteren, dann des oberen Teils deines Beins und schließlich auf die Empfindungen im ganzen Bein. Spüre und vergegenwärtige dir bildhaft die linke Seite deines Beckens, die linke Gesäßbacke, die linke Hüfte und danach die linke Seite deines Bauchs. Mache dir danach lebhaft und anschaulich deine linken Finger, die linke Hand, den linken Arm, die linke Schulter bewußt, dananch den linken Oberkörper, den linken Teil deiner Brust, die linke Seite deines Halses, den linken Teil deines Munds, die linke Gesichtsseite und schließlich das linke Auge. Öffne die Augen und stelle fest, wohin du schaust und ob der Kopf gedreht ist. Verändere dann die Lage deines Kopfes so, daß du senkrecht nach oben blickst. Schließe nun wieder die Augen und spüre die linke Seite deines Kopfes.

Stelle dir nun vor, in der Mitte deines Körpers verliefe von oben nach unten eine Linie, die ihn ganz – vom obersten Ende deines Kopfs bis zu der Stelle, wo deine Beine auseinandergehen – in zwei gleiche Teile teilt. Versuche nun, die ganze linke Seite zu spüren, und stelle dir vor, wie sie aussieht. Stell dir vor, wie du deine linken Zehen, danach deinen linken Fuß und deinen linken Fußknöchel beugst. Wiederhole dies mehrere Male. Stelle dir dann vor, wie du dein Knie etwas anziehst und mit der Kniekehle leicht auf den Boden schlägst. Stelle dir nun vor, wie deine Hand auf den Fußboden schlägt, wobei sich dein Arm im Ellenbogengelenk beugt. Vergegenwärtige dir die Empfindungen in deiner Hand, im Unterarm und im Ellenbogen. Versuche dann, die Bewegungen in der Schulter zu spüren, während du

dir vorstellst, du würdest beim Schlagen auf den Fußboden den ganzen linken Arm heben. Spüre und vergegenwärtige dir anschaulich den ganzen linken Arm, während du dies tust.
Nun stelle dir vor, daß du deinen Fuß beugst und gleichzeitig mit der Handinnenfläche auf den Boden schlägst, wobei du den Arm in Handgelenk beugst. Es handelt sich um eine gleichzeitige Bewegung von Fußknöchel- und Handgelenk. Beuge dann gleichzeitig Zehen und Finger. Stell dir dann vor, du beugtest Zehen und Finger abwechselnd. Achte darauf, daß du normal atmest, während du dir diese Bewegungen vorstellst.
Öffne nun ein letztes Mal schnell deine Augen und stelle fest, wohin du blickst. Richte dann die Augen so, daß du senkrecht nach oben blickst, und laß sie eine Weile in dieser Position. Wenn du irgendwelche Anstrengungen empfindest, dann verändere die Lage deines Kopfes so, daß die Augen entspannt sind. Achte darauf, wie stark du diesmal die Lage deines Kopfes verändern mußt. Hast du gemerkt, wann sich dein Kopf oder deine Augen gedreht haben, oder erfolgte diese Bewegung völlig unbewußt? Denke darüber nach, wie viele andere unbewußte Bewegungen du machst, wenn du denkst, dir Dinge vorstellst oder dich in irgendwelchen Situationen befindest.
Konzentriere dich nun für einen Augenblick auf dein Körperbild. Vergleiche die Art und Weise, wie du auf der linken Seite liegst, damit, wie du auf der rechten Seite liegst, und überprüfe die Klarheit des Körperbildes auf den beiden Seiten. Wenn du beide Seiten gründlich miteinander verglichen hast, dann drehe dich langsam nach einer Seite und stehe auf. Gehe ein bißchen auf und ab und vergleiche dabei wiederum die beiden Seiten deines Körpers.

Körperveränderungen durch Gefühle

Wie wir in einigen vorhergehenden Übungen – insbesondere der letzten – gesehen haben, kann man mit Hilfe von Worten und Sinnesvorstellungen tiefgreifende Körperveränderungen bewirken. Solche Veränderungen lassen sich auch mit Hilfe von Gefühlen herbeiführen, obwohl unseres Wissens solche Methoden bisher noch nicht systematisch angewendet worden sind (ausgenommen »angenehme Vorstellungen« als Entspannungshilfe).

Es scheint doch seltsam zu sein, daß noch niemand eine solche Methode entwickelt hat. In unserem alltäglichen Leben bewirken Gefühle häufig Körperveränderungen, derer wir uns bewußt sind, beispielsweise solche Körperveränderungen, die Gefühle wie Freude, Furcht und sinnliches Begehren begleiten. Das Unterdrücken von Gefühlsäußerungen kommt dem Körper auf die Dauer teuer zu stehen. Wir brauchen uns nur die erlernten und angeborenen Fähigkeiten des Körpers, auf verschiedene Gefühlszustände in bestimmter Weise zu reagieren, in produktiver Weise nutzbar zu machen.

Vieles von dem, was im Körper geschieht, ist eindeutig die Folge von Gefühlen, die mehr oder weniger unbewußt sind. Sie sind durch Einstellungen bedingt, die ebenfalls unbewußt sein können, ja unter Umständen mit den eigenen bewußten Überzeugungen sogar im Widerstreit stehen. Der tiefgehende Einfluß solcher unbewußter oder maskierter Gefühle auf den Zustand des Körpers ist vielleicht der bedeutsamste einzelne Faktor, der unsere Gesundheit, einen Großteil unseres Verhaltens und sogar den ganzen Verlauf unseres Lebens bestimmt.

Von besonderem Interesse ist die Abstumpfung und Verzerrung von Sinneserfahrungen aufgrund unserer bewußten und unbewußten Einstellungen. In unserer langjährigen For-

schungstätigkeit, die psychedelischen Drogen und der Hypnose galt, konnten wir wiederholt feststellen, daß ab einem bestimmten Grad der Bewußtseinsveränderung viele Leute spontan erkennen, wie verzerrt ihre Sinneswahrnehmungen gewöhnlich sind, nämlich aufgrund von Gedanken und Wertvorstellungen, die ihnen in ihrer Kindheit aufgezwungen wurden. Am häufigsten findet sich eine negative Einstellung gegen die Materie an sich und damit – in Erweiterung – gegen den Körper. Die verächtliche Abwertung des Materiellen gegenüber dem Geistigen und damit des Körpers im Verhältnis zum Geist wird in unserer Kultur offensichtlich immer noch stillschweigend vorgenommen. Diese negativen Einstellungen bewirken eine Verarmung und Abstumpfung der Art und Weise, wie der Körper sich selber und seine Umwelt erfährt. Es hat den Anschein, als ob der Berührungs- und vielleicht auch der Muskelsinn am meisten unter diesen tief verwurzelten Lernprozessen leiden. Man kann aber diese unbewußten Lernprozesse überwinden, und dies ist sogar wichtig, wenn die Gesundheit und das Wohlergehen des Körpers nicht ständig durch diese in früher Kindheit aufgezwungene Entfremdung, diesen Selbsthaß, ausgehöhlt werden sollen.
Eine grundlegende und notwendige Veränderung besteht darin, den Körper wieder am Lustprinzip zu orientieren. Wie wir schon sagten, ist das Nervensystem von Natur aus hedonistisch. Den Beweis dafür sehen wir in der Fähigkeit des Körpers, sich in unzähligen Formen zu verändern, wenn wir uns einmal angenehm neue Seins- und Funktionsweisen genügend bewußt gemacht haben. Der Körper ist sicherlich so vernünftig, daß er angenehme Empfindungen schmerzlichen Empfindungen vorzieht, doch muß das *Recht* des Körpers auf Lust in den meisten Fällen wiederholt bekräftigt werden. Wir sprechen hier natürlich nicht von einem infantilen Streben nach Lust, das zum Zwang werden kann. Doch sollten wir bei der Arbeit, beim Spiel oder bei jeder anderen Beschäftigung unseren Körper mühelos, effizient und in angenehmer Weise gebrauchen können. Der Körper, der wieder am Lustprinzip orientiert ist

und dem man die Möglichkeit zu angenehmen Erfahrungen gibt, wird gesünder sein, und dies wirkt sich dann positiv auf die ganze Existenz aus.
Es gibt ein einfaches Experiment mit hypnotisierten Versuchspersonen, das uns unmittelbar die Reaktionen demonstriert, die der Körper zeigt, wenn er wieder am Lustprinzip orientiert ist. Aber auch ohne Hypnose können viele Leute die Veränderungen, die dann eintreten, erfahren. Du hast bereits eine überdurchschnittliche körperliche Sensibilität und Bewußtheit erreicht und wirst wahrscheinlich von diesem Experiment profitieren.

Setze dich bequem auf den Fußboden oder auch auf einen Stuhl, wenn es dir lieber ist, und lege deine Hände mit den Innenflächen nach unten auf deine Oberschenkel. Konzentriere deine Aufmerksamkeit auf deine rechte Hand und laß sie am Oberschenkel entlanggleiten. Achte dabei auf die Empfindungen in der Hand und im Oberschenkel. Rede dir jetzt viele Male ein, daß deine rechte Hand immer empfindsamer wird, daß sie immer mehr Informationen aufnehmen kann, immer mehr fühlen kann. Schiebe deine Hand mehrere Male an deinem Oberschenkel entlang und suggeriere dir dabei, daß sie empfindsamer wird, so daß der Oberschenkel auf die erhöhte Empfindsamkeit der Hand reagiert. Vergleiche dann die Empfindungen in deiner Hand, die du nach einer Weile hast, mit denen, die du zu Anfang gehabt hast.
Vergleiche nun die rechte Hand mit der linken Hand. Stelle fest, wie bewußt deine rechte Hand und dein Oberschenkel unter der rechten Hand im Verhältnis zur linken Hand und zum linken Oberschenkel ist.
Gib nun deiner rechten Hand den Befehl, weiterhin empfindsam zu bleiben, und richte dann deine Aufmerksamkeit auf die linke Hand. Rede deiner linken Hand wiederholt ein, daß sie stark am Lustprinzip orientiert ist – daß sie eine Hand ist, die nach angenehmen Gefühlen strebt, diese sehr genießt und auch das Recht hat, Lustempfindungen zu geben und zu nehmen.

Suggeriere dir dies weiterhin, während du mit der linken Hand wiederholt am linken Oberschenkel entlangfährst. Stelle dir vor, wie deiner Hand durch Berührung angenehme Empfindungen zuteil werden und sie ihrerseits wiederum in angenehmer Weise berührt. Rede dir ein, daß dieses angenehme Empfinden immer stärker werden kann und daß es etwas sehr Schönes ist. Verschaffe dir alle lustvollen Erfahrungen, die dir deine Hand vermitteln kann. Bewege sie weiter und mache dir bewußt, was die Hand und dein Oberschenkel spüren. Achte darauf, ob die linke Hand sich etwas anders bewegt und sie anders deinen Oberschenkel berührt als vorhin deine rechte Hand.

Halte nun inne und vergleiche die nach lustvollen Empfindungen strebende und lustvolle Empfindungen aufnehmende Hand mit der noch sensibilisierten rechten Hand. Du hast deine linke Hand am Lustprinzip orientiert und deine rechte Hand so empfindsam wie möglich gemacht. Stelle jetzt fest, welche Hand mehr empfindet. Laß deine linke Hand am linken Oberschenkel und danach deine rechte Hand am rechten Oberschenkel ein paar Male auf- und abgleiten. Frage dich dann aufgrund dessen, was deine beiden Oberschenkel spüren, von welcher Hand du lieber berührt werden möchtest. Normalerweise ist es so, daß der Körper um so mehr Lust weitergeben kann, je mehr Lust er empfindet. Dies gilt nicht nur für den Fall, daß du deinen eigenen Körper, sondern auch den Körper einer anderen Person berührst. Wir haben oft festgestellt, daß Tiere offenkundig den Unterschied zwischen der Berührung von einer Hand, die an lustvollen Empfindungen orientiert ist, und einer Hand, die sich in ihrem gewöhnlichen oder durch Suggestion empfindsameren Zustand befindet, spüren können. Unabhängig davon, ob deine Erfahrungen mit der obigen Schilderung übereinstimmen oder nicht, dürfte dir die folgende Übung klar demonstrieren, wie Gefühle den Körper verändern. Die Übung kann von einer Person ausgeführt werden, ist aber besonders interessant, wenn sich zwei Personen oder eine ganze Gruppe an ihr beteiligen.

Lege dich zu Beginn auf den Rücken und konzentriere dich auf die Empfindungen in deinem ganzen Körper. Achte darauf, wie er liegt, und prüfe dein Körperbild.
Reibe jetzt die Innenflächen deiner beiden Hände gegeneinander. Welcher Hand bist du dir jetzt deutlicher bewußt? Um dir beide Hände gleich stark bewußt zu machen, falte sie und greife mit den Fingern ineinander. Stelle dir vor, wie das Streben nach Lust von deiner linken Hand in die rechte und die gesteigerte Empfindsamkeit von deiner rechten Hand in die linke fließt. Achte darauf, ob dein rechter oder dein linker Daumen außen ist, wenn beide Hände gefaltet sind. Nimm die Hände auseinander und falte sie wieder, diesmal aber mit dem anderen Daumen außen. Wiederhole dies mehrere Male, wobei du einmal den einen, ein andermal den anderen Daumen außen läßt. Greife auch mit den Fingern ineinander, wenn du deine Hände mit den Handrücken aneinander liegen hast, und wechsle wiederum die Stellung der beiden Daumen ab. Falte dann wieder die beiden Hände mit den Handinnenflächen zueinander und bewege die Hände so, daß sie ein klatschendes Geräusch ergeben. Lege dann Hände und Arme seitlich von dir mit den Handinnenflächen nach unten auf den Fußboden.
Konzentriere jetzt – mit geschlossenen Augen – dein Bewußtsein auf die rechte Hand. Versuche, dir deutlich und bildhaft deinen rechten kleinen Finger, dann deinen rechten Ringfinger, usw. – bis du beim Daumen angelangt bist – vorzustellen. Du kannst jeden einzelnen Finger mehrere Male bewegen, wenn du ihn dadurch deutlicher empfinden kannst. Mache dir dann alle Finger, die ganze rechte Hand und das Handgelenk bewußt. Sei dir sowohl der Oberseite als auch der Unterseite deiner Hand, die auf dem Boden liegt, bewußt. Konzentriere dich auf deine rechte Hand so intensiv wie möglich. Du mußt dabei die Bewußtheit deiner anderen Körperteile auf ein Minimum einschränken.
Stelle dir jetzt vor, daß dein Bewußtsein in deiner rechten Hand ruht. Denke dir, daß du in deiner rechten Hand *existierst.*

Vergegenwärtige dir jetzt so anschaulich wie möglich ein sehr angenehmes Erlebnis. Denk beispielsweise daran, wie du dich fühltest, als du als Kind an einem Weihnachtsabend zu den Geschenken gingst, die unter dem Christbaum lagen. Dein Bewußtsein ruht jetzt in deiner rechten Hand und diese Hand füllt sich mit den Gefühlen, die diese Erinnerung heraufbeschwört. Empfinde deine rechte Hand als ganz leicht und freudig, während deine Gefühle in sie hineinströmen. Konzentriere dich eine Weile auf dieses Empfinden.

Bewege deine rechte Hand am Fußboden entlang und versuche sie dabei zu spüren. Stelle sie dir als unbeschwert und lebhaft vor, als eine Hand, die – wenn sie könnte – vor Freude lachen würde.

Vergleiche nun einen Augenblick lang, wie sich deine rechte Hand im Verhältnis zum übrigen Körper anfühlt. Fängt sie an, leichter und freier zu sein? Was bemerkst du? Sei dir wiederum nur deiner rechten Hand bewußt, konzentriere dich voll auf sie und laß wiederum die Gefühle in sie hineinströmen.

Laß nun die glücklichen, unbeschwerten und freudigen Gefühle in deiner Hand, richte aber die Aufmerksamkeit nach unten auf deinen rechten Fuß, und stelle dir vor, daß die gleichen Gefühle in den rechten Fuß strömen. Laß diese Gefühle reichlich strömen. Werde dir immer mehr der Unbeschwertheit und Freude in deinem rechten Fuß bewußt. Wenn es dir hilft, kannst du etwas mit den Zehen wackeln. Empfinde deinen rechten Fuß als ausgelassen und freudig.

Empfinde nun die Gefühle der Freude in deiner rechten Hand und in deinem rechten Fuß gleichzeitig. Laß noch ein paar angenehme Empfindungen hinzukommen, etwa daß deine Zehen warmen Sand fühlen. Laß sie dann auch mal schönen warmen Schlamm fühlen. Laß die rechte Hand und den rechten Fuß die Sonne und den Wind fühlen. Denke an jemanden, mit dessen Zehen du gern spielen würdest. Deine Zehen und die Zehen des anderen spielen miteinander. Stelle dir nun vor, wie dieser glückliche Fuß Klavier spielt, fröhlich auf den Tasten herumschlägt. Stelle dir auch vor, du würdest mit den Zehen

deines rechten Fußes herumkritzeln oder ein Bild malen (wenn du willst, kannst du Fuß und Zehen bewegen).
Stelle den Fuß nun auf dem Boden ab, wenn du ihn vorher gehoben hast. Vergleiche nun den fröhlichen rechten Fuß und die fröhliche rechte Hand mit dem anderen Fuß und der anderen Hand. Welche Unterschiede bemerkst du? Achte darauf, ob sich dein rechter Fuß und deine rechte Hand viel leichter und lebendiger anfühlen. Vergleiche deine beiden Körperseiten miteinander.
Stehe jetzt auf und gehe ein bißchen herum. Drehe dich beim Herumgehen mehrere Male nach rechts, dann nach links. Lege dich danach wieder hin. Frage dich: Heißt bewußter sein intensiver leben? Denke darüber einen Augenblick nach. Achte darauf, daß du dabei nicht den Atem anhältst oder deine Gesichtsmuskeln oder irgendwelche anderen Muskeln in deinem Körper anspannst.
Laß nun deine freudigen Gefühle durch dein Bein bis zu deinem Knie hinaufströmen, während du weiterhin diese Gefühle in deiner rechten Hand und deinem rechten Fuß empfindest. Laß sie durch dein Bein und dein Knie dringen und bewege etwas dein Bein. Beuge ein wenig das Knie, den Fußknöchel, oder die Zehen, wonach dir eben so ist. Achte dabei einen Augenblick darauf, wie du das andere Knie spürst und ob der Unterschied zwischen den beiden Seiten deines Körpers zunimmt. Stelle fest, ob sich das linke Bein jetzt verhältnismäßig leblos anfühlt, und frage dich, ob diese vergleichsweise Leblosigkeit deinem Normalzustand entspricht. Fühlst du dich gewöhnlich etwas leblos? Welche Körperseite empfindest du als schwerer? Achte auch darauf, ob du das Gefühl hast, daß eine Seite kürzer ist.
Höre nun auf, dein rechtes Bein zu bewegen, und laß deine Gefühle wiederum strömen. Dieses Mal fließen die freudige Erregung und die Wärme den rechten Unterarm bis zum Ellenbogen hoch. Mache mit deiner rechten Hand und deinem Unterarm einige kleine Bewegungen und empfinde die Unbeschwertheit und Fröhlichkeit dieser Bewegungen.

Bewege gleichzeitig den unteren Teil deines rechten Beins und den rechten Unterarm. Wie fühlen sich beide im Verhältnis zur linken Körperseite an?
Halte nun wieder in deinen Bewegungen inne. Laß die Wärme und die wohligen Gefühle weiter durch den oberen Teil deines rechten Beins bis zur rechten Hüfte strömen. Sei dir dieser wohligen Gefühle bewußt und nimm eine liebevolle Haltung zu deinem Körper ein. Laß auch noch die Füße, die Waden, den oberen Teil des Beins, die Hüfte, die rechte Hand und den rechten Unterarm in diesem wohligen Gefühl versinken.
Sei dir nun der Gefühle bewußt, die durch den ganzen rechten Arm und die rechte Schulter fließen. Fühle, wie dieses wonnige Empfinden durch die ganze rechte Körperseite vom Fuß durch das Bein und von den Fingerspitzen in die Schulter strömt. Mache ein paar Bewegungen mit dem rechten Arm und dem rechten Bein. Mache diese Bewegungen mit Freude und genieße die angenehmen Empfindungen in vollen Zügen.
Laß nun den rechten Arm und das rechte Bein still liegen. Das wohlige Gefühl soll nun deine rechte Gesäßbacke durchdringen. Empfinde sie als fröhlich und unbeschwert.
Laß nun auch die rechte Seite deines Beckens sowie die rechte Seite deines Bauchs an diesem Gefühl teilhaben. Wenn du willst, kannst du dich ein bißchen bewegen, um diese Gefühle zu steigern und voll auszukosten. Bewege aber nur die fröhliche rechte Körperseite.
Höre jetzt wieder mit den Bewegungen auf. Stelle dir vor, dein Körper sei durch eine Linie, die vom obersten Ende deines Kopfs bis hinunter zu deinen Füßen verläuft, in zwei Hälften geteilt. Laß nun die ganze rechte Hälfte in diesen Empfindungen der Freude, der Wärme und des Glücks aufgehen. Laß diese Gefühle in deinem Körper toben oder sie ruhig strömen, wie auch immer. Fühle, wie Freude und Wonne deine rechte Seite durchdringen und sich in deiner Brust, in deinen Hals, in dein Gesicht und in deinen Kopf ergießen. Mache dabei so viel Bewegungen mit der rechten Körperseite wie du willst. Du kannst dich sinnlich, geschmeidig und fließend bewegen, aber

nur mit der rechten Seite. Um die Freude, die Wärme und das wohlige Empfinden noch zu steigern, kannst du mit allen Körperteilen, die bis jetzt mit Gefühlen durchdrungen sind, einige Bewegungen machen.
Halte nun wieder in deinen Bewegungen inne. Vergleiche die rechte Körperseite bis hinauf zum Hals mit der anderen Körperseite. Vergleiche auch die beiden Seiten deines Gesichts miteinander. Sei dir ganz deutlich der freudigen, glücklichen Gefühle auf deiner rechten Gesichtsseite und in deiner ganzen rechten Körperseite überhaupt bewußt. Beobachte dich selber und achte darauf, ob vielleicht deine rechte Gesichtshälfte zu lächeln beginnt, während die andere Hälfte ausdruckslos bleibt.
Während du fühlst, wie das freudige Gefühl deine ganze rechte Körperseite durchdringt, achte auch darauf, was du mit deinen Augen machst. Wahrscheinlich blickst du nach rechts, wo du die Wonne spürst und weil es auf der linken Seite so wenig gibt, was dich interessiert. Einige von euch werden jetzt vielleicht dazu neigen, ihr ganzes Gesicht nach rechts zu wenden. Möglicherweise versuchen das Kinn, der Mund und sogar die Zunge, sich nach rechts zum Ort des wohligen Empfindens zu bewegen.
Stelle fest, ob du jetzt durch das rechte Nasenloch anders atmest als durch das linke, und ob du, während du auf deinen Atem achtest, in der rechten Seite deiner Brust andere Empfindungen hast.
Versuche nun, dir deiner ganzen rechten Körperseite bewußt zu werden. Vergegenwärtige dir das gesamte Körperbild der rechten Seite, einschließlich die Empfindungen und Gefühle. Versuche die ganze rechte Körperseite – von den Zehenspitzen bis zum obersten Ende deines Kopfs – zu bewegen. Mache mit deiner rechten Körperseite irgendwelche Bewegungen, die du magst, und genieße die Empfindungen, die sich dabei einstellen.
Versuche jetzt, deinen ganzen Körper zu bewegen, also beide Körperseiten zugleich. Prüfe, ob das Körperbild auf der einen

Seite klarer ist als auf der anderen, und ob du auf der rechten Seite ein ganz anderes Körpergefühl hast als auf der linken. Was bemerkst du? Fühlt sich beispielsweise eine Seite leichter und die andere schwerer an? Stelle fest, ob du das Empfinden hast, eine Körperseite sei länger, die andere kürzer. Welche Seite hat größere Bewegungsfreiheit? Welche fühlt sich vergleichsweise unbeholfen, schwerfällig, nicht sehr angenehm oder ungesund an? Bewege dich weiter und stelle noch mehr Vergleiche an.

Stehe jetzt langsam auf und gehe herum. Achte darauf, ob die Empfindungen auf einer Körperseite angenehmer sind als auf der anderen. Was stellst du noch fest?

Wenn du diese Übung mit einer anderen Person gemacht hast, dann kommt jetzt näher zusammen, bis sich eure rechten Körperhälften so vollständig und dicht wie möglich berühren. Achtet auf das, was ihr dabei empfindet, und dreht euch dann so herum, daß ihr euch mit euren linken Seiten berührt. Achtet wiederum darauf, wie ihr dies empfindet.

Stehe nun so, daß du mit deiner rechten Seite die linke Seite deines Partners bzw. deiner Partnerin berührst. Ändere dann die Stellung so, daß du mit deiner linken Seite die rechte Seite des anderen berührst. Mache dir möglichst alle Gefühle und Empfindungen bewußt, die mit den verschiedenen Körperstellungen einhergehen. Stelle dich nun wieder so hin, daß du mit deiner rechten Seite die rechte Seite des anderen berührst, und genieße die Empfindungen. Bringt dann nicht mehr eure linken Seiten zusammen, sondern geht auf eure ursprünglichen Plätze und legt euch wieder auf den Fußboden.

Da wir nicht an deiner linken Seite gearbeitet haben, hast du sie vermutlich so wie immer empfunden. Du hast aber jetzt eine Vergleichsmöglichkeit, insofern du erfahren hast, um wievieles glücklicher und lebendiger als normal du sein kannst. Betrachte jetzt dein normales Lebensgefühl und vergleiche es mit dem Lebensgefühl, das dir möglich ist. Wenn du dabei so mancherlei unerfreuliche Dinge feststellst, so mache dir klar, daß auch Anlaß zur Hoffnung besteht. Wir haben dir auf direkte und eindrucksvolle Weise deine Fähigkeit demonstriert, dich zu ändern, und das Bedürfnis nach einer Änderung sollte dir ebenso klar bewußt sein.

Diese Erfahrung dürfte dir deutlich gezeigt haben, daß deine Gefühle sich stark auf dein Leben allgemein und besonders natürlich auf deinen Körper auswirken. Wir haben der Anschaulichkeit wegen Auswirkungen nur verstärkt spürbar gemacht, die in deinem Leben ständig vorhanden sind. Wir hätten auch mit negativen Gefühlen arbeiten können. Dann hättest du eine eindrucksvolle Vorstellung davon, was du dir selber antust, wenn du chronisch verärgert, ängstlich, und deprimiert oder voller Selbsthaß bist. Dann würdest du auch ganz klar verstehen, wie Gefühle und Geisteshaltungen chronische Muskelverspannungen bewirken können, die das Skelett verschieben, die Blutgefäße verkalken lassen, die Körperzellen zum Revoltieren bringen und schließlich eine buchstäbliche Selbstzerstörung des Körpers verursachen. Du dürftest auch besser verstehen, daß sich deine Gefühle darauf auswirken, wie du die anderen erlebst und auch, wie die anderen dich erleben.

Lege dich nun ganz bequem hin, atme frei und sei so ruhig, wie du kannst. Denke daran, daß du dich sehr still verhältst. Jetzt stelle dir vor und versuche zu empfinden, daß es eine Membran gibt, die deine beiden Körperhälften voneinander trennt. Du machst dich daran, ein paar Löcher in diese Membran zu stoßen. Auf diese Weise läßt du die wohligen Gefühle der rechten Seite in die linke Seite fließen. Die rechte Seite wird sich weiterhin wohl fühlen, doch dieses Gefühl wird auch die ganze linke Seite erfüllen. Bewege deine rechte Seite ein wenig und mache dir wiederum ihre Freude und Wonne bewußt.

Die Membran wird nun sehr porös, die Löcher in ihr werden immer größer. Die wohligen Gefühle fangen an, von rechts nach links zu fließen. Wenn du genau hinspürst, dann merkst du vielleicht, daß dein linker Fuß schon von den freudigen Empfindungen ergriffen wird. Wohlige Gefühle der Wärme strömen durch deinen linken Fuß und Knöchel. Diese Gefühle können sich diesmal viel rascher im Körper ausbreiten, weil die

rechte Körperseite schon von diesen Gefühlen durchdrungen ist und dies nur auf die andere Seite überzugreifen brauchen.
Die wohligen Empfindungen und die Freude machen sich jetzt in der linken Seite breit, zunächst im linken Fuß. Jetzt wird auch schon die linke Hand von den wonnigen Gefühlen ergriffen und beginnt, sich leichter anzufühlen. Bewege sie ein bißchen, während die angenehmen Empfindungen anfangen, sie zu durchdringen.
Die Unbeschwertheit greift nun auf die linke Wade über. Schon ist sie von ihr erfaßt. Die Wonne und Freude machen sich jetzt bereits im linken Unterarm bis hin zum Ellenbogen bemerkbar. Du brauchst gar nichts weiter zu tun – die wohligen Gefühle breiten sich von selber aus. Unbeschwertheit und Freude strömen durch den linken Oberschenkel nach oben zur linken Hüfte. Jetzt werden der linke Oberarm und die linke Schulter von Empfindungen der Freude und des Glücks ergriffen. Bewege deinen linken Arm, damit du dich ihrer besser bewußt wirst. Deine linke Gesäßbacke wird von Wonne, Freude, Wärme und angenehmen Empfindungen durchströmt. Bewege sie, wenn du diese Empfindungen zu spüren beginnst. Noch mehr wohlige Gefühle steigen links durch dein Becken bis zum Bauch hoch. Bewege auch diese Körperteile und mache sie dir bewußt.
Jetzt haben die Gefühle der Freude und Wonne die linke Seite deiner Brust erreicht und strömen weiter nach oben in deinen Hals. Versuche diese Gefühle deutlich zu spüren. Bewege dich dabei, und du wirst sehen, daß sie stärker werden. Bewege alle Teile deines Körpers, die sich jetzt wohl und unbeschwert anfühlen.
Jetzt dringt die Freude auch in die linke Seite deines Gesichts ein. Die wohligen Gefühle hören nicht mehr auf zu strömen. Bewege nun deinen ganzen Körper und laß ihn die Wärme und Unbeschwertheit, die Freude, die Wonne spüren. Stelle fest, ob sich die Empfindungen auf deiner linken und deiner rechten Seite sehr viel stärker angeglichen haben.
Bleibe nun ruhig liegen und achte darauf, wie sich dein Körper

anfühlt. Prüfe deinen ganzen Körper und seinen emotionalen Zustand. Vergleiche deine Gefühle im Augenblick mit denen, die du zu Beginn dieser Übung hattest.

Dein Nervensystem hat vermutlich aus diesem Erlebnis eine ganze Menge gelernt. Du hast auf dein Nervensystem direkt – auf dem Gefühlsweg – eingewirkt und dir klar demonstriert, wie Gefühle deinen Körper beeinflussen und wie du ihn mit Hilfe von Gefühlen verändern kannst. Bewege dich jetzt etwas mehr und koste deine Erfahrung mit deinem Bewußtsein voll aus. Laß dein Nervensystem aus dieser Erfahrung lernen. Nimm dir vor, das, was du gelernt hast, gut im Gedächtnis zu behalten und es in Zukunft zu deinem Nutzen anzuwenden.

Bedenke, daß es nahezu unendlich viele Möglichkeiten gibt, diese Übung abzuändern. Du kannst mit allen Erinnerungen arbeiten, mit denen du willst, und du kannst deinen Körper von allen Gefühlen und Empfindungen durchdringen lassen, die du gerne spüren möchtest. Nach einiger Übung wirst du in der Lage sein, dein Erleben um vieles zu intensivieren. Wir möchten dich noch einmal daran erinnern, daß du im alltäglichen Leben etwas sehr Ähnliches tust, aber meistenteils unbewußt oder nur kaum bewußt. Wenn du bewußt und absichtlich deinen Körper mit angenehmen Empfindungen und positiven Gefühlen lädst, dann dürfte dein am Lustprinzip orientiertes Nervensystem diese Empfindungen und Gefühle vorziehen, so daß sie zum Bestandteil deines normalen und gewohnten Lebensgefühls werden.

Weitere Anwendungsmöglichkeiten

Die von uns in diesem Buch vorgestellte Lehrmethode, die von dem Gebrauch macht, was wir die »Verführung des Bewußtseins durch das Neue« genannt haben, läßt sich in vielfach verschiedener Hinsicht anwenden. Die nächste Übung lehrt dich, deine ganze Aufmerksamkeit sehr viel länger, als du es sonst könntest – zumindest ohne lange und harte Übung in bestimmten Konzentrations- und Meditationstechniken – auf einen Gegenstand zu richten. In der Tat werden die Auswirkungen, die du an dir beobachten kannst, den Auswirkungen der Meditation, wie die meisten Meditierenden sie praktizieren, ähnlich sein. Du wirst vermutlich generelle Entspannung verspüren, und der Gegenstand wird, sobald du ihn unter vielen verschiedenen Blickwinkeln betrachtest, als etwas nahezu Numinoses und Lebendiges erscheinen, irgendwie wirklicher als die anderen Dinge um ihn herum.

Für die Aufstellung der meisten Übungen in diesem Buch bedurfte es einen hohen Grades an körperlicher Bewußtheit und einer sehr detaillierten Kenntnis von Körpermechanismen. Auf die gleiche Weise wirst du in der Lage sein, eigene Übungen zu erfinden, dann nämlich, wenn du gelernt hast, deinen Körper als Labor für Experimente zu benutzen. Mit ein bißchen Erfindungsgabe dürfte wohl jeder neue Anwendungsmöglichkeiten der Grundmethode wie etwa die Übung, die gleich auf dich zukommt, ersinnen können. Weitere Anwendungsmöglichkeiten könnten uns beim Lösen vieler Probleme und beim Wiedererwecken von Erinnerungen eine große Hilfe sein. Dem Psychotherapeuten könnten sie helfen, schneller als gewöhnlich die Beziehungen eines Patienten zu anderen Menschen, insbesondere zu Schlüsselfiguren in seinem Leben, zu verstehen.

Für die folgende Übung benötigst du mehrere Gegenstände: ein großes Buch, einen kleinen Tisch und einen Teppich, auf dem dieser Tisch steht. (Wenn du einen oder mehrere dieser Gegenstände nicht besitzen solltest, dann dürfte es wahrscheinlich nicht schwierig sein, die notwendigen Ersatzgegenstände zu finden oder geeignete Dinge wegzulassen.)

Setze dich nun bequem hin. Einige Zentimeter vor dir ruht auf einem kleinen Tisch ein großes Buch. Der Tisch sollte auf irgendeinem Teppich stehen. Du wirst jetzt lernen, deine Aufmerksamkeit auf diese Gegenstände, insbesondere auf das Buch, etwa 45 Minuten lang gerichtet zu halten, ohne dich besonders anzustrengen. Wir werden dir dabei helfen, dich fest zu konzentrieren. Du wirst nicht geistig abschweifen, sobald dir andere Dinge in den Sinn kommen. Wir werden dir auch dabei behilflich sein, dich nicht von Empfindungen ablenken zu lassen, die nichts mit dem Gegenstand zu tun haben. Wir werden mit dir zusammenarbeiten, um die Beziehung zwischen dir (dem Subjekt) und dem Objekt aufrechtzuerhalten, also so wenig wie möglich – schließlich nichts, was nicht zur Beziehung zwischen dir und dem Gegenstand dazu gehört – in diese Beziehung eindringen zu lassen.
Blicke jetzt sehr sorgfältig auf dieses Buch und beginne dich zu fragen, was du eigentlich wahrnimmst. Du bemerkst, daß das Buch seitlich auf einem Tisch liegt, der auf einem Teppich steht. Du nimmst nicht nur die Farbe des Tisches und des Teppichs wahr, sondern auch die Farben des Buchs, das Gedruckte auf dem Bucheinband oder dem Schutzumschlag, die Papierränder, die flache Deckseite des Buchs.
Wie du die Farben wahrnimmst, hängt natürlich zum Teil davon ab, wieviel Licht im Raum ist, und zum Teil davon, aus welcher Richtung das Licht kommt. Es dürfte dir wohl nicht schwer fallen, dir eine andere Beleuchtung vorzustellen, etwa ein helles Licht über dem Buch, ein Scheinwerferlicht, das auf den Buchrücken strahlt, Kerzenlicht oder eine stark gedämpfte Zimmerbeleuchtung.

Achte, während du auf das Buch schaust, auf die Beziehung zwischen Buch und Fußboden. Mache dir deutlich, daß das Buch auch eine Beziehung zur Decke hat, zur Wand links und zur Wand rechts. Dieses Buch nimmt eine Lage im Raum ein, die definiert ist durch die Beziehungen zwischen dem, was über ihm, unter ihm und seitlich von ihm ist. Es hat auch eine ganz bestimmte Beziehung zu dir, dem Tisch und zu jedem anderen Gegenstand deiner Wahl.
Denk über die Dicke des Buchs nach. Wie dick das Buch ist, wird einmal natürlich durch die Anzahl der Buchseiten bestimmt. Wichtig ist aber auch, wie dick die einzelnen Seiten und der Einband sind.
Versuche dir die Buchseiten vorzustellen: wie es ist, wenn man das Buch öffnet und nur am Einband hält, wie dick es sich anfühlt, wie es sich generell anfühlt und was man für Empfindungen hat, wenn man eine Seite, ein paar Seiten und schließlich viele Seiten zwischen den Fingern hält.
Wenn du das Buch öffnen würdest, dann dürftest du feststellen, daß die Innenseite des Einbands nicht bedruckt ist, ebenso das erste Blatt auf seiner Vorder- und Rückseite. Auf der Seite danach steht vielleicht nur der Buchtitel, dann kommt eine Seite mit dem Titel, dem Namen des Verfassers, dem Verleger und anderen Informationen über das Buch.
Stell dir nun vor, wie du das Buch liest. Während du Seite für Seite umschlägst, wirst du immer mehr Informationen erhalten bzw. es wird sich, wenn es sich um einen Roman handelt, ein Handlungsfaden entspinnen. Je weiter du kommst, desto mehr wird sich der Inhalt des Buchs offenbaren.
Das Buch hat einen Verfasser oder mehrere, und es hatte einen Lektor oder mehrere, einen Verleger, mehrere Drucker, jemanden, der es gebunden hat, jemanden, der es an die Buchhandlung geliefert hat, und jemanden, der es verkauft hat. Denke über einige Aspekte der Geschichte dieses Buches nach, über das Schreiben, das Lektorieren, das Verlegen, das Binden, das Vertreiben, das Verkaufen. Beziehe dich dabei aber immer auf das Buch, das du gerade betrachtest.

Das Buch ist das Ergebnis dessen, was der oder die Verfasser erlebt haben. Welche Erlebnisse führten zu diesem Buch? Wie stark ist es der Phantasie entsprungen, und aus welchen Phantasien ist es hervorgegangen? Am Entstehen eines Buches sind Nachforschungen beteiligt, dann kommt die rein physische Aufgabe des Schreibens, das stundenlange Sitzen an der Schreibmaschine, und schließlich die Suche nach einem Verleger, der das Manuskript nimmt. Danach wartet man, bis das fertige Buch eintrifft, und endlich kommt der große Augenblick, an dem das Buch da ist, der Verfasser oder die Verfasserin es in Händen hält, es durchblättert, sich darüber freut und sich fragt, wie wohl das Buch ankommen wird.

Vergegenwärtige dir jetzt genauer die Arbeitsräume des Verlages, in dem das Buch erschienen ist, mit all den anderen Manuskripten in den verschiedenen Vorstadien zu einem gedruckten Buch. Denke an die Druckerei, wo der Text gesetzt wird, an den Korrektor, wie er die Korrekturfahnen liest. Betrachte weiter das Buch auf dem Tisch vor dir, und stelle dir vor, wie dieses Buch – oder ein anderes Exemplar dieses Buchs – in der Buchhandlung eintrifft, wie jemand es aus seiner Verpackung herausnimmt und wie jemand entscheidet, wie es ausgestellt werden soll.

Stelle dir vor, wie dieses Buch in einem Regal steht oder auf einem Tisch liegt, darauf wartet, gekauft, mit nach Hause genommen und gelesen zu werden, um seinen Inhalt anderen mitzuteilen. Vergegenwärtige dir, wie andere Exemplare dieses Buches von vielen Leuten gelesen werden, die viele unterschiedliche Dinge daraus entnehmen und es je nach ihrer Erfahrung und Bildung interpretieren.

Betrachte dieses Buch als ein Buch, das viele Leute geöffnet, durchgeblättert, gelesen und es dann wertvoll, unterhaltsam oder langweilig gefunden haben.

Denke an dieses Buch, das die meiste Zeit in einem Regal geruht hat, jetzt aber auf dem kleinen Tisch vor dir liegt. Denke an deine eigenen Einstellungen zu diesem Buch, daran, welche Bedeutung es für dich hat.

Das Buch hätte auch etwas anders aussehen können. Es hätte dicker sein können – wenn nämlich der Verfasser mehr Seiten geschrieben oder der Verleger dickeres Papier ausgesucht hätte. Das Buch hätte auch viele andere Farben haben können als die Farbe, in der es jetzt ist. Stelle dir es in anderen Farben vor, stelle es dir dicker und dann dünner vor.
Vergegenwärtige dir nun, was du empfinden würdest, wenn du es jetzt mit der Innenfläche deiner Hand berührtest. Wie es sich anfühlen würde, hängt natürlich davon ab, wie du es berührst. Es ist ein Unterschied, ob du es mit deinem Handrücken berührst, ob du deine Wange darauf legst, ob du deine Nase, dein Ohr, deine Lippen oder deine Zunge dagegenhältst, oder ob du nur mit deinen Fingernägeln darüberkratzt.
Du könntest dich näher an dem Buch befinden, dich ganz nahe zu dem Buch hinsetzen, so daß du es berühren könntest, oder so, daß es gerade außer Reichweite ist. Versuche dir vorzustellen, wie du das Buch aus unterschiedlichen Entfernungen wahrnimmst.
Du könntest auch aufstehen und auf das Buch herabsehen. Stelle dir vor, wie du darum herumgehst, wie du auf den unteren und den oberen Rand der Buchseiten blickst. Gehe in deiner Phantasie weiter um das Buch herum, schau auf den Einband, auf den seitlichen Buchrand. Stelle dir vor, wie du von noch höher auf das Buch herabblickst oder wie du auf dem Fußboden liegst und zu ihm hinaufblickst.
Versuche nun, etwa eine Minute lang das Buch so klar wie möglich zu sehen, und zwar nicht aus einem imaginären Blickwinkel, sondern genau von dem Ort aus, an dem du dich jetzt befindest. Nimm alles wahr, was du außen am Buch sehen kannst – die Farben, die Musterung – und auch den Bereich unmittelbar um das Buch herum. Versuche, dieses Buch anzuschauen und alles zu sehen, was es an ihm zu sehen gibt. Nimm es so deutlich wie möglich wahr und achte auf nichts anderes.
Während du nun weiterhin auf das Buch blickst, stelle fest, ob die Farbe der oberen Seite des Bucheinbands gleich bleibt oder

ob sie sich beim Anstarren zu ändern scheint. Ist die Beleuchtung die gleiche? Bleibt das Buch flach oder scheint es sich zu biegen? Bleiben die Linien entlang den Buchrändern gerade oder scheinen sie sich etwas zu krümmen? Verändert sich etwas am Buchrand? Nimmst du das Buch die ganze Zeit über in genau derselben Weise wahr, oder verändert sich etwas mit ihm, während du deinen Blick darauf fixierst?

Versuche nun, während du auf das Buch schaust, dir vorzustellen, daß du an einem Ort bist, an dem die Zeit sehr schnell, ungeheuer schnell, vergeht. Du bist dir dieses schnellen Verstreichens der Zeit wohl bewußt.

Schaue auf das Buch und stelle dir jetzt vor, du seist an einem Ort, an dem die Zeit sehr, sehr langsam vergeht. Du hast so viel Zeit, wie du dir nur wünschen kannst. Die Zeit fließt ganz langsam dahin.

Als nächstes nimm an, du seist an einem Ort außerhalb jeder Zeit, in einem Raum, in dem du und das Buch unverändert bleiben, denn da, wo es keine Zeit gibt, gibt es auch keine Veränderung. Du bist schon immer ein und dieselbe Person gewesen und wirst sie auch immer bleiben.

Stelle dir dabei vor, das Buch sei nicht nur unveränderlich, sondern es sei der Prototyp oder Archetyp aller Bücher, das Buch schlechthin. Es symbolisiert alle Bücher. In einem gewissen Sinn ist alles, was man unter »Buch« versteht oder bisher jemals verstanden hat, jede Vorstellung von »Buch«, in diesem einen Buch hier vor dir enthalten. Vergegenwärtige dir das für ein Buch Wesenhafte dieses Gegenstandes und laß ihn für alle Bücher sprechen.

Denke, während du das Buch betrachtest, über die Beziehung zwischen Menschen und Büchern nach, was ein Buch für uns bedeutet und bisher bedeutet hat, was für eine Bedeutung die Erfindung der Buchdruckerkunst hatte, die explosionsartige Ausbreitung des Wissens, die Möglichkeit der Bildung für jeden, die Verbreitung des Wissens unter Menschen, die gewaltige Wandlung des Menschen und der Gesellschaft, die durch das Buch ermöglicht wurde.

Es gab eine Zeit, in der ein Mensch in einem Buch etwas absolut Magisches und Heiliges sah, es für einen mächtigen Gegenstand hielt, das als ein Geschenk Gottes galt. Er schrieb dem Buch so viel Macht zu, daß er in dessen Gegenwart Hochachtung und Ehrfurcht empfand. Man könnte alles menschliche Wissen der Gegenwart zwischen den Umschlägen von Büchern niederlegen und diese Bücher in Bibliotheken geben. Diese Bibliotheken würden dann die wesentlichen Erkenntnisse aller Zeitalter, die Schöpfungen aller großen Geister, die großen Gedanken, Entdeckungen und Erfindungen – kurz: alles in dieser Weise aufbewahren. Ein Gedanke wie dieser war für Menschen schlicht überwältigend. Schaue auf das Buch vor dir und versuche eine leichte Ahnung davon zu bekommen, was jemand von früher beim Anblick dieses Buches empfunden haben könnte, ein Mensch, der auf Bücher schaute, als es noch keine Bücher davor gegeben hatte, und die Macht, die zwischen den Buchumschlägen steckte, sowie die Tragweite für die Menschheit erkannte.
Betrachte nun das Buch als einen materiellen Gegenstand, mit dem sich deine Sinne auseinandersetzen sollen, und versuche dir mit großer Klarheit vorzustellen, was du empfändest, würdest du das Buch öffnen und die Seiten durchblättern. Welches Geräusch würden die Buchseiten dabei machen? Versuche dich daran zu erinnern, wie das Buch riecht, wie einige seiner Seiten aussehen, welche Empfindungen du hast, wenn du auf eine Seite blickst, sie liest und dabei die Augen bewegst, wie du das Buch hältst und wie du beim Halten des Buches vor dir sitzt.
Stelle dir nun vor, das Buch sei sehr warm. Du hast es vielleicht in der Sonne liegengelassen und es fühlt sich sehr warm an, wenn du es berührst. Du könntest deinen Kopf darauf legen und es als Kissen benutzen. Es könnte sehr warm sein. Es könnte brennen, es könnte schwelen oder versengt sein.
Das Buch könnte auch vom Regen naß sein oder es könnte in Wasser gelegen haben. Wenn es naß wäre und die Temperatur wäre niedrig, dann könnte es frieren. Es könnte von einer

Eisschicht überzogen sein. Stelle dir das Buch im gefrorenen Zustand vor, wie es dann aussähe. Zuerst wäre es naß und später, wenn es trocknet, würden die Seiten knittern.
Schaue jetzt wieder auf das Buch, wie es ist. Versuche erneut, es deutlich zu sehen. Konzentriere deine Aufmerksamkeit darauf. Stelle fest, ob nun das Buch stabiler erscheint als früher. Das Licht ändert sich jetzt nicht mehr andauernd. Die Umrisse des Buches sind fester. Es ruht auf seinem Platz, klar definiert durch all die Beziehungen zu den Dingen darum herum. Es wird zu etwas Alltäglichem, einfach zu einem Buch wie jedes andere auch.
Schaue dann weiter auf das Buch und frage dich, ob es nicht doch ein ganz besonderes Buch ist. Es hat jetzt für dich eine ganz bestimmte Bedeutung. Konzentriere dich darauf und denke daran, wie unterschiedlich du es wahrgenommen hast, unter welchen Blickwinkeln du es gesehen hast. Konzentriere dich jetzt ein paar Minuten lang intensiv auf das Buch und versuche dir die Perspektiven zu vergegenwärtigen, unter denen du das Buch seit Beginn der Übung betrachtet hast. Laß diese in den nächsten paar Minuten an deinem geistigen Auge vorüberziehen. Betrachte währenddessen das Buch mit der größten Intensität, die du aufbringen kannst.
Stehe jetzt langsam auf und gehe ein wenig herum, sobald du dazu bereit bist. Laß deinen Blick durch das Zimmer schweifen und setz dich dann wieder hin.
Schaue auf das Buch und schaue auch auf andere Gegenstände im Raum. Achte darauf, ob dein Blick dazu neigt, zum Buch zurückzukehren, und ob das Buch jetzt etwas an sich hat, was die anderen Gegenstände nicht haben, eine größere Individualität und Seinsfülle, so als ob es durch deine Aufmerksamkeit eine besondere Bedeutung für dich erhalten hat, die dich dazu zwingt, es in besonderer Weise wahrzunehmen. Viele Leute stellen fest, daß dann, nachdem sie sich so wie du eine Zeitlang auf einen Gegenstand konzentriert und über diesen nachgedacht haben, dieser Gegenstand kurze Zeit nahezu numinosen Charakter erhält und realer als die Gegenstände um ihn herum

erscheint. Er wird zu etwas *Wesentlichem.* Ein berühmtes Van Gogh-Bild von einem Stuhl fängt diese Art Wahrnehmung sehr gut ein: ein Gegenstand gewinnt besondere Bedeutung und hebt sich von allen übrigen Gegenständen ab, als wäre er der wesentliche oder ideale Gegenstand.

Es wäre nahezu unmöglich, mit irgendeiner anderen Methode als der, die wir dir gerade demonstriert haben, die Aufmerksamkeit über den gleichen Zeitraum so intensiv auf einen Gegenstand zu konzentrieren, wie du es bei diesem Buch gemacht hast. Versuche dir irgendeine andere Möglichkeit in dieser Hinsicht vorzustellen. Du wirst erkennen, wie schwierig eine solche Konzentration ist. Auf diese Weise können zumindest die Sinne lernen, sich mit einem Minimum an Anstrengung und Unbequemlichkeit zu konzentrieren. Der Körper lernt, länger anhaltende Unbeweglichkeit zu tolerieren, und bis zu einem gewissen Grad lernt auch der Geist, sich zu konzentrieren. Am wichtigsten ist wohl, daß der Gegenstand zuletzt ohne gedankliche Assoziationen und die üblichen anderen Ablenkungen wahrgenommen wird. Er wird sozusagen in »reiner« Form gesehen und dadurch von anderen Gegenständen abgehoben, die in der gewöhnlichen Weise wahrgenommen werden. Das ist das Ziel dieser Übung, und wie wir schon zu Beginn dieses Kapitels gesagt haben, kann die gleiche Methode auch auf Probleme und Erinnerungen angewendet werden, so daß auch sie in »reiner« Form wahrgenommen werden können.
Von dieser Methode kannst du viel profitieren, wenn du mit ihr kooperierst. Wenn deine Gedanken trotzdem immer noch wandern oder dein Körper dich ablenkt, dann mußt du diese Methode üben, wenn du mit ihr erfolgreich arbeiten willst.

Wie auch die Meditation erfordern alle psychophysischen Übungen, daß du deine Aufmerksamkeit konzentrierst. Es ist ganz wesentlich, daß du nicht in Gedanken von der Übung und den Empfindungen, die du dabei hast, abschweifst. Wir haben zwar bei der Aufstellung der Übungen den Schwerpunkt auf Neuartigkeit und Verschiedenartigkeit gelegt, doch mußt du immer noch eine gewisse Anstrengung aufbringen, um konzentriert zu bleiben und dir speziell der Empfindungen, die durch die Übungen hervorgerufen werden, bewußt zu sein. Erst dann bist du in der Lage, das Erlebte nicht nur visuell, sondern mit allen Sinnen – insbesondere dem Berührungs- und dem Muskelsinn – neu zu schaffen.

Du solltest diese Übungen versuchen, indem du dir vorstellst, daß du sie mit allen deinen Sinnen erlebst. Du wirst dann eventuell in der Lage sein, einen imaginären Körper zu erschaffen, den du als vollkommen getrennt von deinem physischen Körper empfinden kannst. Das Empfinden der Aktivitäten dieses imaginären Körpers wird dir dabei helfen, die Funktionstüchtigkeit des physischen Körpers zu verbessern. Bist du durch irgendeine Verletzung bewegungsunfähig, dann kannst du mit Hilfe des imaginären Körpers den physischen Körper trainieren und seine Genesung fördern. Die Lehre von den »feinen Körpern«, die allen alten psychophysischen Traditionen gemeinsam ist, bestätigt, daß der Geist die Fähigkeit besitzt, einen imaginären Körper zu erschaffen und diesen für die Selbstheilung sowie für die Verbesserung sportlicher, künstlerischer und vieler anderer Leistungen einzusetzen.

Du kannst dir zu Beginn diesen feinen Körper vorstellen, indem du abwechselnd verschiedene Tätigkeiten mit dem physischen Körper ausführst und dir dann dieselben Tätigkeiten nur vorstellst. Strecke zum Beispiel deinen linken Arm ganz aus. Achte sorgfältig auf die Empfindungen, die sich einstellen, wenn du deinen Arm hebst und ihn seitlich hältst. Bringe dann deinen Arm langsam seitlich nach unten und konzentriere dich auf das, was du dabei spürst, wie deine linke Körperseite Arm und Hand empfindet und wie Hand und Arm deine linke Körperseite empfinden. Stelle dir nun vor, du strecktest deinen Arm wieder. Vergegenwärtige dir die Empfindungen beim Heben und Strecken des Armes. Strecke nun deinen Arm wirklich aus und stelle dir dann wiederum nur vor, wie du ihn seitlich herabsinken läßt, wie Arm und Hand deinen Körper berühren. Vergegenwärtige dir den gegenseitigen Kontakt zwischen Hand, Arm und Körper.

Wenn du diese Übung oft genug wiederholst und versuchst, dir die imaginären Bewegungen so lebhaft wie möglich vorzustellen, dann dürftest du, wenn du die Augen geschlossen hast, nicht mehr die wirklichen und die vorgestellten Bewegungen in dieser Übung voneinander unterscheiden können. Das Nervensystem wird nicht mehr in der Lage sein, zwischen subjektiver und objektiver Realität zu trennen. Die gleiche Übung kann so lange wiederholt werden, bis in der Phantasie viele verschiedene Körperteile gleichzeitig bewegt werden können und schließlich ein vollständiger imaginärer Körper entstanden ist. (Das ist natürlich eine recht fortgeschrittene psychophysische Übung, die du vielleicht nicht unbedingt ausprobieren möchtest.)
Du kannst auch davon profitieren, daß du vorübergehend dein Körperbild zusammenbrechen läßt. Dadurch wird nicht nur der Körper entspannt, sondern auch die Struktur deines Ichs, was geistig und emotional als sehr befreiend empfunden wird. Dies ist eine sehr angenehme Übung, die innerhalb einer Reihe anderer Übungen als willkommene Abwechslung empfunden

wird und dich in der Motivation unterstützt, das gesamte Übungsprogramm auszuführen.
Diese Effekte lassen sich mit etwas erzielen, was wir Bewegung-Musik-Meditation nennen wollen. Wir meinen damit eine große Vielfalt von Bewegungen aus dem gesamten Programm (einschließlich alle improvisierten Bewegungen, die du gerne ausprobieren möchtest). Alle (oder nahezu alle) Bewegungen werden ausgeführt, während der Körper mehr oder weniger flach auf dem Boden liegt. Dadurch wird zum Teil der Schwerkraft entgegengewirkt, so daß du Veränderungen im Körperbild schneller als in aufrechter Position erkennen kannst. (Eine solche aufrechte Körperhaltung findet sich beispielsweise in den länger andauernden Tänzen, die in verschiedenen Kulturen zu gleichem Zweck ausgeführt werden.)
Wie die meisten der anderen Übungen auch sollte diese mindestens 45 Minuten lang durchgeführt werden. Manchmal sollte man sie aber auch auf 90 Minuten, zwei Stunden oder gar noch länger ausdehnen. Eine solche zeitliche Ausdehnung wird dir aber kaum schwer fallen, denn du wirst bald merken, wie herrlich angenehm diese Übung sein kann.
Natürlich ist es sehr wichtig, sich die richtige Musik auszusuchen. Versuche es mit einer Musik, die dich körperlich stark anspricht, die dich zu ständigen sinnlichen Bewegungen verleitet. Es gibt verschiedene Aufnahmen mit folkloristischer Musik, Gesängen, Trancemusik und dergleichen, die speziell dafür gedacht ist, veränderte Bewußtseinszustände herbeizuführen. Du könntest beispielsweise Musik aus Polynesien und von Bali ausprobieren, vielleicht auch Sufi-Gesang und insbesondere einige Aufnahmen mit indischer Sitarmusik. Wir haben festgestellt, daß einige wirklich hypnotisierend wirkende Aufnahmen von Ravi Shankar (ohne Gesang) unseren Versuchspersonen sehr halfen. (Überspiele – wenn möglich – die Aufnahmen auf Band mit einer Geschwindigkeit von $1^7/_8$, so daß du ein einziges Band zwei oder drei Stunden lang ohne Unterbrechung abspielen kannst.)

Ein guter Anfang wäre beispielsweise, sich eine Anzahl von Bewegungen aus früheren Übungen ins Gedächtnis zu rufen und eine Reihe von ihnen auszuführen. Passe diese Bewegungen der Musik an, so daß die Übung mehr Ähnlichkeit mit einem Tanz bekommt. Gestalte die Übung so sinnlich und lustvoll wie möglich. Beziehe deinen ganzen Körper in das Erleben physischer, geistiger und emotionaler Lust ein. Gib dich völlig der Musik und dem körperlichen Empfinden der Bewegungen hin. Dein Bewußtsein wird nach und nach gefangengenommen werden. Danach wird die Erfahrung dieser Lust deine ganze Wirklichkeit einnehmen können. (Dieses vollständige Aufgehen läßt sich leichter zeitlich ausdehnen, wenn du nicht unterbrechen mußt, um beispielsweise das Band umzudrehen, und natürlich auch, wenn deine Körperlage auf dem Fußboden absolut bequem ist.)
Nach einer Weile wirst du spüren, daß sich das Körperbild verändert, daß die Bewegungen schwereloser und leichter werden. Schließlich wirst du deinen Körper nicht mehr als solchen empfinden, sondern ein Gefühl des Fließens. Oft werden diese Veränderungen von schönen, in sich gerundeten Bildern begleitet sein, und manchmal werden auch ganz primitive Gefühle von tierischer Vitalität durchbrechen – als stießest du durch Schichten aus Hemmungen und Hindernissen hindurch zu den Gefühlen darunter.
Vielleicht hast du dann das Empfinden, daß dein Körper aus Feuerzungen oder Energieteilchen besteht, die wellen- oder schlangenförmig dahinfließen. Gefühle der Ermüdung oder Anstrengung gehen vollständig verloren, die normalen Einschränkungen, unter denen dein Körper steht, sind nicht mehr wirksam. Das scheint dir nicht nur so, sondern du hast das Empfinden, es sei Wirklichkeit. Du wirst beispielsweise an diesem Punkt viele Male aus der liegenden Haltung aufstehen und dich wieder hinlegen können, ohne daß sich Anzeichen für eine Beschleunigung des Herzschlags oder der Atmung ergeben.

Du solltest auf solche länger anhaltende Erfahrungen schrittweise hinarbeiten und dabei auf deine Reaktionen achten. Die große Mehrheit der Leute, die bei normaler Gesundheit sind, wird bald in der Lage sein, diese Übung auf zwei Stunden oder mehr auszudehnen. Dann kannst du anfangen, das Körperbild aufzulösen und dich einer körperlich, geistig und emotional äußerst lustvollen und erfrischenden Erfahrung hinzugeben. Dann wirst du bereit sein, einen weiteren Schritt in die immer noch ungelösten und ständig faszinierenden Geheimnisse unseres Seins zu wagen.

Schlußfolgerungen

Die psychophysische Umerziehung ist eine hochwirksame Methode, die bei weiterer Verbreitung zu gesellschaftlichen Umwandlungen führen könnte. Sie ist von sehr großem therapeutischen Wert, fördert die Gesundheit, verlängert die Lebensdauer und kann die Funktionsfähigkeit des Menschen im allgemeinen verbessern, indem sie zu richtigem Gebrauch seiner selbst anregt und zu größerer Bewußtheit führt.

Wendet man diese Methode bei Kindern als vorbeugende Maßnahme an, so kann sie bewirken, daß die Anspannungen, unbewußten und kaum bewußten Handlungen sowie Beeinträchtigungen der Sinnesfunktionen vermieden werden können, die schließlich die Gesundheit schädigen, viele geistige und emotionale Probleme verursachen und die Realisierung von Möglichkeiten in den Bereichen des Denkens, Fühlens, Empfindens und Bewegens blockieren. Bei älteren Kindern und Erwachsenen kann die Methode weiteren Schädigungen vorbeugen und viele bereits angerichtete Schäden wieder gutmachen.

Besonders erstaunliche Ergebnisse lassen sich mit älteren Menschen erzielen. Diejenigen von ihnen, die zur Teilnahme an der psychophysischen Umerziehung motiviert werden können, werden entdecken, daß viele der sogenannten Symptome des hohen Lebensalters sehr wohl rückgängig zu machen sind. Es kommt nicht nur zu einer Linderung von Schmerzen und Steifheit sowie zu einer gewaltigen Steigerung der Bewegungsfähigkeit, sondern auch zu einem starken Rückgang oder gar völligem Verschwinden vieler offenkundiger Anzeichen von Senilität. Diese körperlichen und geistigen Verbesserungen führen zu einer Erhöhung der Selbstachtung und des Selbstvertrauens und wecken wieder die Freude am Leben.

Mit der psychophysischen Umerziehung wurden erstaunliche therapeutische Erfolge in verschiedenen Bereichen erzielt, nämlich bei rheumatischen Beschwerden, neurologischen Störungen, Erkrankungen der Wirbelsäule, Atembeschwerden, Streßkrankheiten, Schmerzen, psychosomatischen und geistigen Störungen, in der Rehabilitation sowie während und nach einer Schwangerschaft.
Psychotherapeuten, die einen ausreichenden Grad an Bewußtheit und die Fähigkeit zur Verwendung psychophysischer Techniken erlangt haben, werden feststellen, daß sie die Probleme ihrer Patienten und Patientinnen besser diagnostizieren und behandeln können. Sie werden sehr viel besser den körperlichen Anteil an emotionalen und geistigen Störungen verstehen und ihn auch deutlicher erkennen. Aufgrund dessen können sie mit dem ganzen Menschen arbeiten. Sie können beispielsweise die Muskelverspannungen eines Patienten beseitigen, die ebenso zu seiner Neurose gehören wie seine Ängste, Phobien, Depressionen oder irgendwelche anderen psychischen Probleme. Hat dann der Patient einen genügend hohen Grad an Bewußtheit sowie die Fähigkeit erlangt, seine Anspannungen zu spüren und zu beseitigen, dann wird er es nicht mehr zulassen, daß sie sich wieder ansammeln und damit – wie es so häufig geschieht – die einhergehenden psychischen Symptome wieder zurückbringen.
Psychophysische Methoden lassen sich im Rahmen der Therapie oder der Rehabilitation einsetzen, doch können sie auch die Leistungen von Sportlern, Tänzern und anderen Personen verbessern, die sich jahrelang darum bemüht haben, zu einem hohen Grad an Fitneß, Koordination, Beweglichkeit, Stärke, Sensibilität oder dergleichen zu gelangen. Die Übungen zeigen, daß eine Verbesserung immer möglich und erreichbar ist.
Nach unseren Erfahrungen bewirkt die regelmäßige Praxis solcher Übungen, wie sie in diesem Buch beschrieben sind, über längere Zeiträume, alle die von uns geschilderten Effekte und noch mehr. Schließlich wird – wie auch das Yoga und andere psychophysische Disziplinen – die neurale Umerzie-

hung Veränderungen hervorbringen, die sich mit gewöhnlichen Übungen nicht erzielen lassen. Der Empfindungsreichtum wird gesteigert und die Denkprozesse gewinnen an Klarheit und – bei manchen Leuten – an logischer Schlüssigkeit. Die Fähigkeit zu gezielten Bewußtseinsveränderungen gerät ebenfalls in Reichweite, einschließlich des Bewußtseinszustandes, der für diese Methode am wünschenswertesten ist, nämlich eines Grades an Wachheit und Bewußtheit, der die betreffende Person von jedem innerlichen oder äußerlichen Zwang befreit. Eine solche Freiheit stellt sich aber nicht leicht oder schnell ein, und bis auf einige wenige Ausnahmen werden alle immer nur zeitweise in ihren Genuß kommen. Aber auch so vermittelt die psychophysische Methode inspirierende und vorteilhafte Eindrücke von der Wachheit und Autonomie, zu denen der Mensch fähig ist und auf die hin sich die Menschheit zu entwickeln scheint.

Dank

Wir möchten uns bei den vielen Personen bedanken, die zu der Arbeit und den Einsichten, die in diesem Buch dargelegt sind, beigetragen haben.
Den wesentlichen Beitrag von Moshe Feldenkrais haben wir bereits in der Widmung und in der Einführung gewürdigt.
Dr. Wilfried Barlow und Marjory Barlow vom Alexander Institute in London haben uns viele Wochen lang Alexanders psychophysische Methoden demonstriert und uns auch ihre eigene Tätigkeit – einschließlich die Ausbildung von Lehrkräften – erläutert.
Wir haben einige Jahre lang Yoga betrieben. Unser hauptsächlicher Lehrer dabei war Swami Karmananda.
Viele hilfreiche Beobachtungen und einige wertvolle Hinweise auf Bewegung, Haltung und »Gebrauch seiner selbst« in verschiedenen Kulturen verdanken wir Dr. Margaret Mead.
Mit Pak Subur, Meister und Lehrer in der indonesischen Kampftechnik des Pentjak-Silat, führten wir hilfreiche Gespräche über die Wechselwirkungen zwischen Geist und Körper aus östlicher und westlicher Sicht.
Dem Träger des schwarzen Kung-fu-Gürtels Michele Carrier verdanken wir ebenfalls wertvolle Vergleiche zwischen den geistigen Hintergründen von Kampftechniken und unserer Methode!
Lillemor Johnsen aus Norwegen führte uns in ihre eigenen einzigartigen Beiträge von psychophysischen Methoden – insbesondere deren Anwendung in der Psychotherapie – ein.
Kolman Korentayer, ein treuer und unermüdlicher Mitarbeiter von Moshe Feldenkrais, hat uns bei unseren Untersuchungen in vieler und bedeutsamer Hinsicht geholfen.

Ron Bernstein, unser literarischer Agent, läßt eines Autors Wunschträume Wirklichkeit werden.
Ilana Rubenfeld, die ihre eigene Gestalt-Alexander-Feldenkrais-Synthese entwickelt hat, verdanken wir einige Ratschläge zum Manuskript.
Micaela Kelly hat uns mehr geholfen, als wir im einzelnen aufführen können.
Im Laufe der Jahre haben wir mit Tausenden von Versuchspersonen, Patienten und Studenten gearbeitet, durch die wir aus erster Hand vieles von dem lernen konnten, was den Inhalt dieses Buchs ausmacht.
Schließlich möchten wir nicht versäumen, den Beitrag unserer alten englischen Dogge Titan zu würdigen. Um ihr zu helfen, mußten wir eine ganze Menge über Muskeln und Knochen lernen, die die Tierärzte offenbar nicht kannten – womit wir auch einiges über menschliche Probleme in Erfahrung brachten.

Ausgewählte Literatur

Alexander, F. M.: Man's Supreme Inheritance. London: Chaterston, 1946.

–: The Use of the Self. London: Re-Educational Publications, 1955.

–: The Resurrection of the Body, New York: Delta Books. 1960.

Barlow, Wilfried: Die Alexander-Technik. Gesundheit und Lebensqualität durch richtigen Gebrauch des Körpers. München: Kösel, 1983.

Bertherat, Thérèse, und Bernstein, Carol: The Body Has Its Reasons. Anti-Exercises and Self-Awareness. New York: Pantheon Books, 1977.

Buddha: Auswahl aus dem Palikanon. Übers. Paul Dahlke. Wiesbaden: Fourier, 1979.

Dürckheim, Karlfried Graf: Hara. Die Erdmitte des Menschen. München: Barth, 1981.

–: Der Alltag als Übung. Vom Weg zur Verwandlung. Bern, Stuttgart, Wien: Huber, 1972.

Eccles, John C.: Wahrheit und Wirklichkeit. Mensch und Wissenschaft. Berlin, Heidelberg, New York: Springer, 1975.

Feldenkrais, Moshe: Bewußtheit durch Bewegung. Der aufrechte Gang. Frankfurt am Main: Suhrkamp, 1978.

–: Abenteuer im Dschungel des Gehirns. Der Fall Doris. Frankfurt am Main: Suhrkamp, 1981.

Haley, Jay: Die Psychotherapie Milton H. Ericksons. München: Pfeiffer, 1978.

Heath, R. (Hrsg.): The Role of Pleasure in Behavior. New York: Harper & Row, 1964.

Iyengar, Beilur K. S.: Licht auf Yoga. Yogastellungen und Atemübungen. Bern, München, Wien: Barth, 1978.

Jacobson, Edmund: Progressive Relaxation. Chicago: The University of Chicago Press, 1938.

Jones, Frank P.: Body Awareness in Action. A Study of the Alexander Technique. New York: Schocken Books, 1976.

Luria, A. R.: The Mind of a Mnemonist. A Little Book About a Vast Memory. Übers. Lynn Solotaroff. New York: Basic Books, 1968.

Masters, Robert, und Houston, Jean: Mind Games. The Guide to

Inner Space. New York: Delta Books, 1973. – Deutsche Ausgabe in Vorb.: Kösel.
Needleman, Jacob: A Sense of the Cosmos. New York: Doubleday, 1975.
Penfield, Wilder: The Mystery of the Mind. A Critical Study of Consciousness and the Human Brain. Princeton: Princeton University Press, 1975.
Pribram, Karl H.: Languages of the Brain. Experimental Paradoxes and Principles in Neuropsychology. New Jersey: Prentice Hall, 1971.
Schilder, Paul: The Image & Appearance of the Human Body. New York: Science Editions, 1964.
–: Mind. Perception and Thought in Their Constructive Aspects. New York: Columbia University Press, 1942.
Shelton, Nerbert M.: Exercise! Chicago: Natural Hygiene Press, 1971.
Sherrington, Sir Charles: Körper und Geist. Der Mensch über seine Natur. Bremen: Schünemann, 1964.
Speransky, A.: A Basis for the Theory of Medicine. New York: International Publishers, undated.
Sweigard, Lulu E.: Human Movement Potential! Its Ideokinetic Facilitation. New York: Dodd, Mead & Company, 1974.
Tinbergen, N.: Ethology and Stress Diseases. In: *Science,* Vol. 185, No. 4145 (Juli 5, 1974), pp. 20–27.
Todd, Mabel E.: The Thinking Body. A Study of Balancing Forces of Dynamic Man. New York: Dance Horizons, 1975.
Young, J. Z.: The Memory System of the Brain. Berkeley: University of California Press, 1966.